高等学校“十三五”规划教材

军事装备测试技术

杨小强　彭　川　刘宗凯　主　编
韩金华　文建祥　赵立强　副主编

北　京
冶　金　工　业　出　版　社
2018

内 容 简 介

本书从传感器和测试技术入手，首先阐述测试技术原理和必备的基础知识、测试系统中常用到的传感器，进而讲述测试信号的种类、转换与调理的理论和方法，最终以军事装备为案例，说明测试技术在军事装备中的应用，其中包括：工程装备机械液压系统综合检测试验平台以及火箭布雷车电子设备便携式检测系统。

本书所涉及的案例取自于部队工程装备的检测、故障诊断和维修保障实际应用，具有较强的指导性和实用性。本书可作为高等院校机械类、电类和自动化类专业测试、控制与故障检测技术等专业的教材，也可供从事装备应急维护处理的工程技术人员及装备或保障工程兵部队的干部、战士学习和阅读。

图书在版编目(CIP)数据

军事装备测试技术 / 杨小强，彭川，刘宗凯主编．—北京：冶金工业出版社，2018. 5

高等学校“十三五”规划教材

ISBN 978-7-5024-7779-0

Ⅰ. ①军…　Ⅱ. ①杨…　②彭…　③刘…　Ⅲ. ①军事装备—测试技术—高等学校—教材　Ⅳ. ①E145

中国版本图书馆 CIP 数据核字(2018)第 088754 号

出 版 人　谭学余
地　　址　北京市东城区嵩祝院北巷 39 号　邮编　100009　电话　(010)64027926
网　　址　www. cnmip. com. cn　电子信箱　yjcbs@ cnmip. com. cn
责任编辑　程志宏　王梦梦　美术编辑　吕欣童　版式设计　孙跃红
责任校对　卿文春　责任印制　牛晓波
ISBN 978-7-5024-7779-0
冶金工业出版社出版发行；各地新华书店经销；三河市双峰印刷装订有限公司印刷
2018 年 5 月第 1 版，2018 年 5 月第 1 次印刷
787mm × 1092mm　1/16；12. 75 印张；306 千字；192 页
46. 00 元

冶金工业出版社　投稿电话　(010)64027932　投稿信箱　tougao@ cnmip. com. cn
冶金工业出版社营销中心　电话　(010)64044283　传真　(010)64027893
冶金书店　地址　北京市东四西大街 46 号(100010)　电话　(010)65289081(兼传真)
冶金工业出版社天猫旗舰店　yjgycbs. tmall. com

前　言

随着现代武器系统作战效能的大幅提高，其机械、电子设备的数量亦在迅速增多且日益复杂化和智能化，随之而来的是相关器件的故障率不断增高，这与提高武器系统的作战效能是背道而驰的。为了解决这一矛盾，除了应尽可能提高武器系统的可靠性和维修性外，还应有相应的测试技术与设备能迅速、准确发现故障部位、故障原因等，以便为尽快排除故障提供可靠依据。因此，军用装备的测试技术及其应用对于保证复杂武器装备的战斗效能及完好率显得尤为重要。军用装备涵盖面极为广泛庞杂，试图面面俱到地阐述军事装备测试技术的所有环节与全面应用，显然是不必要和不明智的，为此，本书在系统地论述了测试技术、传感器技术的一般理论之外，通过典型的军事装备测试技术应用案例，力求为读者建立系统的军事装备测试意识，完成基本的军事装备测试任务的实施与简单测试系统的构建。为更好地方便读者的应用，本书对讲授内容进行了优化与精选，力求达到便于阅读，易于理解，精于应用。

第 1 章绪论。综述了测试技术的发展与研究内容，阐明了测量的本质、基本前提以及被测量的分类，并对传感器与测试技术在军事装备领域的重要作用进行论述。第 2 章测试技术基础知识，介绍信号的理论、测试信号的分析与处理，测试装置的基本特性，以及实现不失真测试的条件。第 3 章测试系统常用传感器，介绍军事装备测试技术中常用的传感器，包括被测量获取的基本概念，传感器的分类，电阻式传感器、电感式传感器和电容式传感器，压电式传感器，磁电式传感器，光电传感器，固态图像传感器，霍尔传感器，光纤传感器，红外传感器和各种微型传感器。在学习本章的常用传感器原理与应用后，除了学会正确选择与正确使用这些传感器外，还引导读者深入思考，应用传感器的原理建立开发新型传感器的思路与方法，以更好地在武器装备领域运用传感器和测试技术解决装备使用、保障和作战方面的问题。第 4 章测试信号的转换与调理，介绍军事装备测试与故障诊断技术中常用的信号调理方法。第 5 章工程装备机械液压系统综合检测试验平台，以一个工程装备液压与机械系统通用检测与试验平台的构建为例，系统地介绍综合检测平台的总体设计，包括总体功能与构成、硬件结构确定与器件选型、总线选型、整体结构与测试方案设计、综合检测平台的软件系统构成与开发步骤，最后介绍了液压伺服阀动态测试实验的测试理论、方法与结果分析。第6章火箭布雷车电子设备便携式检测系统，其中介绍了该装备火控系统的基本原理、故障特点与检测方法，论述了火控系统故障检测仪的组成与功能，硬件系统的模块化设计和软件系统的方案设计与界面开发。

本书在编写过程中，参考和选用了相关院校较成熟的讲义、教材以及专业著作、论文等的部分内容，对本书内容的最终形成提供了有益的帮助，谨对相关文献作者表示衷心的谢意，在此，也对参与本书编写工作的李焕良教授以及虞昌君、张宏等同志和对本书提供帮助和支持的有关各方面人员一并表示谢意，对疏漏未提及的单位和个人致以诚挚歉意，所有参与本书工作人员的劳动均是对军事装备测试技术应用与发展作出的一份贡献！

解放军陆军工程大学

杨小强

2018年1月

目　　录

第一部分　军事装备测试技术的理论基础

第1章　绪论…… 1
1.1　测试技术的发展与研究对象 …… 1
1.2　测量的本质、基本前提以及被测量的分类 …… 3
1.2.1　被测量的分类 …… 3
1.2.2　测量的本质和基本前提 …… 3
1.3　传感器与测试技术在军事装备领域的重要作用 …… 4
1.3.1　传感器在军事装备信息综合和系统集成中的作用 …… 4
1.3.2　测试技术在军事装备目标识别与定位中的应用 …… 5
1.3.3　在反恐战争活动中的作用 …… 6
思考与练习…… 6
第2章　测试技术基础知识…… 7
2.1　信号及其描述 …… 7
2.1.1　信号与测试系统 …… 7
2.1.2　信号的分类 …… 8
2.1.3　信号的描述 …… 9
2.2　测试装置的基本特性…… 15
2.2.1　测量误差…… 16
2.2.2　线性系统及线性时不变系统的主要性质…… 17
2.2.3　测试装置的动态特性…… 18
2.3　实现不失真测试的条件…… 26
2.3.1　不失真的涵义…… 26
2.3.2　实现不失真测试的条件…… 27
思考与练习 …… 28
第3章　测试系统常用传感器 …… 29
3.1　被测量的获取…… 29
3.2　传感器的分类…… 30
3.3　电阻式传感器…… 31

3.3.1 工作原理 …… 31
3.3.2 应变式传感器 …… 32
3.4 电阻式温度计 …… 35
3.5 热敏电阻 …… 37
3.6 电感式传感器 …… 39
3.6.1 自感式传感器 …… 39
3.6.2 互感式传感器 …… 46
3.6.3 磁弹性测力传感器 …… 50
3.6.4 压磁式互感传感器 …… 50
3.7 电容式传感器 …… 51
3.7.1 间隙变化型 …… 52
3.7.2 面积变化型 …… 53
3.7.3 介质变化型 …… 54
3.8 压电式传感器 …… 57
3.8.1 压电效应 …… 57
3.8.2 压电传感器工作原理及测量电路 …… 61
3.8.3 压电传感器的应用 …… 65
3.9 磁电式传感器 …… 69
3.9.1 动圈式和动铁式传感器 …… 69
3.9.2 磁阻式传感器 …… 72
3.9.3 涡流-磁电式相对加速度传感器 …… 72
3.10 光电传感器 …… 73
3.10.1 外光电效应 …… 73
3.10.2 内光电效应 …… 76
3.10.3 光生伏打效应 …… 79
3.10.4 光电器件的应用 …… 79
3.11 固态图像传感器 …… 80
3.12 霍尔传感器 …… 81
3.12.1 作用原理 …… 81
3.12.2 霍尔效应的应用 …… 83
3.13 光纤传感器 …… 85
3.13.1 光纤基本原理 …… 85
3.13.2 光纤传感器的结构及特性 …… 87
3.14 红外传感器 …… 88
3.14.1 红外辐射的产生 …… 89
3.14.2 红外辐射的性质 …… 90
3.14.3 红外传感器的分类 …… 90
3.14.4 红外传感器的工作原理 …… 90
3.14.5 红外传感器的应用 …… 92

3.15 微型传感器 …… 95
3.15.1 MEMS 技术与微型传感器 …… 95
3.15.2 压阻式微型传感器 …… 96
3.15.3 电容式微型传感器 …… 101
3.15.4 电感式微型传感器 …… 104
3.15.5 热敏电阻式微型传感器 …… 104
3.15.6 隧道效应式传感器 …… 105
思考与练习 …… 107

第4章 测试信号的转换与调理 …… 109

4.1 电桥 …… 109
4.1.1 直流电桥 …… 109
4.1.2 交流电桥 …… 112
4.1.3 变压器式电桥 …… 115
4.1.4 电桥使用中应注意的问题 …… 116
4.2 调制与解调 …… 118
4.2.1 幅值调制与解调 …… 119
4.2.2 频率调制与解调 …… 127
4.3 滤波 …… 134
4.3.1 概述 …… 134
4.3.2 滤波器的一般特性 …… 138
4.3.3 滤波器的综合运用 …… 140
4.4 模拟/数字转换器 …… 141
4.4.1 量化 …… 141
4.4.2 A/D 转换器 …… 142
4.4.3 抗混滤波器 …… 145
4.4.4 数字/模拟（D/A）转换器 …… 146
思考与练习 …… 147

第二部分 军事装备测试技术应用案例

第5章 工程装备机械液压系统综合检测试验平台 …… 149

5.1 总体功能与构成 …… 149
5.1.1 总体功能 …… 149
5.1.2 总体构成 …… 151
5.1.3 总体布局 …… 152
5.2 综合平台 NI 测试系统硬件总体设计 …… 152
5.2.1 综合检测与故障诊断系统硬件总体设计 …… 152

5.2.2 测试参数分析与传感器选型 …… 154
5.2.3 振动与噪声信号采集卡选型 …… 156
5.2.4 温度信号采集卡选型 …… 157
5.2.5 电压输出传感器信号采集模块选型 …… 157
5.2.6 开关量信号采集模块的选型 …… 158
5.2.7 串口通讯模块的选型 …… 158
5.2.8 嵌入式控制器的选型 …… 159
5.2.9 PXI 机箱的选型 …… 160
5.2.10 电源模块的设计 …… 160
5.2.11 适配器（信号调理箱）的设计 …… 161
5.2.12 PXI 总线测试系统的总体结构设计 …… 164
5.3 综合平台整体结构设计与测试方案设计 …… 165
5.3.1 固定台面设计 …… 165
5.3.2 PXI 测试方案设计 …… 166
5.4 综合平台软件系统开发 …… 169
5.4.1 软件功能模块设计 …… 169
5.4.2 数据采集流程设计 …… 170
5.4.3 技术状况评估流程设计 …… 171
5.4.4 故障诊断流程设计 …… 171
5.4.5 试验条件控制流程设计 …… 171
5.4.6 主要界面设计 …… 171
5.5 液压系统测试案例（伺服阀动态测试） …… 175
5.5.1 动态测试台工作原理 …… 175
5.5.2 测试系统的组成 …… 175
5.5.3 被测阀的安装 …… 176
5.5.4 供油流量的选择 …… 178
5.5.5 伺服阀动态测试 …… 178
思考与练习 …… 180

第 6 章 火箭布雷车电子设备便携式检测系统 …… 181

6.1 火控系统故障检测仪的组成与功能 …… 181
6.1.1 主要用途 …… 181
6.1.2 系统结构 …… 182
6.2 硬件系统设计 …… 182
6.2.1 主控系统硬件 …… 183
6.2.2 模拟信号输入输出电路 …… 183
6.2.3 开关量的 I/O 接口电路 …… 184
6.2.4 旋变信号模拟信号输出与调理电路 …… 185
6.2.5 接口电路与信号连接电缆设计 …… 185

6.3　软件系统设计 …… 186
6.3.1　软件结构 …… 186
6.3.2　基础数据库 …… 187
6.3.3　功能测试模块 …… 187
6.3.4　检测项目测试流程 …… 188
6.3.5　软件界面设计 …… 189
思考与练习 …… 191

参考文献 …… 192

第一部分

军事装备测试技术的理论基础

第1章 绪 论

1.1 测试技术的发展与研究对象

知识的获取往往从测量开始。人类在自身的社会发展中创造并发展了测量学，人类早期的测量活动涉及对长度（距离）、时间、面积和重量等量的测量。随着社会的进步和科学的发展，测量活动的范围不断扩大，测量的工具和手段不断精细和复杂化，从而也不断地丰富和完善了测量的理论。早在公元前3000年，古埃及人出于对工程和生产的需要便已建立了长度的统一标准——埃尔，他们将当时统治埃及法老的肘关节到中指指尖的长度加上他手中一根棕榈枝长相加的总长度定义为“1埃尔”，并将该长度标准用黑色花岗岩来实现而作为原始标准。埃及人在建造众多的祠庙和金字塔的浩大工程中正是使用了这一长度标准。秦始皇在统一六国后便立即建立了统一的度量衡制度，并对破坏这一制度的人科以严厉的刑罚。这些都说明了测量对促进当时生产发展和社会进步的重要性。今天，测量已渗透到人类活动的每个领域。从日常生活的三表（水、电、煤气）、每日的天气预报、医院中的病人监护设施、汽车中的各种指示仪表直至宇宙飞船的姿态控制装置、飞机的导航仪表、军用装备的火控装置，均说明测量无处不在。科学技术的飞速发展给测量学这一古老的学科注入了新的活力，现代电子技术、尤其是信息技术的发展更推动了测量学科的迅猛发展。因此测量学是一门多学科交叉的边缘学科。毫不夸张地说，任何一门学科都可以在测量学科中找到它的踪迹。反过来说，测量学科的发展也进一步促进了其他学科的发展。

人类处在一个广大的物质世界中，面对着众多的测量对象和测量任务，被测的量千差万别、种类各异。但根据被测的物理量随时间变化的特性，可将它们总体地分成静态量和动态量。所谓静态量是指那些静止的或缓慢变化的物理量，因此对这类物理量的测量称之为静态测量；相反，动态量是指随时间快速变化的物理量，对它们的测量相应地称之为动态测量。本书主要研究军事装备中有关动态量的测量，其中包括动态测量的理论、方法及应用。测试的例子比比皆是：为了保证舰载火炮发射的准确性，要对炮塔的振动特性进行监测和分析；飞机在飞行时依靠众多的仪表来测量和指示航向、速度、加速度、里程等一系列数据，从而确保飞机始终位于正确的航程中；导弹运行过程中对导弹运行轨迹和速度的连续监测与记录；旋转机械因轴承摩擦发热而造成的部件热变形的检测……。需要指出的是，静态与动态测量是相对的，有时可以相互转化。在装甲钢板生产中，对钢板厚度的检查可采用厚度检验仪对生产线上的钢板作分段抽样检测，也可以采用传感器（电容或光电式传感器）对钢板作连续检测，此时原本抽样检查的静态测量便变成了连续过程的动态测量。由于动态测量对钢板尺寸的检测是连续的，因此能更全面、有效地控制整个钢板的生产质量。当然，不能由此简单地评价静态与动态测量方法的优劣性，静态和动态测量方法是两种不同的方法，采用哪一种方法取决于被测对象的性质和对测量的要求。对每一种方法来说，相应地都有它自己的测量理论、测量手段和专门的仪器。测量的复杂程度完全取决于被测量本身的特征及测量所要达到的要求（精度、稳定性等）。

一个测量或测试系统大体上可用图 1-1 所示的原理框图来描述。

图 1-1 测试系统原理框图

传感器是测试系统中的第一个环节，用于从被测对象获取有用的信息，并将其转换为适合于测量的变量或信号。如采用弹簧秤测量物体受力时，其中的弹簧便是一个传感器或者敏感元件，它将物体所受的力转换成弹簧的变形——位移量。又如在测量物体的温度变化时，可采用水银温度计作传感器，将热量或温度的变化转换为汞柱亦即位移的变化。同样可采用热敏电阻来测温，此时温度的变化便被转换为电参数——电阻率的变化。再如在测量物体振动时，可以采用磁电式传感器，将物体振动的位移或振动速度通过电磁感应原理转换成电压变化量。由此可见，对于不同的被测物理量要采用不同的传感器，这些传感器的作用原理所依据的物理效应也是千差万别的。对于一个测量任务来说，第一步是能够（有效地）从被测对象取得能用于测量的信息，因此传感器在整个测量系统中的作用十分重要。

信号调理部分是对从传感器所输出的信号作进一步的加工和处理，包括对信号的转换、放大、滤波、储存、重放和一些专门的信号处理。这是因为从传感器出来的信号往往除有用信号外还夹杂有各种有害的干扰和噪声，因此在做进一步处理之前必须将干扰和噪声滤除掉。另外，传感器的输出信号往往具有光、机、电等多种形式，而对信号的后续处理往往都采取电的方式和手段，因而有时必须把传感器的输出信号进一步转换为适宜于电路处理的电信号，其中也包括信号的放大。通过信号的调理，最终希望获得便于传输、显示和记录以及可做进一步后续处理的信号。

显示和记录部分是将调理和处理过的信号用便于人们观察和分析的介质和手段进行记录或显示。

图 1-1 所示的三个方框中的功能都是通过传感器和不同的测量仪器和装置来实现的，它们构成了测试系统的核心部分。但需要注意的是，被测对象和观察者也是测试系统的组成部分，它们与传感器、信号调理部分以及数据显示与记录部分一起构成了一个完整的测试系统。这是因为在用传感器从被测对象获取信号时，被测对象通过不同的连接或耦合方式也对传感器产生了影响和作用；同样，观察者通过自身的行为和方式也直接或间接地影

响着系统的传递特性。因此在评估测试系统的性能时必须也考虑这两个因素的影响。

测试系统是用来测量被测信号的，被测信号经系统的加工和处理之后在系统的输出端以不同的形式被输出。系统的输出信号应该真实地反映原始被测信号，这样的测试过程被称为“精确测试”或“不失真测试”。如何实现一个精确的或不失真的测试？系统各部分应具备什么样的条件才能实现精确的测试？这正是测试技术中所要研究的一个主要问题。本书在下面的叙述中将始终围绕精确测试这一主题对各章节进行展开和讨论。

1.2　测量的本质、基本前提以及被测量的分类

1.2.1　被测量的分类

被测量的种类非常多，一般将众多的被测量分为电量和非电量两大类。

（1）电量。电量包括电压、电流、功率以及电阻、电容、电感、频率、相位、功率因数、增益、电场强度等。

（2）非电量。非电量是除电量以外的一切量。非电量大致可分为热工量、机械量、物性和成分量以及状态量四大类。

1）热工量。包括：温度、热量、比热容、热分布；压力（压强）、压差、真空度；流量、流速、风速；物位、液位、界面等。

2）机械量。包括：位移、尺寸、开关、形变；力、应力、力矩、扭矩；重力、质量；振动、速度、加速度、噪声等。

3）特性和成分量。包括：气/液体化学成分、酸碱度、盐度、黏度、湿度、密度等。

4）状态量。包括：颜色、透明度、颗粒度、磨损度、裂纹、缺陷、泄漏、表面质量等。

在实际工业生产中，需要测量的量是五花八门的，远不止上述所举的项目。但从本质上看，不少是从这些基本量中派生出来的，如位移就可派生出线位移、角位移、长度、厚度、入射角、角振动等。

电量的测量技术随着电子技术的飞速发展而得到很大的提高，这使得人们研究采用电量的测量技术来测量非电量，即利用传感器将被测的非电量转换成电量，然后用电量的测量技术来测量，这也就是所谓的非电量测量技术。

本书所述的被测量测量主要指的也是非电量的测量。

1.2.2　测量的本质和基本前提

广义来讲，测量过程一方面是采集和表达被测物理量，另一方面是与标准作比较。因此测量数值总是与一定的标准紧密相连的。

将度量数字 x 作为比较量 N（标准）的倍数赋予被测量 X，则有：

$$X = xN \tag{1-1}$$

从量纲上考虑对应式（1-1）有下述公式成立：

$$A = \{A\} \cdot [A] \tag{1-2}$$

式中，A 为某一物理量符号，$[A]$ 为某一单位的符号，而 $\{A\}$ 就是以 $[A]$ 为单位表示量 A 的数值。广义来讲，量纲就代表了测量的本质，即物理量、单位和数值在测量过程中也就

是分别表示被测量、比较量和倍数。

式（1-1）和式（1-2）即为测量定义的数学表达。应注意的是，上述操作，即测量只有在满足以下两个基本前提条件下才能实施：

（1）被测的量必须有明确的定义；

（2）测量标准必须通过协议事先确定。

这两个条件并不是自然地就能被满足的，亦即并非所有的量都有明确的定义。像长度、时间和重量等量是可以且已经被人们明确定义了的，而另外的一些量，诸如空调技术中的“环境舒适度”或人的“智力”等，至今也不可能有一致公认的定义，因其不满足基本前提条件，所以是不可测量的。

彼此相互独立的标准称之为绝对标准或基本标准，在国际计量大会上定义了七个基本标准：长度、质量、时间、温度、电流、光强和原子物理中的物质的量。

1.3 传感器与测试技术在军事装备领域的重要作用

1.3.1 传感器在军事装备信息综合和系统集成中的作用

以坦克、飞机、军舰为标志的作战平台是传统的主战兵器，各类传感器不过是配属的保障设施。当前由信息技术发展推动的军事革命，已经将重点从作战平台转到战场观察、传递战场情况以及运用性能优越的精确武器等问题上来，即由重视军舰、坦克和飞机转为重视信息获取技术和信息获取装置的作用，因此，传感器、通信以及精确制导武器等已在战争中起至关重要的作用。

从重视作战平台到重视传感器，是信息时代军队武器装备发展思路的重大转变，对未来军事力量的建设将带来重要影响。充分发挥信息优势，可以减少飞机、坦克、航空母舰等作战平台的数量，而维持作战能力不变甚至使作战能力得到提高。兰彻斯特方程解释，进攻要想成功，就得使用三倍于防守方的兵力。而信息技术的发展使人类能对战场了如指掌，使得拥有信息优势的一方更具战略性优势，可以打击战略要害，以更为有效的方式运用力量，大大提高使用兵力的效率。二战以来，飞机、坦克、军舰等作战平台本身性能的提高几乎接近极限，而作战平台上所载的电子信息装备和精确制导武器、弹药的发展却仍有很大的余地。信息技术在军事上的应用不断赋予现有的作战平台新的活力，实现作战能力的更新和提高。在资金有限的情况下，拥有足够好的作战平台就足够了，在武器发展的优先顺序上，应将重点放在各种作战平台的综合运用和发挥综合作用上，使之具有更高的效能和效率，充分利用信息技术，使作战平台与传感器的发展更好地结合起来，不断改善和提高现有作战平台潜力。

传统的由人操纵的大型作战平台将会逐渐退出战争舞台，军事革命的技术将迫使人们重新思考是否把军事平台用做施加武力的载体，因为在一个信息获取无处不在的世界上，与一个能够洞察一切的对手进行战争，将会有很大的麻烦。因此，必须考虑重建武装力量，使之具有很强的信息获取、信息传输、信息处理能力，以及更强的机动性，更好的远程作战能力，更轻便灵活，甚至达到能使人员脱离战场的程度。美国陆军第三军军长兼胡德堡基地司令利昂·拉波特中将认为：信息时代的战争要把传感器、情报分析系统和发射器连接成一个整体，提高官兵的战场态势感知能力，要求部队充分利用传感器网，集中精力关注实时敌情。美军在陆、海、空、天部署了各种各样的传感器并连接成网，用于探测和跟踪敌军情况。由功能和用途各不相同的单个传感器连接成网，能够提高探测速度，实现传感器间的互相查询，使数字化部队能够实时地关注敌情，全面提高其战场态势感知能力。传感器与发射器相连接，进入网络系统，现在需要数分钟间才能完成的事情，实现传感器与发射器连接后，在几秒钟内就能完成，极大地提高了部队的反应机动能力和战斗力。

由近期的几场高技术条件下的局部战争可以看到，随着新军事革命浪潮的到来，高度信息化的武器平台已经开始发挥战场主导作用。数字化战争需要利用全方位、多手段的传感器系统，感知和收集战场各种信息，并对这些信息进行判读、分析、综合与管理，实现“传感器 - 控制器 - 武器”一体化。战场生物传感器不但能准确识别各种生化战剂，而且可与计算机配合，及时提出最佳防护和治疗方案，还可通过测定炸药、火箭推进剂的降解情况来发现敌人库存弹药的数量和位置，成为战场侦察的有效手段。美国国防部编制的新条令中，有指挥员如何利用传感器系统预测敌人的行动的条例，基于多传感器的信息获取系统，指指挥员能够将整个战场传来的各种信息综合起来，利用这些信息判断敌人的动向。目前，美国已经能够把 GPS 系统装备到每个士兵身上，并且和武器系统连接起来，使整个战场数字化。近年来，美国军方从飞机上或直接在地面上撒播成千上万个微型传感器，来监视敌方的活动。另外，把烟雾剂喷洒到敌方部队上空，或把化学品掺入敌方的食品中，然后用生物或空气传感器就能追踪敌方的一举一动。

1.3.2　测试技术在军事装备目标识别与定位中的应用

21 世纪隐身武器将成为战场上的主角，隐身武器是指采用了防范敌方雷达、红外线、声呐、可见光等有效探测的伪装技术兵器，包括隐身飞机、隐身导弹、隐身火炮、隐身坦克、隐身舰船等，如美国的 F-22 隐身战斗机，“北极光”隐身侦察机、“联合攻击战斗机”(JSF)、AGM-129 型隐身巡航导弹、“海影”号隐身战舰、俄罗斯 S-37 前掠翼多用途战斗机和 X-65C3 反舰导弹、法国的“拉斐特”级护卫舰、瑞典“维斯比”级隐身护卫舰等，隐身武器具有耐久的隐身特性和极强的态势感知能力。隐身武器使侦察与反侦察斗争更加激烈，战争突然性增加，使得进一步加强传感器技术的研究显得尤为重要和迫切。

在未来战争中，新一代精确化和智能化的常规武器和电子武器可能在实质上取代核武器的位置。智能武器“把巨大的杀伤力和极高的精确性相结合，将会使军事机构思考未来战争的方式发生革命”。高技术常规武器成为比核武器更可靠的手段，“打了不用管”的制导炮弹能像导弹那样捕捉和跟踪目标，射程远，威力大，价格低，命中率高，具有子母弹的打击能力，以及破甲弹、动能弹的攻击方式。窃听炮弹发射至目标区域后，能自动探测不同类型的声响，获取战场目标信息并将信息发送给控制中心。这种炮弹对目标的分辨能力很强，而且不受地形和气候的限制，具有及时、隐蔽和不间断的目标侦探和监控功能，扩大了战场信息探测的时空范围。电视侦察炮弹可用火炮发射至目的地，弹中的摄像机将拍摄到的战场实况通过微型发射机传输回去，整个侦察过程犹如电视台的实况转播那样直观。能蹦，能跳，能飞，能够主动、准确地探测跟踪坦克、装甲战车，垂直攻击坦克的顶部或腹部的地雷目前已研制成功。美国陆军正在和陆军研究实验室合作开发用于目标侦察、目标分类、目标定位和统计地面和空中目标数量的传感器，这种传感器，可以提供高保真的情报数据，生成高清晰度的目标轮廓，并具有“全景”成像的能力。

1.3.3　在反恐战争活动中的作用

“9·11”恐怖袭击事件发生后，美国政府和军方对于利用信息手段收集情报情有独钟。美国国防部动用卫星、间谍飞机和无人驾驶飞机、侦听国际互联网等手段来监测恐怖分子的地面活动。在信息控制与反侦察领域内大量使用信息武器，监视并制约塔利班反政府武装的活动。美国国家航空航天局正在开发一种传感器系统以获取乘客的脑电波与心跳频率以及体温、脉搏速率、眼球跳动频率等生理数据，这些信息被送入计算机进行数据运算，再结合该乘客以往的飞行记录、是否有犯罪背景、银行信用信息等众多数据源，判断“乘客是否有潜藏的不良动机。”

思考与练习

1-1　一般的测试系统由哪些部分组成?

1-2　简述测试技术在军事装备领域中的应用。

1-3　传感器在测试技术中的作用是什么?

1-4　测试技术的发展趋势有哪几个方面?

第 2 章　测试技术基础知识

2.1　信号及其描述

2.1.1　信号与测试系统

一个测试系统主要包括信号的传感部分、信号的调理部分、信号的显示与记录部分。测试系统的主要任务是用来获取和传递被测对象的各种参数（温度、压力、速度、位移、流量等）。为了将被测的各种参量传输到接收方或观察者，必须采用适当的转换设备将这些参量按一定的规律转换成相对应的信号，一般为电信号，再经合适的传递介质，如传输线、电缆、光缆、空间等，将信号传递到接收方。图 2-1 为一个接收物体振动信号的测试系统结构框图，图中假设被测的物理量为一物体的简谐振动，其振动的位移为 x，频率为 f_x。采用位移传感器将该振动信号转换为毫伏量级的电压信号。但同时该传感器也感测到邻近设备的高频干扰信号，该信号叠加到有用信号上。采用一个放大器将上述信号放大到一个足以方便计算机进行记录和处理的电平（图 2-1 中放大器的增益为 100）。同时，为了去除不希望的干扰噪声信号，在放大之后设置了一级低通滤波器。经过滤波后的信号再送给计算机进行记录或显示。在上述测试系统中，放大器和低通滤波器组成了系统的信号调理部分，而计算机组成了系统的显示与记录部分。对于不同的被测参量，测试系统的构成及作用原理可以不同。另外，根据测试任务的复杂程度，测试系统也可以有简单和复杂之分。一个较复杂的系统可以像图 2-1 所示的系统那样，包括有数个功能部件。但有时候一个简单的测试系统可能仅包括传感器本身就行了。根据不同的作用原理，测试系统可以是机械的、电的和液压的等。尽管这些系统所处理的对象有所不同，但它们都可能具有相同的信号传递特性。实际中，在对待属性各异的各类测试系统时，常常略去系统具体的物理含义，而将其抽象为一个理想化的模型，目的是为了得到系统共性的规律。将系统中变

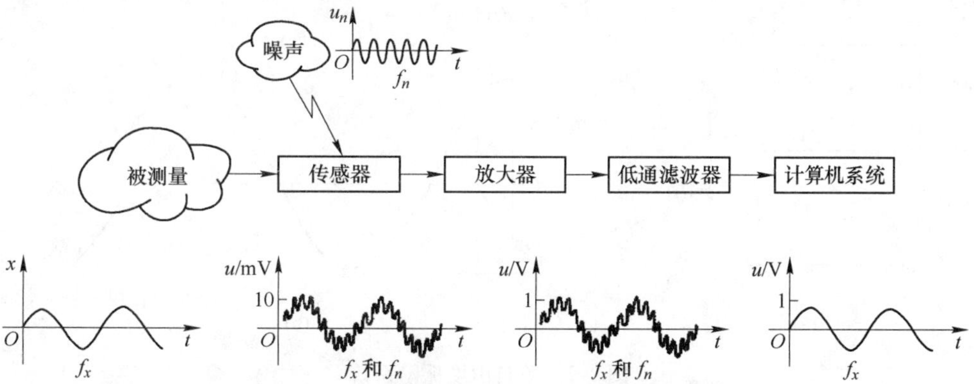

图 2-1　简谐振动信号测试系统结构框图

化着的各种物理量，如力、位移、加速度、电压、电流、光强等称为信号，客观地研究信号作用于测试系统的变化规律，来揭示系统对信号的传递特性。

因此，信号与系统是紧密相关的。信号按一定的规律作用于系统，系统在输入信号的作用下，对它进行“加工”，并输出“加工”后的信号。通常将输入信号称为系统的激励，而将输出信号称为系统的响应。信号的理论包括信号的分析、信号处理和信号综合。信号分析主要涉及信号的表示和性质。由于信号分析与测试系统的分析紧密相关，因此本章将着重介绍信号与信号分析的基本概念，在此基础上，介绍测试装置的基本特性和实现不失真测试的条件。

2.1.2 信号的分类

为了便于分析和讨论，有必要从不同的研究角度出发，对信号加以分类。对于各种信号，可以从不同的角度进行分类。按信号的物理属性可分为机械信号、电信号、光信号等；按信号的幅值是否随时间变化可分为静态信号和动态信号；按自变量的变化范围可分为时限信号和频限信号；按信号是否满足绝对可积条件可分为能量有限信号和功率有限信号；按信号中变量的取值特点可分为连续时间信号和离散时间信号，模拟信号和数字信号即分属于这两类信号；按信号沿时间轴演变的特性，可分为确定性信号和随机信号两大类信号。本书主要从最后一种分类方法的角度对信号进行讨论。

2.1.2.1 确定性信号

确定性信号是指可以用合适的数学模型或数学关系式来完整地描述或预测其随时间演变情形的信号。例如单自由度振动系统，如图 2-2 所示，其位移信号 $x(t)$ 就是确定性的，可用式（2-1）来确定质量的瞬时精确位置，即

$$x(t)=A\cos\left(\sqrt{\frac{k}{m}}t+\phi_0\right) \tag{2-1}$$

式中 A——振幅；

k——弹簧刚度；

m——质量；

ϕ_0——初相位。

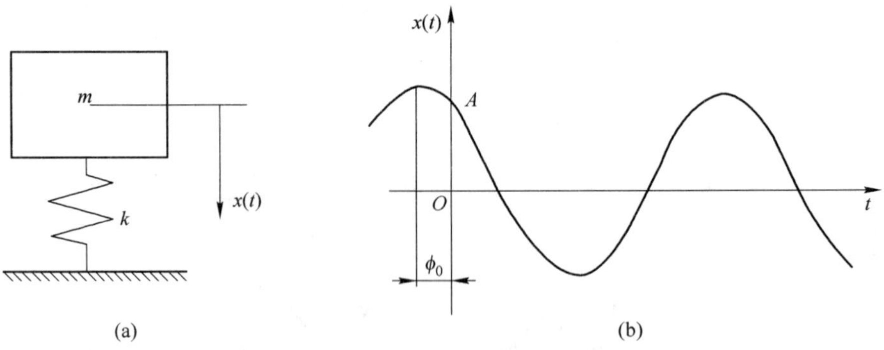

图 2-2 单自由度振动系统

（a）振动系统示意图；（b）振动幅值随时间变化曲线

确定性信号可分为周期信号和非周期信号两种。

A　周期信号

按一定的时间间隔自行重复变化的信号。它满足下列关系式，即

$$x(t)=x(t+kT)\quad(k=\pm1,\pm2,\cdots)\tag{2-2}$$

式中　T——周期，$T=2\pi/\omega=\dfrac{1}{f}$；

ω——角频率；

f——频率。

式（2-2）表达的信号显然是周期信号，其角频率 $\omega=\sqrt{k/m}$，周期为 $T=2\pi/\omega$。

周期信号一般又分为简谐周期信号和复杂周期信号。其中，简谐周期信号是最简单的正余弦信号。复杂周期信号是由两个或两个以上简谐周期信号叠加而成的信号，它具有一个最长的基本重复周期，与该基本周期频率一致的谐波称为基波，其他谐波为基波频率的整数倍。

B　非周期信号

凡能用确定的数学关系式或图表描述的，但又不具有周期重复性的信号称为非周期信号。它又可以分为准周期信号和瞬态信号两类。

准周期信号由频率比不全为有理数的两个或两个以上简谐周期信号叠加而成的信号。如 $x(t)=A\sin9t+A\sin(\sqrt{31}t)$，其频率比为 $9/\sqrt{31}$，不是有理数。由于这类信号仍具有离散性，故称之为准周期信号。瞬态信号是准周期信号以外的非周期信号，是在有限时间段存在或随着时间的增加而幅值衰减至零的信号。

2.1.2.2　非确定性信号

随机信号是不能用明确的数学关系来表达，只能通过统计观察加以描述的信号。它又可分为平稳随机信号和非平稳随机信号两种。

随机信号所描述的是一种随机过程，其特征用信号的统计学参数（均值、方差等）表示。如果随机过程的统计学参数不随时间变化，则称之为平稳随机过程，否则称为非平稳随机过程。

综上所述，信号按时域特性所进行的分类如图 2-3 所示。

- 信号
  - 确定性信号
    - 周期信号
      - 正余弦信号
      - 多谐周期复合信号
      - 伪随机信号
    - 非周期信号
      - 准周期信号
      - 瞬态信号
  - 随机信号
    - 平稳随机信号
      - 各态历经信号
      - 非各态历经信号
    - 非平衡随机信号——特殊分类信号

图 2-3　信号的分类

2.1.3　信号的描述

描述一个信号的变化过程通常有时域和频域两种方法。在时域描述法中，信号的自变

量为时间，信号的历程随时间而展开。信号的时域描述主要反映信号的幅值随时间变化的特征。与之相对应，对一个测试系统的时域分析法也是直接分析时间变量函数或序列，研究系统的时间响应特征。在分析一个系统时，除了采用经典的微分或差分方程外，还引入单位脉冲响应和单位序列响应的概念，借助于卷积积分的方法。此外，一个线性系统对于一个输入（激励）$x(t)$所引起的零状态响应是该输入 $x(t)$ 与系统的单位脉冲响应的卷积积分（连续系统）或 $x(t)$ 与系统单位序列响应的卷积和（离散系统）。

频域分析法是将信号和系统的时间变量函数或序列变换成对应频率域中的某个变量的函数，来研究信号和系统的频域特性。对于连续系统和信号来说，常采用傅里叶变换和拉普拉斯变换；对于离散系统和信号则采用 Z 变换。频域分析法将时域分析法中的微分或差分方程转换为代数方程，使问题的分析更加方便。

采用时域法和频域法来描述信号和分析系统，完全取决于不同测试任务的需要。时域描述直观地反映信号随时间变化的情况，频域描述则侧重描述信号的组成成分。但无论采用哪一种描述法，同一信号均含有相同的信息量，不会因采取不同的方法而增添或减少原信号的信息量。例如，周期方波可以看成是由一系列不等的正弦波叠加而成，图 2-4 采用波形分解方式形象地表达了周期方波时域和频域两种描述及其两者之间的联系。

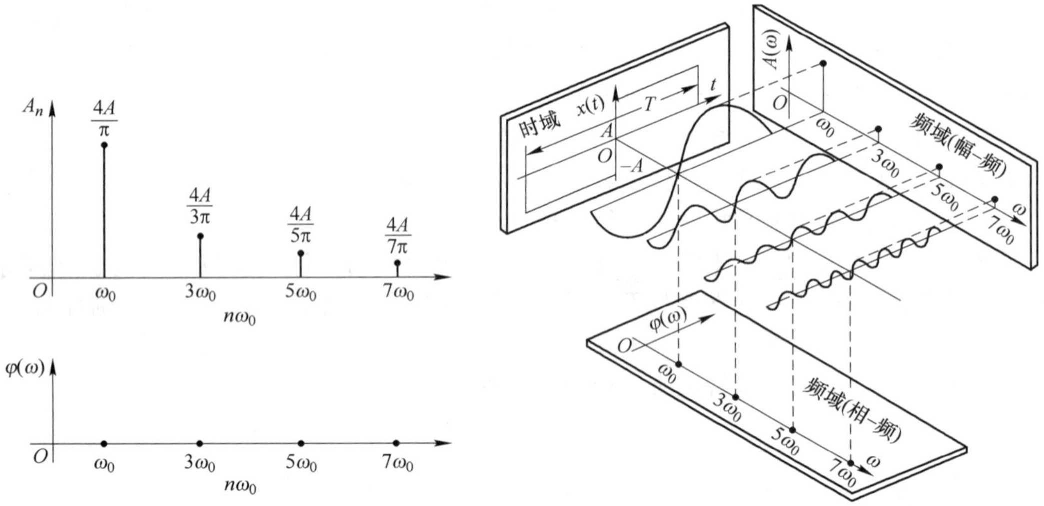

图 2-4 周期方波信号的时、频域描述

2.1.3.1 周期信号与离散频谱

从数学分析可知，对于以 T 为周期的函数 $x(t)$，如果在 $(-T/2, T/2)$ 区间满足狄里赫利条件，即函数在该区间上连续或只有有限个第一类间断点且只有有限个极值点，那么该函数在 $(-T/2, T/2)$ 区间都可以展开成傅里叶级数。

傅里叶级数的三角函数展开式如下：

$$x(t) = \frac{a_0}{2} + \sum_{n=1}^{\infty}(a_n \cos n\omega_0 t + b_n \sin n\omega_0 t) \quad (n = 1,2,3,\cdots) \tag{2-3}$$

式中，常值分量 a_0、余弦值分量幅值 a_n、正弦值分量幅值 b_n 分别为

$$
\begin{aligned}
a_0 &= \frac{2}{T}\int_{-T/2}^{T/2} x(t)\,\mathrm{d}t \\
a_n &= \frac{2}{T}\int_{-T/2}^{T/2} x(t)\cos n\omega_0 t\,\mathrm{d}t \\
b_n &= \frac{2}{T}\int_{-T/2}^{T/2} x(t)\sin n\omega_0 t\,\mathrm{d}t
\end{aligned}
\tag{2-4}
$$

式中　ω_0——角频率，$\omega_0 = 2\pi/T$；

T——周期。

将式（2-3）的正余弦函数的同频率项合并整理，得到信号 $x(t)$ 另一种形式的傅里叶级数表达式：

$$
\left.
\begin{aligned}
x(t) &= \frac{a_0}{2} + \sum_{n=1}^{\infty} A_n \sin(n\omega_0 t + \phi_n) \\
A_n &= \sqrt{a_n^2 + b_n^2} \\
\phi_n &= \arctan\left(\frac{a_n}{b_n}\right)
\end{aligned}
\right\}
\quad (n = 1, 2, \cdots)
\tag{2-5}
$$

式中　A_n——各谐波分量的幅值；

ϕ_n——各谐波分量的初相角。

例 2-1　求如图 2-5 所示的周期方波信号 $x(t)$ 的傅里叶级数。

解： 信号 $x(t)$ 在它的一个周期中的表达式为：

$$
x(t) = \begin{cases} -1 & 当\ \dfrac{T}{2} < t < 0 \\ 1 & 当\ 0 < t < \dfrac{T}{2} \end{cases}
$$

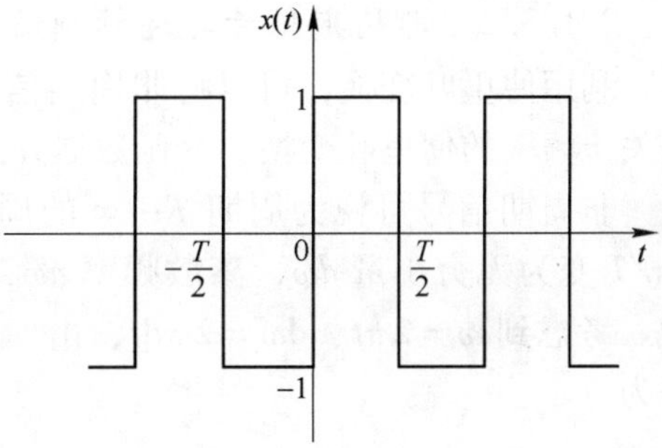

图 2-5　周期方波信号

根据式（2-4），有

$$
a_n = \frac{2}{T}\int_{\frac{-T}{2}}^{\frac{T}{2}} x(t)\cos n\omega_0 t\,\mathrm{d}t = 0
$$

这是因为本例中 $x(t)$ 为一奇函数，而 $\cos n\omega_0 t$ 为偶函数，两者的积 $x(t)\cos n\omega_0 t$ 也为奇函数，而一个奇函数在上、下限对称区间上的积分值等于零。

$$
\begin{aligned}
b_n &= \frac{2}{T}\int_{\frac{-T}{2}}^{\frac{T}{2}} x(t)\sin n\omega_0 t\,\mathrm{d}t = \frac{2}{T}\int_{\frac{-T}{2}}^{0}(-1)\sin n\omega_0 t\,\mathrm{d}t + \frac{2}{T}\int_{0}^{\frac{T}{2}}\sin n\omega_0 t\,\mathrm{d}t \\
&= \frac{2}{n\pi}(1 - \cos n\pi) = \begin{cases} \dfrac{4}{n\pi} & 当\ n = 1,3,5,\cdots \\ 0 & 当\ n = 2,4,6,\cdots \end{cases}
\end{aligned}
$$

因此，周期方波的傅里叶级数展开式为

$$
x(t) = \frac{4}{\pi}\left(\sin\omega_0 t + \frac{1}{3}\sin 3\omega_0 t + \frac{1}{5}\sin 5\omega_0 t + \cdots\right)
\tag{2-6}
$$

它的频谱图如图 2-6 所示，其幅频谱仅包含信号的基波和奇次谐波，各次谐波的幅值

以 $1/n$ 的倍数收敛。信号的相频谱中，基波和各次谐波的相角均是零。

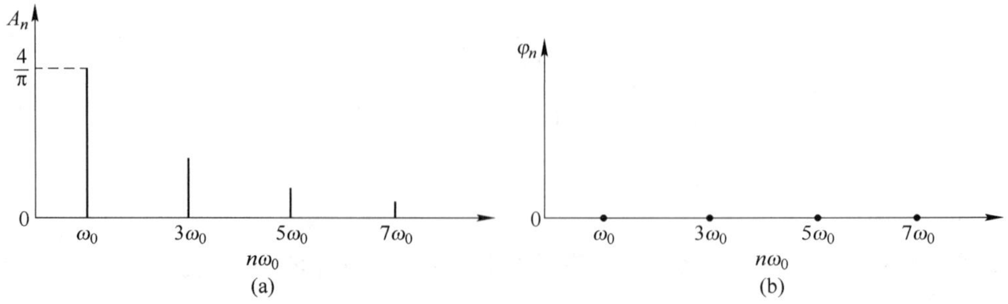

图 2-6　周期方波信号的频谱图

（a）幅频谱；（b）相频谱

周期信号的频谱有以下几个特点：

（1）离散性。周期信号的频谱是离散的，由一系列离散的谱线组成，每条谱线对应于各谐波分量。

（2）谐波性。每条谱线只出现在基频的整数倍上，不存在基频非整数倍的频率分量。

（3）衰减性。工程中常见的周期信号，其谐波幅值总的趋势是随谐波次数的增加而减少的。为了简化设计、分析处理，通常可忽略较高次谐波的影响。

2.1.3.2　非周期信号与连续频谱

利用傅里叶变换，可以将非周期信号（瞬变信号）的时域描述转换成频域描述，得到关于频率的傅里叶变换的复函数展开式，该式即表示出了非周期信号的频谱。

非周期信号可视为周期 $T\to\infty$ 的周期信号。此时，相邻谱线之间的间隔 $\Delta\omega=\omega_0=2\pi/T$ 变为无穷小量 $d\omega$，离散频率 $n\omega_0$ 变为连续频率 ω，因此非周期信号的频谱是连续的。考虑到 $\omega=2\pi f$、$\mathrm{d}\omega=2\pi\mathrm{d}f$，由傅里叶变换的定义可以得到非周期信号 $x(t)$ 的频谱为

$$X(f)=\int_{-\infty}^{\infty}x(t)\mathrm{e}^{-\mathrm{j}2\pi ft}\mathrm{d}t \tag{2-7}$$

$$x(t)=\int_{-\infty}^{\infty}X(f)\mathrm{e}^{\mathrm{j}2\pi ft}\mathrm{d}f \tag{2-8}$$

称 $X(f)$ 为信号 $x(t)$ 的傅里叶变换，$x(t)$ 为 $X(f)$ 的傅里叶逆变换或傅里叶反变换（Inverse Fourier Transform，IFT），两者组成傅里叶变换对，简记为

$$x(t)\Leftrightarrow X(f)$$

一般情况下 $X(f)$ 是关于频率的复函数，故可表示为

$$X(f)=\mathrm{Re}X(f)+\mathrm{j}\mathrm{Im}X(f)=|X(f)|\mathrm{e}^{\mathrm{j}\phi(f)} \tag{2-9}$$

式中，$|X(f)|=\sqrt{[\mathrm{Re}X(f)]^2+[\mathrm{Im}X(f)]^2}$；$\phi(f)=\arctan\dfrac{\mathrm{Im}X(f)}{\mathrm{Re}X(f)}$。

非周期信号的频谱有以下几个特点。

（1）傅里叶变换是进行非周期信号的时域描述与频域描述之间转换的数学工具，非周期信号 $x(t)$ 的傅里叶变换 $X(f)$ 就是它的频谱。

（2）在非周期信号的傅里叶变换 $X(f)$ 中，f 的取值是连续的，亦即非周期信号是由

无穷多个谐波成分 $e^{j2\pi ft}$ ($=\cos2\pi ft+\mathrm{j}\sin2\pi ft$) 叠加而成，因此非周期信号的频谱是连续的，其中包括所有的谐波成分。

（3）在非周期信号展开式（2-7）中，$X(f)$ 具有“单位频率宽度上的振幅”的含义，故非周期信号的频谱严格上应称为频谱密度函数，在不致混淆的情况下简称为频谱。$|X(f)|$ 称为幅值谱密度函数（简称为幅值谱）；$\phi(f)$ 称为相位谱密度函数（简称为相位谱）。

（4）非周期信号的密度为有限值，但各谐波分量的幅值 $X(f)\mathrm{d}f$ 为无穷小。

（5）傅里叶变换具有比例叠加、时移、频移、时间尺度改变、对称、微积分、卷积等特性，详情请参见有关参考书。

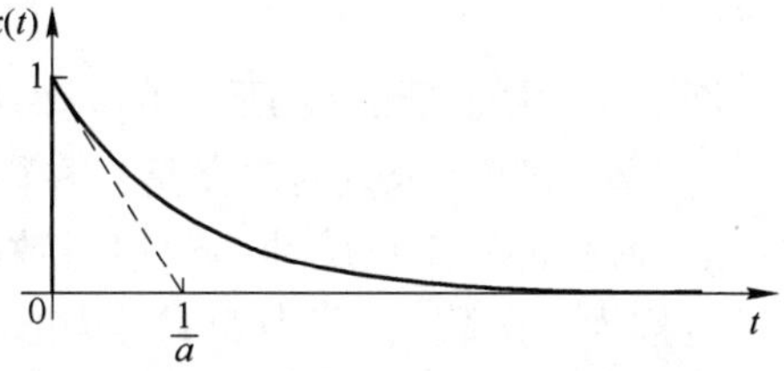

图 2-7　单边指数函数 $e^{-at}\xi(t)\,(a>0)$

例 2-2　求如图 2-7 所示的单边指数函数的频谱。

解：由式（2-7），有

$$X(f)=\int_{-\infty}^{\infty}x(t)e^{-j2\pi ft}dt=\int_{-\infty}^{\infty}e^{-at}\xi(t)e^{-j2\pi ft}dt=\int_{-\infty}^{\infty}e^{-at}e^{-j2\pi ft}dt=1/(a+j2\pi f)$$

于是 $|X(f)|=1/[a^2+(2\pi f)^2]$，$\phi(f)=\arctan\dfrac{2\pi f}{a}$。其幅频谱与相频谱分别示于图 2-8。

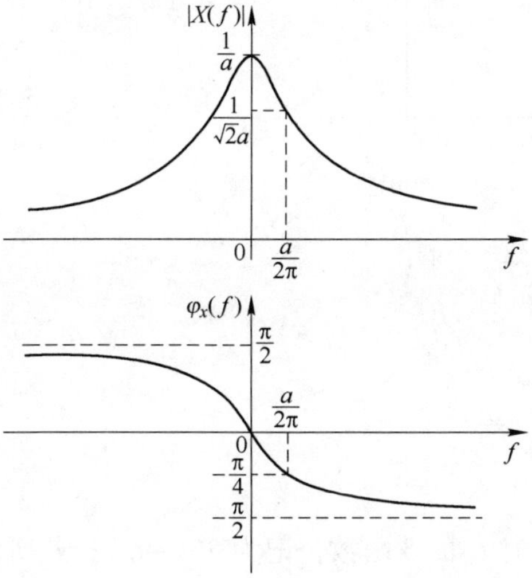

图 2-8　单边指数函数 $e^{-at}\xi(t)\,(a>0)$ 的频谱

例 2-3　如图 2-9 所示为一矩形脉冲（又称窗函数或门函数），用符号 $g_T(t)$ 表示：$g_T(t)=\begin{cases}1 & 当\ |t|<T/2\\ 0 & 其他\end{cases}$，求该函数的频谱。

解：$G_T(\omega)=\int_{-\infty}^{\infty}g_T(t)e^{-j\omega t}dt=\int_{-T/2}^{T/2}1\times e^{-j\omega t}dt=\left.\dfrac{e^{-j\omega t}}{-j\omega}\right|_{-T/2}^{T/2}=\dfrac{1}{-j\omega}(e^{-j\omega T/2}-e^{j\omega T/2})=T\sin\dfrac{\omega T}{2}\Big/\dfrac{\omega T}{2}=T\mathrm{sinc}(\omega T/2)$

其幅频谱和相频谱分别为

$$|G_T(\omega)|=T\left|\mathrm{sinc}\,\frac{\omega T}{2}\right|$$

$$\phi(\omega)=\begin{cases}0 & 当\ \mathrm{sinc}\,\dfrac{\omega T}{2}>0\\ \pm\pi & 当\ \mathrm{sinc}\,\dfrac{\omega T}{2}<0\end{cases}$$

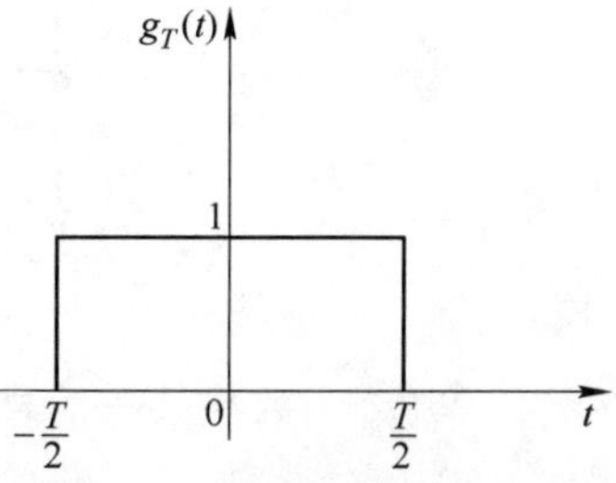

图 2-9　矩形脉冲函数

可以看到，窗函数 $g_T(t)$ 的频谱 $G_T(\omega)$ 是一个正或负的实数，正、负符号的变化相当于在相位上改变一个 π 弧度。$G_T(\omega)$ 的图形示于图 2-10。

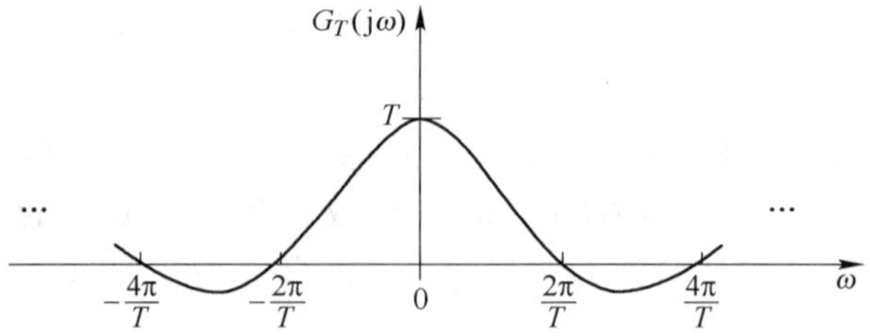

图 2-10 矩形脉冲函数的频谱 $G_T(\omega)$

例 2-4 求如图 2-11 所示单位脉冲函数的频谱。

解：单位脉冲函数的定义是：在微小的时间间隔 ε 内激发一个面积为 1 的矩形脉冲 s_ε（或三角形脉冲、矩形脉冲、双边指数脉冲等），当 $\varepsilon \to 0$，$s_\varepsilon(t)$ 的极限就称为单位脉冲函数（也称为 δ 函数），记为 $\delta(t)$，如图 2-11 所示。δ 函数有如下几个特点。

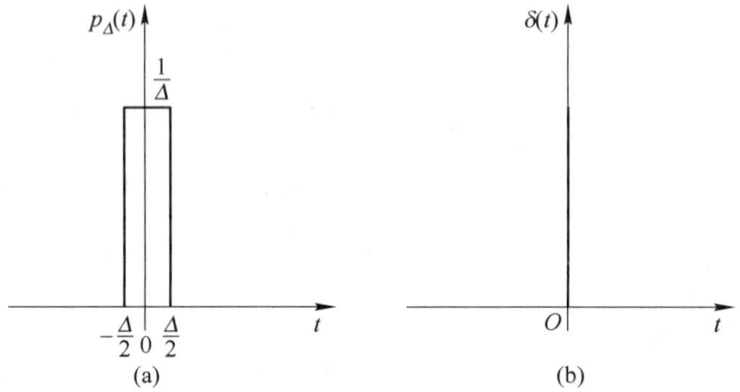

图 2-11 单位脉冲函数的频谱

（a）定义；（b）表示方法

（1）
$$\delta(t) = \begin{cases} \infty & 当\ t = 0 \\ 0 & 当\ t \neq 0 \end{cases}$$

（2）
$$\int_{-\infty}^{\infty} \delta(t)\,dt = 1$$

（3）若脉冲是在 $t = t_0$ 时刻激发的，则称为延时 t_0 的 δ 函数，记为 $\delta(t - t_0)$；若所激发的脉冲面积为 K，则称为强度为 K 的 δ 函数，记为 $K\delta(t)$。

（4）δ 函数有一个重要的性质，它可以把某一连续时间函数 $x(t)$ 在 δ 函数发生时刻的函数值抽取出来，称为 δ 函数的抽样性质或筛选性质。如下：

$$\int_{-\infty}^{\infty} x(t)\delta(t) = \int_{-\infty}^{\infty} x(0)\delta(t) = x(0)$$

$$\int_{-\infty}^{\infty} x(t)\delta(t - t_0) = \int_{-\infty}^{\infty} x(t_0)\delta(t) = x(t_0)$$

$$\int_{-\infty}^{\infty} x(t)K\delta(t) = \int_{-\infty}^{\infty} x(0)K\delta(t) = Kx(0)$$

（5）$\delta(t)$ 函数与某一信号的 $x(t)$ 的卷积为

$$x(t) * \delta(t) = \int_{-\infty}^{\infty} x(\tau)\delta(t - \tau)\,d\tau = \int_{-\infty}^{\infty} x(\tau)\delta(\tau - t)\,d\tau = x(t)$$

同理，

$$x(t) * \delta(t-t_0) = x(t-t_0)$$

可见，δ 函数与某一信号 $x(t)$ 做卷积运算的结果,就是简单地将 $x(t)$ 的图形平移到 δ 函数的发生位置上，即延时了 t_0，如图 2-12 所示。

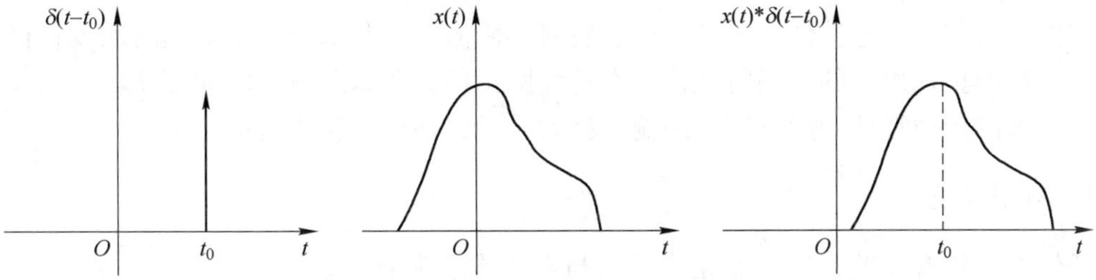

图 2-12　δ 函数与信号 $x(t)$ 的卷积积分

（6）δ 函数的频谱为

$$\Delta(f) = \int_{-\infty}^{\infty} \delta(t) e^{-j2\pi ft} dt = e^0 = 1$$

该结果表明，δ 函数具有无限宽广的频带，且在任何频率上的谱密度都是相等的，如图 2-13 所示。这种信号称为理想的白噪声。

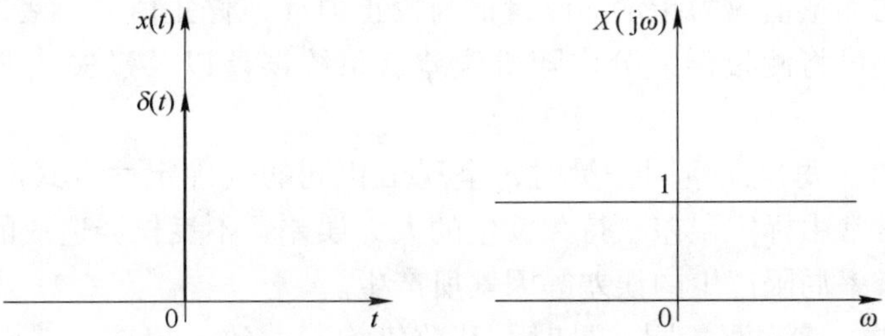

图 2-13　δ 函数的频谱

根据 δ 函数的上述性质及傅里叶变换的性质，还可以得到以下傅里叶变换对：

$$\delta(t) \Leftrightarrow 1$$

$$1 \Leftrightarrow \delta(f)$$

$$\delta(t-t_0) \Leftrightarrow e^{-j2\pi ft_0}$$

$$e^{-j2\pi f_0 t} \Leftrightarrow \delta(f-f_0)$$

上面的变换对中，左侧均为时域表达式，而右侧为频域表达式。

2.2　测试装置的基本特性

测试装置是测试系统的基本功能单元，其各种特性就决定了测试系统的特性。这里所说的测试装置是一个具有广泛意义的术语，它既可以是一个功能齐全、结构复杂的测试仪器，也可以是功能单一、结构简单的组成环节（例如一个电阻和一个电容组成的 RC 滤波器），甚至可以是一根导线。本书将系统（System）、装置（Device）、环节（Linkage）视为同义语。

测试装置的基本作用是对被测对象的物理特征进行转换，或对转换后的信号进行各种信号加工处理（如放大、滤波），也就是借助于测试装置对信号的传输实现信息的传输。因此，测试装置的特性对能否不失真地传输真实信息起着决定性的作用。对于测试装置特性的研究一般是从静态特性（Static Characteristics）和动态特性（Dynamic Characteristics）两个方面进行的。静态特性指的是测试装置对不随时间变化的输入量或随时间变化极为缓慢的输入量所呈现出来的传输特性，动态特性则指的是测试装置对时间变化较快的输入量所呈现出来的传输特性。测试装置的输入称为激励，输出则称为响应。

2.2.1 测量误差

任何测量均有误差，误差 E 是指示值与真值或准确值的差：

$$E = x_m - x \tag{2-10}$$

式中 x_m——指示值；

x——真值或准确值。

准确值 x 是通过无误差测量仪器指示出的测量值。实际中该值是通过跟一个标准作比较或是用一个具有更高精度的标定仪器进行标定得到的。

校正值或修正值 B 是与误差 E 的数值相等，但符号相反的值：

$$B = x - x_m \tag{2-11}$$

因此，准确的测量值应为指示的测量值与校正值（或修正值）两者之和。

按误差的性质可将测量误差分成随机误差、系统误差以及过失或非法误差（illegitimate error）。

（1）系统误差。每次测量同一量时，呈现出相同的或确定性方式的那些测量误差称为系统误差。它常常由标定误差、持久发生的人为误差、不良仪器造成的误差、负载产生的误差、系统分辨率局限产生的误差等因素所产生。

（2）随机误差。多次测量同一量时，其数值均不一致，却具有零均值的那些每次测量出现的误差称为随机误差。它产生的原因有：测量人员的随机因素、设备受到干扰、实验条件的波动、测量仪器灵敏度不够等。例如机械摩擦或振动可能会使指示值在真值附近波动。

（3）过失误差或非法误差。意想不到而存在的误差，如实验中因过失或错误引起的误差，实验之后的计算误差等。当获取足够多的测量值读数时，随机误差具有明显的统计分布特性。因此常常采用统计分析来估计该误差的或然率大小。与此相反，系统误差则不可以用统计方法来处理，因为系统误差是一个固定的值，它并不呈现一种分布的特征。然而，系统误差可采用将仪器与更精确的标准加以比较，从人们对该仪器标定的知识以及人们使用该特殊类型仪器的经验来加以估计。在实际中，系统误差和随机误差常常同时发生。图 2-14 示出两种误差对被测量 x 重复测量的合成效应，其中图 2-14(a)示出系统误差大于随机误差的情况，而图 2-14(b)则是随机误差大于系统误差的情况。因而一个特定的测量指示值的总误差是该测量的随机误差和系统误差之和。

根据测量的类型也可将误差分为静态误差和动态误差。

（1）静态误差。用来确定不随时间变化的测量值的线性测量仪器，其传递特性为一常数。而相应的非线性测量仪器的输入－输出关系是用代数方程或超越方程来描述的。因

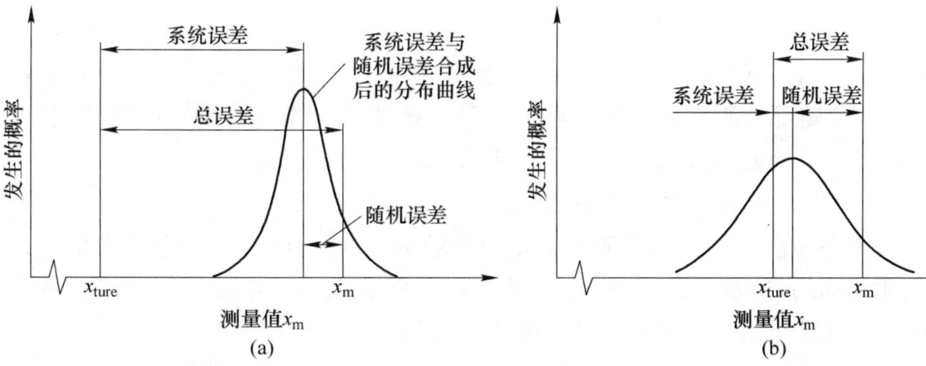

图 2-14　系统误差与随机误差

（a）系统误差大于随机误差；（b）随机误差大于系统误差

而所产生的误差一般仅取决于测量值的大小，其本身不是时间的函数，这种误差称静态误差。

（2）动态误差。在测量随时间变化的物理量时，要用微分方程来描述输入－输出关系，此时产生的误差不仅取决于测量值的大小，而且还取决于测量值的时间过程，将这种误差称为动态误差。

用一支温度计差不多可“无误差”地测量恒定的温度，但由于其惯性的存在则很难精确跟随记录温度迅速变化的过程。从中可看出静态与动态误差之间的区别。

严格来说，应将静态误差视为动态误差的极限情况，在数学公式的描述中也将静态误差包括在动态误差中。但从实际应用出发，将两者区分开来处理是有效的。因为时不变量和准时不变量的测量是经常进行的，如前所述，对它们的描述方法较之动态变量的描述要简单得多。没有必要像动态变量一样要用微分方程来描述。

2.2.2　线性系统及线性时不变系统的主要性质

2.2.2.1　线性系统的概念

所谓系统，一般指的是由若干个相互作用、相互依赖的事物组合成的具有特定功能的整体。系统有线性系统和非线性系统两大类。对于绝大多数测试装置来说，都可以近似看成是线性系统。

所谓线性系统，指的是可以用如下线性微分方程表示其输出信号 $y(t)$ 和输入信号 $x(t)$ 之间关系的系统。

$$a_n\frac{\mathrm{d}^n y(t)}{\mathrm{d}t^n}+a_{n-1}\frac{\mathrm{d}^{n-1}y(t)}{\mathrm{d}t^{n-1}}+\cdots+a_1\frac{\mathrm{d}y(t)}{\mathrm{d}t}+a_0y(t)$$
$$=b_m\frac{\mathrm{d}^m x(t)}{\mathrm{d}t^m}+b_{m-1}\frac{\mathrm{d}^{m-1}x(t)}{\mathrm{d}t^{m-1}}+\cdots+b_1\frac{\mathrm{d}x(t)}{\mathrm{d}t}+b_0x(t) \qquad (2\text{-}12)$$

线性系统微分方程中的各系数取决于系统的结构参数及输入输出的作用位置。如果系统微分方程中的各个系数不随时间变化，则称这样的系统为时不变系统。既是线性系统又是时不变系统的系统称为线性时不变系统。

对于稳定的系统来说，$y(t)$ 的导数的最高阶次 n 不小于 $x(t)$ 最高导数的阶次 m，即 n

$\geq m$。通常把微分方程中 $y(t)$ 导数的最高阶次 n 称为系统的阶次，$n=1$ 所对应的系统称为一阶系统，$n=2$ 所对应的系统称为二阶系统，$n\geq 2$ 所对应的系统称为高阶系统。

严格来说，一切实际的测试装置都是非线性和时变的，但为了研究方便，常常在一定的工作范围内，忽略那些影响较小的、可为工程上允许的非线性因素和系统的微小变化，把实际的测试装置系统近似按线性时不变系统来处理。

2.2.2.2 线性是不变系统的主要性质

（1）比例和叠加性质。比例性质指的是当系统的输入 $x(t)$ 变化一个常数倍时，其输出 $y(t)$ 也变化相同的倍数；叠加性质指的是当若干个输入同时作用于系统时，系统的输出等于这些输入单独作用于系统时所产生的输出之和。

若 $x(t)\rightarrow y(t)$，$x_1(t)\rightarrow y_1(t)$，$x_2(t)\rightarrow y_2(t)$，a、a_1、a_2 均为常数，则

$$ax(t)\rightarrow ay(t) \tag{2-13}$$

$$x_x(t)+x_2(t)\rightarrow y_x(t)+y_2(t) \tag{2-14}$$

$$a_1x_x(t)+a_2x_2(t)\rightarrow a_1y_x(t)+a_2y_2(t) \tag{2-15}$$

（2）时不变性质。对于线性时不变系统，由于系统的物理结构参数不随时间变化，因此在同样的初始条件下，系统输出与系统输入的作用时刻无关，亦即无论输入何时作用所产生的输出都是一样的。线性时不变系统的这一性质称为时不变性质。

（3）频率保持性质。系统稳态输出信号的频谱中有且仅有与输入信号的频谱中频率相同的频率成分，称为线性时不变系统的频率保持性质。例如，给系统输入某一频率的正弦信号，则系统的稳态输出将为同频率的正弦信号，但幅值、相位可能与输入有所不同。如果输出信号中包含了其他频率成分，则可认为是由系统的内部、外部干扰所引起，或由于系统的输入太大使系统处在非线性区而导致，或是系统中存在明显的非线性环节。

（4）微积分性质。若 $x(t)\rightarrow y(t)$，则

$$\frac{\mathrm{d}x(t)}{\mathrm{d}t}\rightarrow\frac{\mathrm{d}y(t)}{\mathrm{d}t} \tag{2-16}$$

如果系统的初始状态为零，那么还有

$$\int_0^t x(t)\,\mathrm{d}t\rightarrow\int_0^t y(t)\,\mathrm{d}t \tag{2-17}$$

2.2.3 测试装置的动态特性

由于测试装置可能会含有一些惯性元件及储能元件（运动部件的质量、弹簧、电容、电感等），因而当输入信号随时间变化时，测试装置不可能马上加以响应，导致输出信号的波形与输入信号有一定的差异。特别是当输入信号变化的快慢（频率）不同时，测试装置一般也会产生不同的输出。因此，有必要研究测试装置对不同快慢变化的输入所呈现出来的特性——动态特性，以便能正确地设计、选用具有合理动态特性的测试装置，在允许的限度内实现不失真测试。

2.2.3.1 动态特性时域描述——微分方程

在时域内，测试装置的动态特性可以用线性微分方程来描述，也可以用其中隐含的脉冲响应函数 $h(t)$ 来描述。系统在输入单位脉冲函数时所产生的响应 $h(t)$ 称为脉冲响应函数。对于单输入、单输出系统，系统的输入 $x(t)$、$y(t)$ 及脉冲响应函数 $h(t)$ 三者之间的

关系为

$$y(t)=h(t)x(t) \tag{2-18}$$

即测试装置在任意输入下所产生的响应等于系统的脉冲响应函数与输入信号的卷积积分。

2.2.3.2　动态特性复频域描述——传递函数

若系统的初始状态为零，对式（2-12）两边取拉普拉斯变换，可得

$$(a_n s^n + a_{n-1}s^{n-1} + \cdots + a_1 s + a_0)Y(s) = (b_m s^m + b_{m-1}s^{m-1} + \cdots + b_1 s + b_0)X(s)$$

定义输出信号的拉氏变换 $Y(s)$ 与输入信号的拉普拉斯变换 $X(s)$ 之比为系统的传递函数，记为 $H(s)$，得

$$H(s)=\frac{Y(s)}{X(s)}=\frac{b_m s^m + b_{m-1}s^{m-1} + \cdots + b_1 s + b_0}{a_n s^n + a_{n-1}s^{n-1} + \cdots + a_1 s + a_0} \tag{2-19}$$

关于传递函数的几点说明如下：

（1）传递函数只取决于系统，与输出输入信号无关。$H(s)$ 的分母分子均为关于算子 s 的多项式，分母多项式的系数取决于系统的物理结构，而分子多项式的系统则取决于输入、输出点的位置。

（2）传递函数分母多项式中的 s 幂次 n 即微分方程的阶次，称为系统的阶次。

（3）传递函数是系统动态特性的一种数学描述，它有反映被描述系统的物理属性，不同的系统可能具有形式相同的传递函数和相似的动态特性。例如，RC 无源低通滤波器与液体温度计的传递函数在形式上是一样的，它们具有相似的动态特性。

（4）由传递函数的定义可知：$Y(s)=H(s)X(s)$。因此，只要已知其中的两个要素就可确定出另一个。例如，当传递函数一定时，对于给定的输入 $x(t)$，先求出其拉普拉斯变换 $X(s)$，然后根据上述关系计算出 $Y(s)$，最后对 $Y(s)$ 取拉普拉斯反变换即可求出输出 $y(t)$。

（5）传递函数 $H(s)$ 可能有量纲，也可能没有，视系统输入、输出信号的量纲而定。

（6）传递函数 $H(s)$ 可以通过理论分析计算得到，但更多的是用专用仪器（如传递函数分析仪等）通过实验确定。

2.2.3.3　动态特性的频域描述——频率响应函数

在前面的论述中已经知道，任何信号都可看成是由许多不同频率、不同幅值及相位各异的正弦信号分量叠加而成的。因此，研究测试装置对不同频率的正弦信号所呈现出来的传输特性就具有非常重要的意义。在大多数情况下，一般只关心系统在输入作用一定时间后的稳态响应。下面将讨论测试装置对正弦输入的稳态正弦响应特性——频率响应函数。

以 $\mathrm{j}\omega$ 代替传递函数中的 s，得到系统的频率响应函数（简称频响函数）$H(\mathrm{j}\omega)$ 为

$$H(\mathrm{j}\omega)=\frac{Y(\mathrm{j}\omega)}{X(\mathrm{j}\omega)}=\frac{b_m(\mathrm{j}\omega)^m + b_{m-1}(\mathrm{j}\omega)^{m-1} + \cdots + b_1(\mathrm{j}\omega) + b_0}{a_n(\mathrm{j}\omega)^n + a_{n-1}(\mathrm{j}\omega)^{n-1} + \cdots + a_1(\mathrm{j}\omega) + a_0} \tag{2-20}$$

它等于初始条件为零时输出信号的单边傅里叶变换与输入信号的傅里叶变换之比。一般情况下 $H(\mathrm{j}\omega)$ 为复数，因此可表示成

$$H(\mathrm{j}\omega)=P(\omega)+\mathrm{j}Q(\omega) \tag{2-21}$$

及

$$H(\mathrm{j}\omega)=A(\omega)\mathrm{e}^{\mathrm{j}\varphi(\omega)} \tag{2-22}$$

$P(\omega)=\mathrm{Re}[H(\mathrm{j}\omega)]$ 称为测试装置的实频特性，$Q(\omega)=\mathrm{Im}[H(\mathrm{j}\omega)]$ 称为测试装置的虚

频特性，$A(\omega)=|H(j\omega)|=\sqrt{P^2(\omega)+Q^2(\omega)}$称为测试装置的幅频特性，$\varphi(\omega)=\angle H(j\omega)=\arctan\frac{P(\omega)}{Q(\omega)}$称为测试装置的相频特性。

幅频特性$A(\omega)$反映了测试装置在传输频率为ω的正弦信号时，幅值的放大或衰减倍数。相频特性反映了测试装置在传输频率为ω的正弦信号时，相位的移动量。$A(\omega)\leftrightarrow\omega$特性曲线称为幅频特性曲线，$\varphi(\omega)\leftrightarrow\omega$特性曲线称为相频特性曲线。实际绘制这两条曲线时，自变量ω通常按对数刻度，$A(\omega)$通常按分贝（dB）刻度，这样绘制出来的频率特性曲线称为伯德图。

2.2.3.4 各种测试装置的动态特性

A 零阶系统——比例环节

（1）微分方程：零阶系统动态特性可通过其微分方程、传递函数及频响特性参数来分析，即

$$y(t)=Sx(t) \tag{2-23}$$

（2）传递函数：

$$H(s)=S \tag{2-24}$$

（3）频响函数：

$$H(j\omega)=S \tag{2-25}$$

（4）幅频特性：

$$A(\omega)=S \tag{2-26}$$

（5）相频特性：

$$\varphi(\omega)=0 \tag{2-27}$$

零阶系统的特性只由一个参数表征——静态灵敏度S。零阶系统的特性与频率无关，其输出$y(t)$以常数倍S同步跟随输入$x(t)$。由于静态灵敏度S只起对输入放大倍S的作用，因此在后面讨论各类系统的动态特性时，常取$S=1$，这种处理称为归一化处理。

B 一阶系统——惯性环节

（1）一阶系统的输入输出关系微分方程为：

$$a_1\frac{dy(t)}{dt}+a_0y(t)=b_0x(t) \tag{2-28}$$

（2）传递函数：

$$H(s)=S\frac{1}{\tau s+1} \tag{2-29}$$

式中 S—— 一阶系统的静态灵敏度，$S=b_0/a_0$；

τ—— 一阶系统的时间常数，$\tau=a_1/a_0$。

作归一化处理（设$S=1$）后，一阶系统的动态特性为

（1）传递函数

$$H(s)=\frac{1}{\tau s+1} \tag{2-30}$$

（2）频响函数

$$H(j\omega)=\frac{1}{j\omega\tau+1} \tag{2-31}$$

(3) 幅频特性

$$A(\omega)=\frac{1}{\sqrt{(\omega\tau)^2+1}} \tag{2-32}$$

(4) 相频特性

$$\phi(\omega)=-\arctan(\omega\tau) \tag{2-33}$$

一阶系统的频率特性曲线如图 2-15 所示。

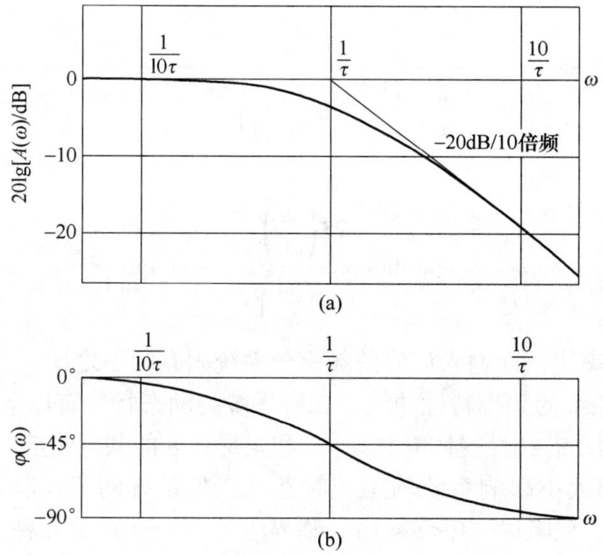

图 2-15　一阶系统的频率特性曲线
(a) 幅频特性；(b) 相频特性

上述的一阶系统对于低频信号几乎不衰减，而对高频信号则会产生不同程度的衰减，频率越高，衰减越大，因此具有“低通”的特性。除上面的“低通”一阶特性外，还有“高通”一阶系统，其微分方程、传递函数等与“低通”一阶系统略有差别，这里不再赘述。

常见的一阶系统有液体温度计、忽略质量的单自由度振动系统、RC 低通滤波器等。

C　二阶系统——振荡环节

(1) 微分方程：

$$a_2\frac{d^2y(t)}{dt^2}+a_1\frac{dy(t)}{dt}+a_0y(t)=b_0x(t) \tag{2-34}$$

(2) 传递函数：

$$H(s)=S\times\frac{\omega_n^2}{s^2+2\xi\omega_ns+\omega_n^2} \tag{2-35}$$

式中　S——二阶系统的静态灵敏度，$S=b_0/a_0$；

ω_n——二阶系统的固有频率，$\omega_n=\sqrt{a_0/a_2}$；

ξ——二阶系统的阻尼比，$\xi=\frac{a_1}{2\sqrt{a_0a_2}}$。

归一化处理后的二阶系统的动态特性为

（1）传递函数：

$$H(s)=\frac{1}{s^2+2\xi\omega_n s+\omega_n^2} \tag{2-36}$$

（2）频响函数：

$$H(j\omega)=\frac{1}{1-\left(\frac{\omega}{\omega_n}\right)^2+j\times 2\xi\left(\frac{\omega}{\omega_n}\right)}=\frac{1}{1-r^2+j\times 2\xi r} \tag{2-37}$$

（3）幅频特性：

$$A(\omega)=\frac{1}{\sqrt{\left[1-\left(\frac{\omega}{\omega_n}\right)^2\right]^2+\left[2\xi\left(\frac{\omega}{\omega_n}\right)\right]^2}}=\frac{1}{\sqrt{[1-r^2]^2+[2\xi r]^2}} \tag{2-38}$$

（4）相频特性：

$$\varphi(\omega)=-\arctan\frac{2\xi\left(\frac{\omega}{\omega_n}\right)}{1-\left(\frac{\omega}{\omega_n}\right)^2}=-\arctan\frac{2\xi r}{1-r^2} \tag{2-39}$$

式中，$r=\omega/\omega_0$ 为频率比，即输入信号的频率与系统固有频率之比。

图 2-16 为二阶系统的频率特性曲线。二阶系统的动态特性有以下几个特点：

（1）二阶系统的动态特性受固有频率 ω_n 和阻尼比 ξ 的共同影响。

（2）阻尼比 ξ 的大小影响系统的工作状态。二阶系统的工作状态包括无阻尼（$\xi=0$）、过阻尼（$\xi>1$）、欠阻尼（$0<\xi<1$）、临界阻尼（$\xi=1$）等几种。

（3）$0<\xi<0.707$ 时，幅频特性曲线有一个峰值，该峰值所对应的频率 $\omega_r=\omega_n\sqrt{1-2\xi^2}$，当阻尼比 ξ 较小时，该频率大约等于系统的固有频率 ω_n。若输入信号的频率接近此频率，会使输出信号的幅值很大，这种现象称为共振，对应的频率称为共振频率。

（4）当 $\xi>0$ 时，若输入信号的频率 $\omega=\omega_n$，则不论 ξ 为何值，必有 $\varphi(\omega=\omega_n)=-90°$，此时称为相位共振。据此可测试二阶系统的固有频率。

（5）从二阶系统的幅频特性曲线上可以看到，当 $\xi=0.707$ 且 $\omega<0.4\omega_n$ 时，$A(\omega)\approx 0$，基本保持一恒定的值，$\varphi(\omega)$也基本上与输入信号的频率成正比。

典型的二阶系统有磁电式速度计、应变式切削力测力仪、光线示波器振子、笔式记录仪的记录头、膜片式压力传感器、质量－弹簧－阻尼系统等。

D　高阶系统动态特性简介

高阶系统可以看作是由若干个零阶、一阶、二阶系统经过串联、并联或反馈组成的。在这些情况下，可以按以下关系根据各组成环节的传递函数确定系统总的传递函数 $H(s)$，然后分析其动态特性。

（1）多个环节串联如图 2-17(a)所示。

$$H(s)=\prod_{i=1}^{n}H_i(s) \tag{2-40}$$

（2）多个环节并联如图 2-17(b)所示。

$$H(s)=\sum_{i=1}^{n}H_i(s) \tag{2-41}$$

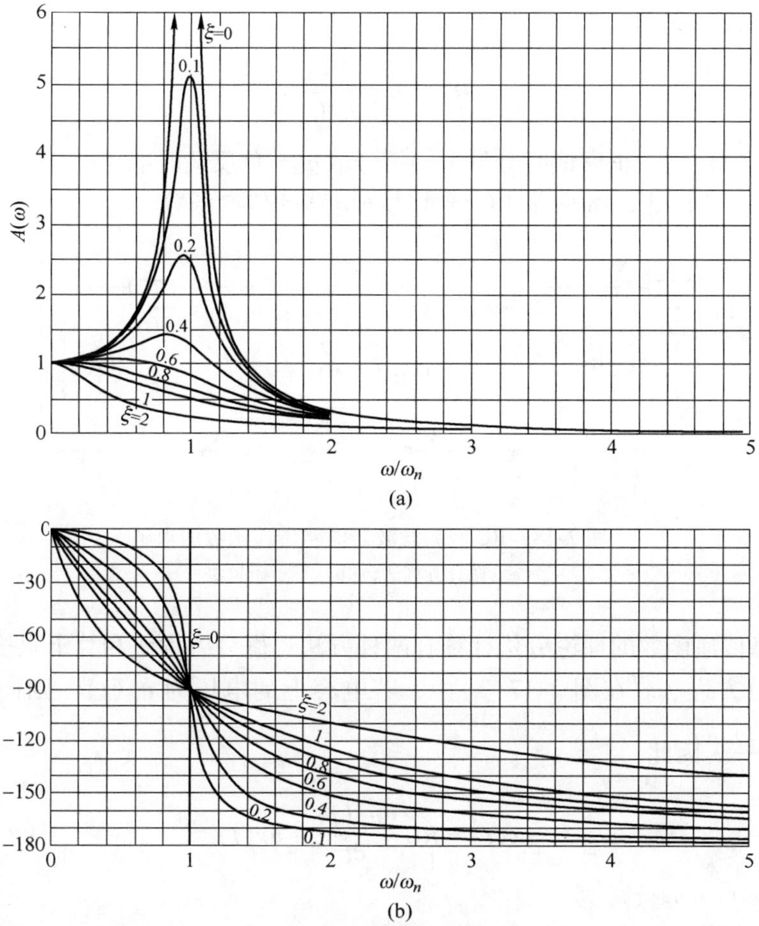

图 2-16　二阶系统的频率特性曲线

（a）幅频特性；（b）相频特性

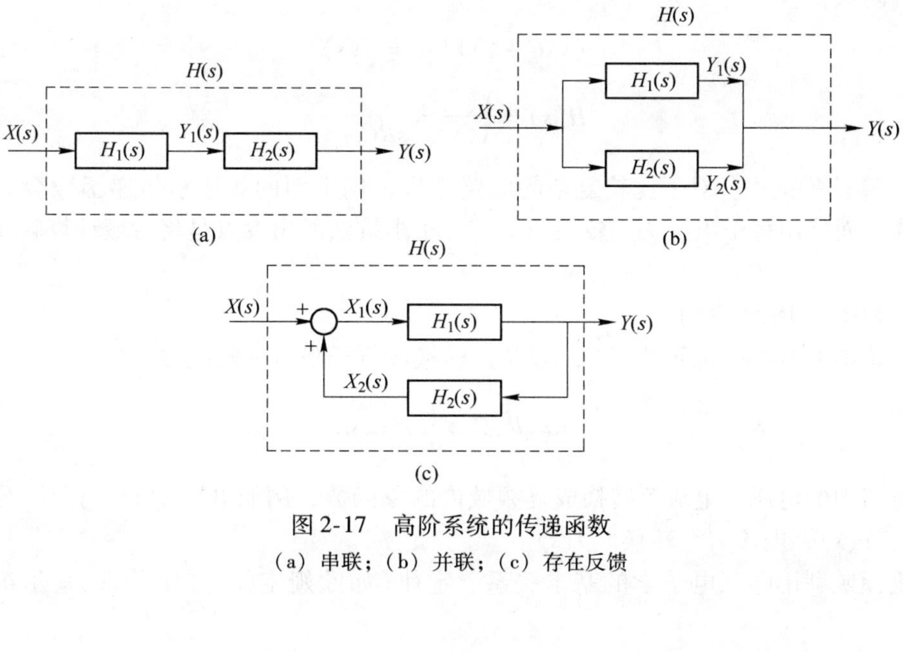

图 2-17　高阶系统的传递函数

（a）串联；（b）并联；（c）存在反馈

(3) 存在反馈如图 2-17(c)所示。

$$H(s)=\frac{H_0(s)}{1\pm H_f(s)} \tag{2-42}$$

在式（2-42）中，正反馈时分母中的符号取负，负反馈时取正。

例 2-5 计算如图 2-18 所示 RC 低通滤波电路的传递函数。

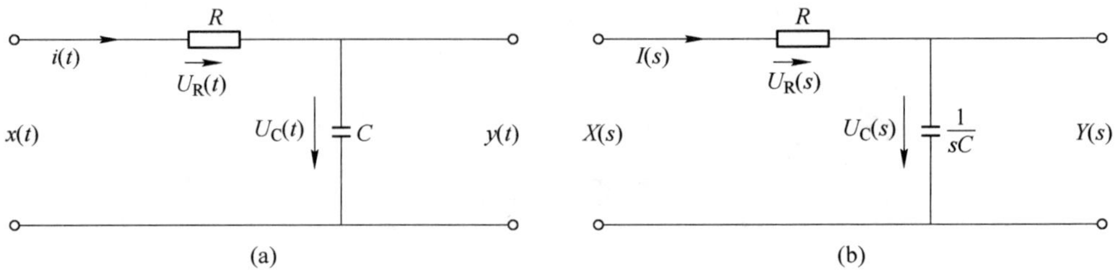

图 2-18 RC 低通滤波器电路传递函数的求解

(a) 微分方程法；(b) 算子阻抗法

解：电路传递函数的理论分析计算有两种方法：微分方程法和算子阻抗法。

(1) 微分方程法。在图 2-17(a)中，若电容上的电压为 $u_C(t)$，则回路中的电流为 $i(t)=C\frac{du_C(t)}{dt}$，因此

$$x(t)=RC\frac{du_C(t)}{dt}+u_C(t)$$

考虑到 $y(t)=u_C(t)$，故

$$RC\frac{dy(t)}{dt}+y(t)=x(t)$$

对其两边拉普拉斯变换，得

$$(sRC+1)Y(s)=X(s)$$

即
$$H(s)=\frac{Y(s)}{X(s)}=\frac{1}{sRC+1}$$

(2) 算子阻抗法。对于比较复杂的电路来说，用上面的算法求传递函数会导致计算极为烦琐，而使用算子阻抗法则较为简单。算子阻抗法的出发点是将时域计算转换成复频域计算。

解：如图 2-18(b)所示。

将电路中的基本电抗元件（R、C、L）转换成算子阻抗。转换方法为

$$R\Rightarrow R,C\Rightarrow\frac{1}{sC},L\Rightarrow sL$$

将电路中的电压、电流等转换成复频域内的象函数，例如电压 $x(t)$、$y(t)$ 分别转换成 $X(s)$、$Y(s)$，电流 $i(t)$转换成 $I(s)$。

在复频域利用电工电子学的基本关系、定律(如欧姆定律、分压关系、基尔霍夫定律

等）进行分析计算。例如，电流 $I(s)=Y(s)/\frac{1}{sC}$；$X(s)=I(s)R+Y(s)=RCsY(s)+Y(s)$。

按照传递函数的定义 $H(s)=Y(s)/X(s)$ 求出传递函数。

在本例中，可以直接用分压关系$\left(\text{算子阻抗 } R \text{ 与}\frac{1}{sC}\text{是串联关系，} Y(s)\text{ 由}\frac{1}{sC}\text{上取出}\right)$计算传递函数

$$Y(s)=\frac{\frac{1}{sC}}{R+\frac{1}{sC}}X(s)=\frac{1}{RCs+1}X(s)$$

整理后得

$$H(s)=\frac{Y(s)}{X(s)}=\frac{1}{RCs+1}$$

用算子阻抗法求解电路的传递函数可以省去许多用微分方程法所要涉及的复杂微积分关系，从而大大简化了分析计算。该种方法同样适用于包括运算放大器、晶体三极管的有源电路，读者不妨选一些电路进行练习。

例 2-6　求正弦信号 $x(t)=20\sin 100t$ 通过传递函数 $H(s)=\frac{1}{0.005s+1}$的一阶装置后所得到的稳态输出影响。

解：由装置的传递函数很容易得到其频响函数为

$$H(j\omega)=\frac{1}{0.005j\omega+1}=\frac{1}{(0.005\omega)^2+1}+j\left[\frac{-0.005\omega}{(0.005\omega)^2+1}\right]$$

故测试装置的实频特性 $P(\omega)$、虚频特性 $Q(\omega)$、幅频特性 $A(\omega)$ 及相频特性 $\varphi(\omega)$ 分别为

$$P(\omega)=\frac{1}{(0.005\omega)^2+1},Q(\omega)=\frac{-0.005\omega}{(0.005\omega)^2+1},$$

$$A(\omega)=\sqrt{P^2(\omega)+Q^2(\omega)}=\frac{1}{\sqrt{(0.005\omega)^2+1}},$$

$$\varphi(\omega)=\arctan\frac{P(\omega)}{Q(\omega)}=\arctan(-0.005\omega)$$

现所传输的信号的频率 $\omega=100\text{rad/s}$，将其代入上述表达式中得

$$A(\omega=100)=0.8944,\varphi(\omega=100)=-26.6°$$

根据线性系统的频率保持性质，测试装置的稳态输出 $y(t)$ 也是频率 $\omega=100\text{rad/s}$ 的正弦信号，但幅值变化了 $A(\omega=100)$ 倍，相位变化了 $\varphi(\omega=100)$。因此装置的稳态输出为

$$\begin{aligned}y(t)&=20\times A(\omega=100)\times\sin[100t+\varphi(\omega=100)]\\&=20\times0.8944\times\sin[100t+(-26.6°)]\\&=17.888\sin(100t-26.6°)\end{aligned}$$

例 2-7　求如图 2-19(a)所示周期方波信号 $x(t)=\begin{cases}1 & \text{当 } 0\leqslant t\leqslant 0.01s\\ -1 & \text{当 } 0.01s\leqslant t<0.02s\end{cases}$ 通过传递函数 $H(s)=\frac{1}{0.003s+1}$的一阶装置后所得到的稳态输出响应。

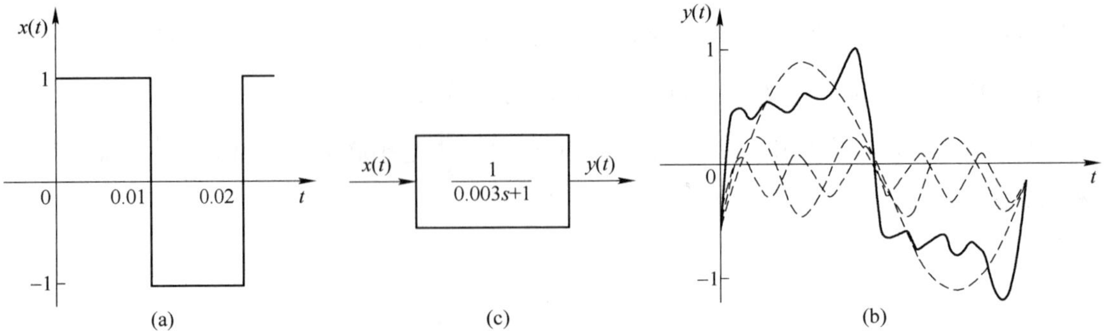

图 2-19　周期方波及其通过一阶装置后的稳态输出响应

（a）输入信号；（b）输出信号；（c）一阶装置

任何满足狄氏条件的周期信号都是由多个频率为基频整数倍的正弦谐波分量叠加而成的。对于本例之类的问题，可先求出信号 $x(t)$ 的直流分量及各次正弦谐波分量 $x_1(t)$，$x_2(t)$，$x_3(t)$，…，然后按照例 2-5 所述方法分别求出这些正弦谐波分量通过测试装置后所对应的稳态输出响应 $y_1(t)$，$y_2(t)$，$y_3(t)$，…，根据线性系统的比例叠加性质，系统的稳态输出响应就等于直流分量及各正弦谐波分量分别作用于测试装置时的稳态响应之和。

本题中方波信号的周期 $T=0.02s$，故其基频 $f_0=20\text{Hz}(\omega_0=2\pi f_0\approx 314\text{rad/s})$。由例 2-1 所得结果可知，方波信号的直流分量为 0，偶数次谐波分量的幅值也全部为 0，因此它们所对应的稳态输出响应也为 0。各奇数次谐波分量的幅值分别为 $4/n\pi$，初相位全部为 0。据此，可以得到各谐波分量的代数表达式分别为（这里只给到第 5 次谐波）

1 次谐波　$x_1(t)=1.273\sin 314t$

3 次谐波　$x_3(t)=0.424\sin 942t$

5 次谐波　$x_5(t)=0.255\sin 1570t$

故方波信号可表示为

$$x(t)=x_1(t)+x_3(t)+x_5(t)+\cdots$$
$$=1.273\sin 314t+0.424\sin 942t+0.255\sin 1570t+\cdots$$

按例 2-1 所述方法，可求出各谐波分量分别作用于测试装置后的稳态输出响应为

1 次谐波的稳态输出响应　$y_1(t)=0.927\sin(314t-43.3°)$

3 次谐波的稳态输出响应　$y_3(t)=0.141\sin(942t-70.5°)$

5 次谐波的稳态输出响应　$y_5(t)=0.053\sin(1570t-78.0°)$

方波信号作用于装置后的稳态输出响应为

$$y(t)=y_1(t)+y_3(t)+y_5(t)+\cdots$$
$$=0.927\sin(314t-43.3°)+0.141\sin(942t-70.5°)+0.053\sin(1570t-78.0°)$$

如图 2-19(b)所示为最后的输出波形（到 5 次谐波）。请读者自行分析：为什么方波经过该一阶装置后波形产生了失真？怎么都能减小失真？

2.3　实现不失真测试的条件

2.3.1　不失真的涵义

测试装置的输出应真实地反映输入的变化，只有这样的测试结果才是可信和有用的。

由于测试装置静态、动态特性的影响，实际的输出可能与输入不一致，这种情况称为失真。在实际测试工作中，如何尽可能地实现不失真测试或把失真减少到允许的范围内，是测试工作者必须考虑的问题。

不同的场合下失真的涵义是不同的。如果经过系统传输过来的信号是用于实时控制的，那么只有当输出信号 $y(t)$ 与输入信号 $x(t)$ 严格同步时才是不失真的，但允许幅值相差一个常数 K 倍，如图 2-20(a)所示，即满足

$$y(t) = Kx(t) \tag{2-43}$$

如果信号的传输只是用于精确地反映输入的变化、确定被测量的量值的一般测试目的，那么在满足式（2-43）的条件前提下，即使输出信号 $y(t)$ 相对于输入信号 $x(t)$ 滞后一恒定的时间 τ_{dt}，仍可反映输入信号的变化而实现不失真测试，如图 2-20(b)所示。因此，对于一般的测试目的，若输出信号 $y(t)$ 与输入信号 $x(t)$ 之间满足：

$$y(t) = Kx(t - \tau_{dt}) \tag{2-44}$$

就称信号的传输是不失真的。

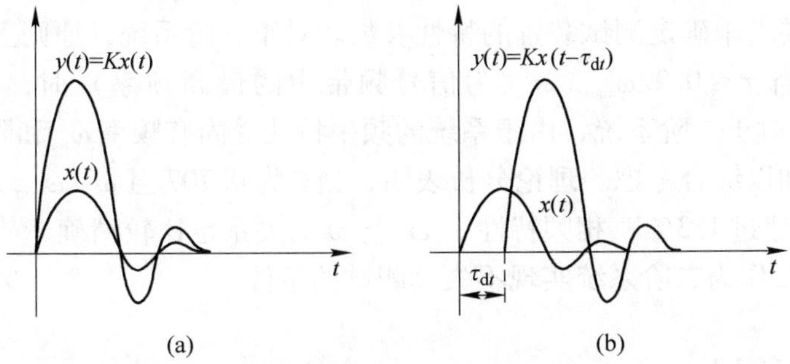

图 2-20　不失真的涵义

（a）实时控制情况下的不失真；（b）一般测试情况下的不失真

2.3.2　实现不失真测试的条件

不失真测试的实现取决于测试装置的特性及所传输信号的频带（频率范围）两个因素。

在所传输信号一定的情况下，为满足式（2-44）而实现不失真测试，测试装置应具有如下频率特性：

$$H(j\omega) = \frac{Y(j\omega)}{X(j\omega)} = Ke^{-j\omega\tau_{dt}} \tag{2-45}$$

即

$$\begin{cases} K(\omega) = K \\ \varphi(\omega) = -\tau_{dt}\omega \end{cases} \quad (K \text{ 和 } \tau_{dt} \text{ 为常数}) \tag{2-46}$$

具体地讲，就是要求测试装置在输入信号频带内对所有频率的成分都应保持幅频特性值为一常数，相频特性值与信号频率成正比，如图 2-21 所示，即实现不失真测试的条件。

实际的测试装置不可能绝对满足上述条件，通常要根据所传输信号的频谱合理地选用

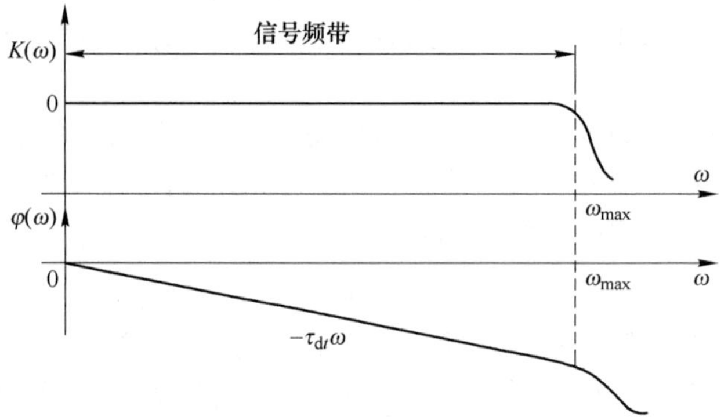

图 2-21 实现不失真测试的条件

或设计测试装置，把失真的程度控制在允许的范围内。由于 $K(\omega)$ 不等于常数引起的失真称为幅值失真，由于 $\varphi(\omega)$ 与 ω 不为精确的线性关系引起的失真称为相位失真。

选用或设计测试装置时，应首先确定所传输信号的频带，综合考虑实现不失真测试的条件及其他性能要求来确定测试装置的特性参数。对于一阶系统，原则上时间常数 τ 越小越好，一般认为当 $\tau \leqslant 0.2/\omega_{max}$（$\omega_{max}$ 为信号频带中的最高频率）时，基本上能满足式（2-44）的要求。对于二阶系统，由于系统的频率特性受固有频率 ω_n 和阻尼比 ξ 的共同影响，必须对它们加以综合考虑。理论分析表明，当 ξ 为 0.707 且 $\omega_n/\omega_{max} \geqslant 2.5$ 时，幅频特性 $K(\omega)$ 的变化不超过 1.3%，相频特性 $\varphi(\omega)$ 与 ω 的关系也比较精确，故一般把 $\xi = 0.6 \sim 0.8$ 及 $\omega_n \geqslant 2.5\omega_{max}$ 作为二阶系统实现不失真测试的条件。

思考与练习

2-1 简述信号与测试系统的关系。

2-2 什么是信号的频谱？为什么要对信号进行频谱分析？周期信号和非周期信号频谱分析的数学工具是什么？周期信号和非周期信号的频谱各有何特点？

2-3 线性系统有 3 个重要的性质——比例叠加性、时不变性质和频率保持性质，解释它们的涵义，并说明它们在测试工作中的作用。

2-4 研究测量误差的目的和任务是什么？

2-5 系统误差和随机误差有什么不同？在测量工作中对这两种误差应如何处理？

2-6 测试装置的静态特性指标主要有哪几个？

2-7 微分方程、传递函数和频响函数三者之间的关系是怎样的？

2-8 影响一阶、二阶系统动态特性的参数各为什么？如何影响？

2-9 频响函数、幅频特性及相频特性的实质是什么？

2-10 试述实现不失真测试的条件，并说明如何根据所传输信号的频带正确选用或设计二阶装置的动态特性参数。

2-11 试确定下列信号哪些是周期信号，哪些是非周期信号？周期信号的周期是多少？

（1）$x(t) = \sin 3\omega t$　（2）$x(t) = \sin 0.2t + \cos 5t$

（3）$x(t) = \sin\sqrt{3}t$　（4）$x(t) = \sin 4t + \cos\sqrt{2}t$

（5）$x(t) = e^{-t}$　（6）$x(t) = e^{-\sin t}$

第 3 章　测试系统常用传感器

3.1　被测量的获取

测试系统的第一个环节就是信号的传感，传感亦即将被测的量或被观察的量转换成电的、液压的、气动的或其他形式的物理输出量。被测的或被观察的量与被转换的输出量之间遵循可利用的物理定律，即具有一种明确的关系，而用来完成这种转换的装置称为传感器或敏感元件。

传感器和敏感元件是两个不同的概念。敏感元件是指直接感受被测物理量并对其进行转换的元件或单元，而传感器则是敏感元件及其相关的辅助元件和电路组成的装置，其中敏感元件也是传感器的核心部件。因此，传感器和敏感元件是密切相连的。例如在弹簧秤中，弹簧便是一个敏感元件，用于敏感其作用之上的力并产生相应的位移；指针和刻度盘（有时还包括用于指示放大的杠杆机构）则是辅助元件，它们共同组成了一个力传感器。本书所讨论的传感器泛指将一个被测物理量按照一定的物理规律转换为另一物理量的装置，着重介绍装置的信号转换规律，因此并不严格区分它究竟是一个敏感元件还是一个传感器，如无特殊说明，将两者均统称为传感器。

由于传感器处于测试与检测装置的输入端，因此传感器性能的优劣将直接影响到整个测试装置的工作特性，从某种意义来讲也将影响到整个测试任务完成的质量。

对被测量的获取总希望是无误差的。一个传感器的输入量及其输出的二次量之间的关系可通过传感器的特性曲线来表示。若特性曲线是一条直线，则称线性传感器，该传感器特性曲线的数学表达式为

$$y = x_0 + kx$$

式中，x、y 分别为传感器的输入与输出；x_0 为初始值，在大多数线性传感器中，x_0 为零，亦即输出信号与输入信号成正比；常数 k 称为传感系数、转换比、灵敏度或斜率。

但许多场合的传感器特性曲线不是一条直线，这种传感器称为非线性传感器。此时的灵敏度或斜率在整个特性曲线过程中便不是常数，而是时间的函数。在输入与输出量之间所期望的关系称为设定特性曲线，由于测得的实际特性曲线与设定特性曲线之间一般均存在偏差，便形成了系统误差。对于线性的设定特性曲线，则称对它的偏差为线性误差。

传感器的不可逆变化是引起误差的另一原因。引起不可逆变化的原因有多种，如老化、零件接触点状况变化、热或机械过载、化学变化等。在使用时应尽量选择对上述情况不敏感的传感器。摩擦、弹簧的弹性后效、磁性材料的迟滞效应、间隙和松动等均能导致传感器的不可逆变化。此外，温度的变化、传感器的老化等也会引起特性曲线的漂移，从而引起误差。

传感器的误差可通过某些措施加以消除：

（1）合理的结构设计。如在力传感器的结构设计中应设法避免横向敏感力的产生。

（2）对影响传感器的干扰量进行补偿。例如：一个应变片力传感器不仅对温度的变化敏感，而且也会对湿度的变化敏感，由温度和湿度变化引起的误差则影响传感器的静特性，这种静特性关联到瞬时测量值的获取。若被测量是快速变化的变量时，则要考虑传感器的动态传递特性。因此，要了解传感器的时变特性，即了解传感器的输出如何跟随变化的被测量的模式。通过对一个传感器的静、动特性的确定和了解，才能找出对影响量所引起的误差和补偿措施。

此外，使传感器的工作环境条件更稳定，安装方法更合理以及对传感器进行定期维护和校准等均可减小传感器的误差。

3.2 传感器的分类

由于被测物理量的范围广泛，种类多样，而用于构成传感器的物理现象和物理定律又很多，因此传感器的种类、规格十分繁杂。为了对传感器进行系统了解，有必要对传感器进行适当分类。传感器的分类方法很多，常用的方法有按被测物理量进行的分类，如测量力的称为力传感器，测量速度的称为速度传感器，测量温度的则称为温度传感器等；也可按传感器的构成原理或传感过程中信号转换的原理来分类，这又可分为结构型传感器和物性型传感器。所谓结构型传感器是指根据传感器的结构变化来实现信号的传感，如电容传感器是依靠改变电容极板的间距或作用面积来实现电容的变化；可变电阻传感器是利用电刷的移动来改变工作电阻丝的长度从而改变电阻值的大小。物性型传感器是根据传感器敏感元件材料本身物理特性的变化来实现信号转换的，如压电加速度计是利用了传感器中石英晶体的压电效应；光敏电阻则是利用材料在受光照作用下改变电阻的效应等。

传感器也是一种换能元件，它把被测的量转换成一种具有规定准确度的其他量或同种量的其他值，因此把传感器称为换能器含义更为广泛。另外，也可根据传感器与被测对象之间的能量转换关系将传感器分为能量转换型传感器和能量控制型传感器。

能量转换型传感器（亦称无源传感器）是直接由被测对象输入能量使传感器工作的，此类传感器的例子有热电偶温度计、弹性压力计等。

能量控制型传感器（亦称有源传感器）则依靠外部提供辅助能源来工作，由被测量来控制该能量的变化。如电桥电阻应变仪，其中电桥电路的能源由外部提供，而应变片的变化由被测量所引起，从而也导致电桥输出的变化。

表 3-1 列出了常用传感器的一些基本类型。

表 3-1 传感器的分类

分类方法	传感器种类	说明
按传感器机理分类	物理型、化学型、生物型	传感器以其工作机理方式进行分类
按输入量分类	力传感器、位移传感器、速度传感器、温度传感器、压力传感器	传感器以被测物理量来命名，在应用传感器时常用此分类
按工作原理分类	电阻式、电容式、电感式、压电式、磁电式、光电式等	传感器以其工作原理分类，在研究学习传感器时，常使用此方法分类

续表 3-1

分类方法	传感器种类	说明
按构成原理分类	结构型传感器	利用物理学中场的定律构成，传感器依赖其结构参数变化实现信息转换，传感器性能与其结构材料不大
按构成原理分类	物性型传感器	利用物质定律构成，传感器依赖其敏感元件的物理性质变化
按能量关系分类	能量控制型传感器	由外部供给传感器能量，而由被测量来控制输出的能量，这类传感器往往需要电源，但对被测量的影响较小
按能量关系分类	能量转换型传感器	传感器直接将被测量的能量转换成输出量的能量，这类传感器多由能量转换元件构成，不需要外接电源
按输出信号分类	模拟式传感器	传感器输出量为模拟量
按输出信号分类	数字式传感器	传感器输出量为数字量

当前，传感器技术发展的速度很快，随着各行各业对测量任务的需要，品种在不断增加，新型传感器层出不穷，同时随着现代信息技术的高速发展，传感器也朝着小型化、集成化和智能化的方向发展。传感器已不再是传统概念上的传感器。一些现代传感器常常将传感器和处理电路集成在一起，甚至和一个微处理器相结合，构成所谓的“智能传感器”。另外利用微电子技术或微米/纳米技术可在硅片上制造出微型传感器，使传感器的应用范围不断扩大。可以预见，随着科学技术的发展，传感器技术亦将得到更进一步的发展。

3.3 电阻式传感器

电阻式传感器是将被测的量转变为电阻变化的一种传感器，电阻式传感器种类较多，最常用的为应变式、压阻式和电位器式传感器。

3.3.1 工作原理

以金属材料为敏感元件的应变片，在测量试件应变时，其工作原理是基于金属丝的应变效应。当金属丝的总长度为 L，横截面积为 A，电阻率为 ρ，未受力时的电阻为 R，则有

$$R=\rho\frac{L}{A} \tag{3-1}$$

从式（3-1）可见，若导体的三个参数（电阻率、长度或截面积）中的一个或数个发生变化，则电阻值跟着变化，因此利用此原理就构成传感器。例如：若改变其工作长度 l（$l_{max}=L$），则可形成滑动触点式变阻器或电位计；改变 L、A 和 ρ 则可做成电阻应变片；而如果改变 ρ，则可形成热敏电阻、光导性光检测器、压阻应变片或电阻式温度检测器等。

在这方面最简单的机－电传感器也许要数普通的开关了，其中的电阻只有零或无穷大两种状态。这种开关的用途很广，例如通/断装置、机床刀架进给的限位器或位置指示器、

用弹性膜片驱动的限压控制指示器以及用双金属片控制的限温指示器等。

以下介绍两种典型的电阻式传感器。

3.3.2 应变式传感器

3.3.2.1 电阻应变传感器

如果金属丝沿轴向受拉力而变形，其长度 L 变化$\frac{\mathrm{d}L}{L}$，截面积 A 变化$\frac{\mathrm{d}A}{A}$，电阻率 ρ 变化$\frac{\mathrm{d}\rho}{\rho}$，因而引起电阻 R 发生变化$\frac{\mathrm{d}R}{R}$。

对式（3-1）等号两边取对数并微分，整理可得

$$\ln R = \ln\rho + \ln L - \ln A \tag{3-2}$$

$$\frac{\mathrm{d}R}{R} = \frac{\mathrm{d}\rho}{\rho} + \frac{\mathrm{d}L}{L} - \frac{\mathrm{d}A}{A} \tag{3-3}$$

对于圆形截面 A，有 $A = 2\pi r^2$，于是

$$\frac{\mathrm{d}A}{A} = 2\,\frac{\mathrm{d}r}{r} \tag{3-4}$$

$\frac{\mathrm{d}L}{L}$为金属丝轴向相对伸长，即轴向应变，并用符号 ε 表示；$\frac{\mathrm{d}r}{r}$为电阻丝径向相对变形，即径向应变。两者之比即为金属丝材料的泊松比 μ，即

$$\frac{\mathrm{d}r}{r} = -\mu\,\frac{\mathrm{d}L}{L} = -\mu\varepsilon \tag{3-5}$$

负号表示变形方向相反，由式（3-3）~式（3-5）可得

$$\frac{\mathrm{d}R}{R} = (1+2\mu)\varepsilon + \frac{\mathrm{d}\rho}{\rho} \tag{3-6}$$

令

$$S_0 = \frac{\mathrm{d}R/R}{\varepsilon} = (1+2\mu)\varepsilon + \frac{\mathrm{d}\rho/\rho}{\varepsilon} \tag{3-7}$$

式中，S_0 称为金属丝的灵敏度，其物理意义是单位应变所引起的电阻相对变化。

由式（3-7）可以明显看出，金属材料的灵敏度受两个因素影响：一个是受力后材料的几何尺寸变化，即$(1+2\mu)\varepsilon$ 项；另一个是受力后材料的电阻率变化，即$\frac{\mathrm{d}\rho/\rho}{\varepsilon}$项。金属材料的$\frac{\mathrm{d}\rho/\rho}{\varepsilon}$项比$(1+2\mu)\varepsilon$ 项小得多。大量试验表明，在电阻丝拉伸比例极限范围内，电阻的相对变化与其所受的轴向应变是成正比的，即 S_0 为常数，于是式（3-7）也可以写成

$$\frac{\mathrm{d}R}{R} = S_0\varepsilon \tag{3-8}$$

通常金属电阻丝的 $S_0 = 1.7 \sim 3.6$。常用的金属材料有德银、铬镍合金或铁镍合金等。

电阻应变传感器俗称应变片，其应用通常分为两大类：机械和结构的实验应力分析以及构造力、力矩、压力、流量和加速度等的传感器。从作用方式上来分，通常可分为粘贴式和非粘贴式两种。非粘贴式应变片几乎都用于传感器应用。图 3-1 所示为一种非粘贴式应变仪，它采用一组连接成电桥形式的预加载电阻丝，当没有输入量时，四根电阻丝的电

阻和应变应该相等，此时电桥平衡，输出电压 $e_0=0$。当有一微小输入运动（通常这种电桥的最大输入约为 0.04mm）时，其中两根电阻丝中的张力增加，另外两根电阻丝中的张力减小，从而引起相应的电阻值变化，电桥因此不再平衡，给出正比于输入运动的输出电压。

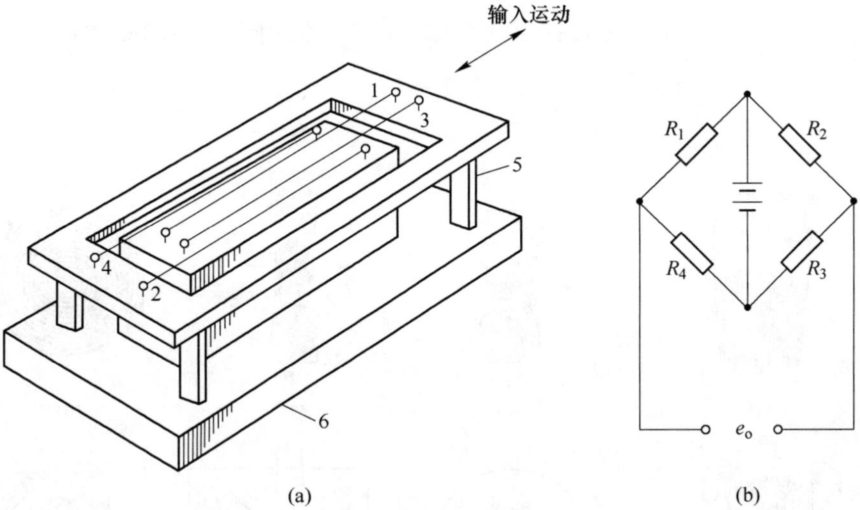

图 3-1　非粘贴式应变仪

1～4—预加载应变丝（电气接头未示出）；5—挠性板；6—固定基座

这种电桥的每根电桥臂的电阻值约为 120～1000Ω，最大激励电压为 5～10V，满量程输出为 20～50mV。

粘贴式金属丝应变片可用于应力分析，也可用作传感器。由于可测的电阻值变化要求导线长度很长，因而要将导线按一定的形状（通常为栅状）曲折地贴在由浸渍过绝缘材料的纸衬或合成树脂组成的载体上。图 3-2 所示为这种应变片的一种典型结构形式，导线直径为 20～30μm，通常由康铜材料制成，右边为测量导线，左边为引线，用于连接外部测量电路。图 3-3 所示为应变片结构的纵截面和横截面以及粘贴的情况，其中载体是纸和树脂的结合体，结合体中埋入有连接导线和金属丝。

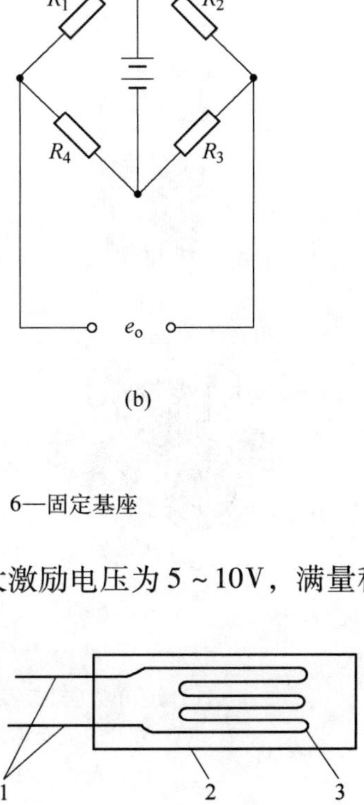

图 3-2　金属丝应变片

1—引线；2—载体；3—测量导线

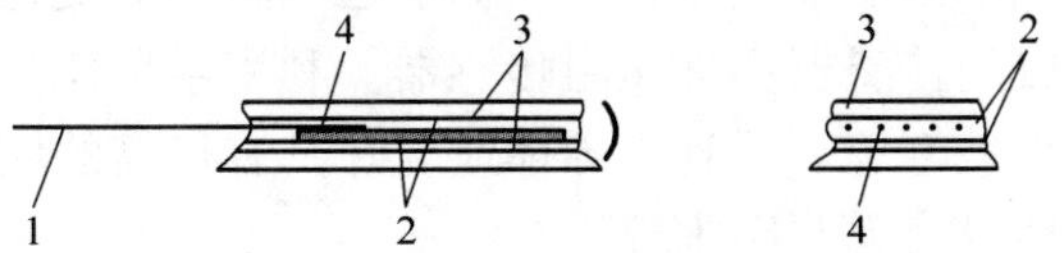

图 3-3　应变片结构

1—引线；2—粘接材料（大部分以人造树脂为基）；3—纸；4—测量导线

金属丝应变片在当前已绝大部分被金属箔式应变片所代替。金属箔式应变片的敏感部分通常是用光刻法在金属箔片上加以制造的，通常也做成栅状形式，箔片厚度仅为 1～

10μm左右。由于采用光刻法，应变片的形状具有很大的灵活性，且刻出的线条均匀、尺寸精确，适于批量制造。图3-4为箔式应变片的几种结构形式。图3-4中(a)、(b)、(c)为敏感单方向上应变的应变片形式，其端部均比较肥大，这是为了减少应变片的横向灵敏度；图3-4(d)为膜片应变片的形式，用于敏感面上的应变情况，除了用作单方向应变测量外，还可将这种单轴的应变片组合起来使用，制成所谓的应变花（rosettes）形式；图3-4中(e)、(f)、(g)、(h)为几种应变花的形式，它们用于不同的测量目的，可同时感受几个方向上产生的应变。

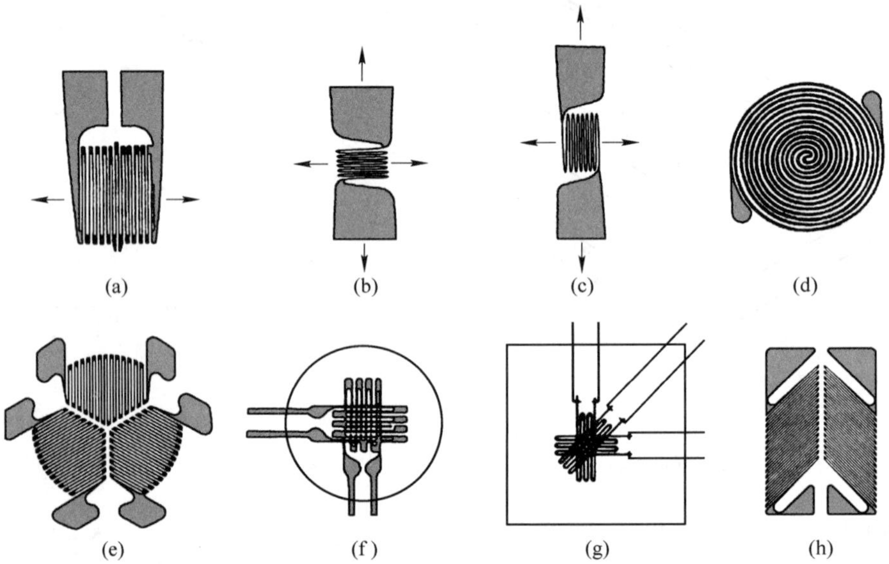

图3-4 不同的箔式应变片结构形式

(a)~(c)敏感单方向上应变的应变片；(d) 膜片应变片；(e) 三片式应变花，60°箔式平面型；(f) 双片式应变花，90°箔式叠合型；(g) 三片式应变花，45°电阻丝式叠合型；(h) 双片式应变花，90°剪切式平面型

3.3.2.2 压阻式传感器

半导体材料在某一方向承受应力时，其电阻率发生显著变化，这种现象称为半导体压阻效应，所谓压阻效应是指单晶半导体材料沿某一轴向受外力作用时，其电阻率ρ随之发生变化。从半导体物理可知，单晶半导体在外力作用下，原子点阵排列规律会发生变化，导致载流子迁移率及载流子浓度发生变化，从而引起电阻率的变化。

用半导体应变片制成的传感器亦称压阻传感器。利用半导体材料制成的压阻式传感器主要有体型、薄膜型和扩散型等。尽管半导体应变片具有很高的应变系数，但其最大的缺点是对温度敏感、非线性以及安装困难等。

采用集成电路制造中的扩散工艺可制成扩散型半导体应变片，用于制造半导体应变片传感器。如在膜片式压力传感器中，采用硅来替代金属材料制造膜片，通过在膜片中沉积杂质来实现应变片效应，从而可在所需的位置上形成内在的应变片。这种类型的结构可在某些设计中降低制造成本，通过在一块硅晶片上形成大量的膜片，来实现所谓的集成应变片组件。

3.3.2.3　应变片的应用

如上所述，应变片主要用于结构应力和应变分析以及用作不同的传感器。第一种应用方面，常将应变片贴于待测构件的测量部位上，从而测得构件的应力或应变，用于研究机械、建筑、桥梁等构件在工作状态下的受力、变形等情况，为结构的设计、应力校验以及构件破损的预测等提供可靠的实验数据。

第二种应用方面，常将应变片贴在或形成在弹性元件上，用于制成力、位移、压力、力矩和加速度等测量传感器。图 3-5 示出了几种测量力和力矩的应变片式传感器的实例。

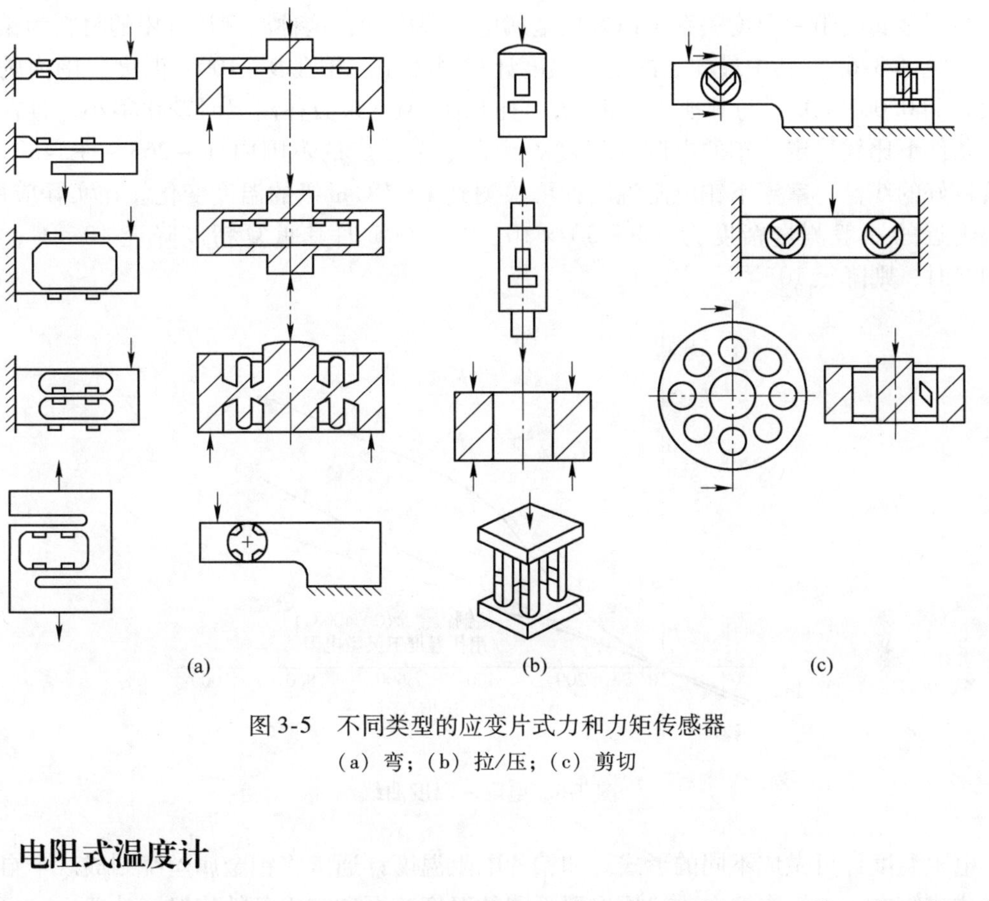

(a)　(b)　(c)

图 3-5　不同类型的应变片式力和力矩传感器

(a) 弯；(b) 拉/压；(c) 剪切

3.4　电阻式温度计

纯金属及大多数合金的电阻率随温度的增加而增加，即所谓具有正的温度系数。这些金属及合金的电阻值随温度的变化关系可以用式（3-9）表示：

$$R = R_1[1 + \alpha(t_2 - t_1)] = R_1(1 + \alpha\Delta t) \tag{3-9}$$

式中，R_1 为温度 t_1 时的电阻值；α 为金属材料在温度 t_1 时的温度系数；$\Delta t = t_2 - t_1$。亦即在一定的温度范围内，这种电阻－温度关系是线性的。表 3-2 给出了一些金属和合金以及非金属 0～100℃ 范围内的温度系数 α。但在更广泛的温度范围内，电阻－温度关系可能是非线性的，它们的一般表达式为：

$$R = R_0(1 + \alpha_1 T + \alpha_2 T_2 + \cdots + \alpha_n T_n) \tag{3-10}$$

式中，R_0 为温度 $T = 0$ 时的电阻；$\alpha_1, \alpha_2, \cdots, \alpha_n$ 为不同温度下的温度系数。

表 3-2　0～100℃温度范围内电阻的温度系数

材料	α	材料	α	材料	α
铂	+0.00392	铝	+0.0045	碳	−0.0007
金	+0.0040	钨	+0.0048	热敏电阻	−0.015～−0.06
银	+0.0041	铁（合金）	+0.002～+0.006	电解质	−0.02～−0.09
镍	+0.0068	锰铜	−0.00002～+0.00002		
铜	+0.0043	康铜	−0.00004～+0.00004		

根据金属电阻－温度关系可以制出金属电阻温度计，这种温度计常用的材料为铂、镍和铜（见图 3-6），其中最知名的电阻温度计材料为铂。铂在 0～100℃温度范围内的温度系数 α 为 0.0039/℃。与其他金属相比，它的电阻温度系数在高温时变化很小，且在不同环境条件下比较稳定。铂的电阻－温度关系在一个很广的范围内（−263～+545℃）保持着良好的线性。室温下铂电阻温度计可检测到 10^{-4}℃量级的温度变化。在实际应用中，室温附近的一般测量精度为 $(1\sim5)\times10^{-3}$℃；45℃时其重复精度降至 10^{-2}℃；达到 1000℃时，则降至 10^{-1}℃。

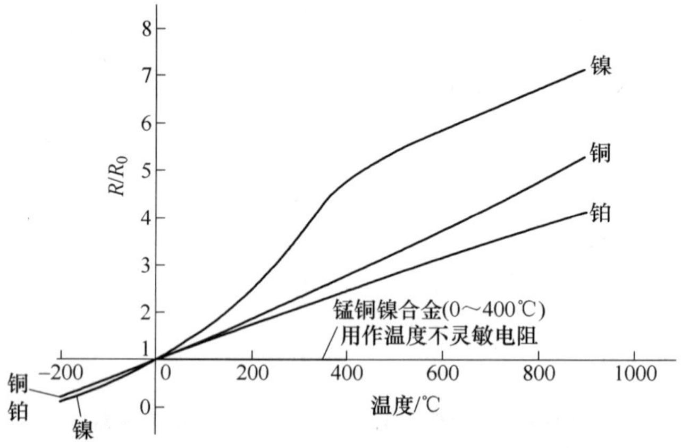

图 3-6　电阻－温度曲线

电阻温度计可做成不同的形式。如铂的电阻温度计通常将铂金属丝绕制成一个自由螺旋形式或绕在一绝缘支架上，然后根据不同的温度范围和应用条件将温度计置入一保护管中，管材料可以是玻璃、石英、陶瓷、不锈钢或镍。图 3-7 所示为几种不同形式的电阻温度计，图 3-7(a)为一种开口式线绕结构，可直接将绕组置入流体中测量温度，因此响应速度较快；图 3-7(b)为一种井式结构，金属丝绕组被装于一不锈钢管中，管头封死，因此可用于测量腐蚀性液体或气体的温度，但其响应速度慢。有时为测量固体的表面温度，可采用扁平栅状绕组的结构形式，将该栅状金属丝结构粘贴、焊接或夹在被测表面上；同样也可采用淀积薄膜式铂电阻温度计替代绕线式结构。由于有应变量的干扰，这种连接到物体上的表面测温传感器会有虚假输出，这些干扰应变是由结构载荷和温度热膨胀现象造成的，为此在设计时应予以考虑，并采取相应措施加以消除。为了测量电阻，常将电阻温度计接入一电桥电路，而温度计中流过的交流或直流电流一般不大于 20mA，以限制温度计的自发热现象。电路引线过长也会造成温度的变化，因此有时也采用补偿引线加以消除。这种温度计的电阻值一般为 10Ω ~25kΩ。一般来说，电阻温度计可达到的精度为 ±0. 01% 。

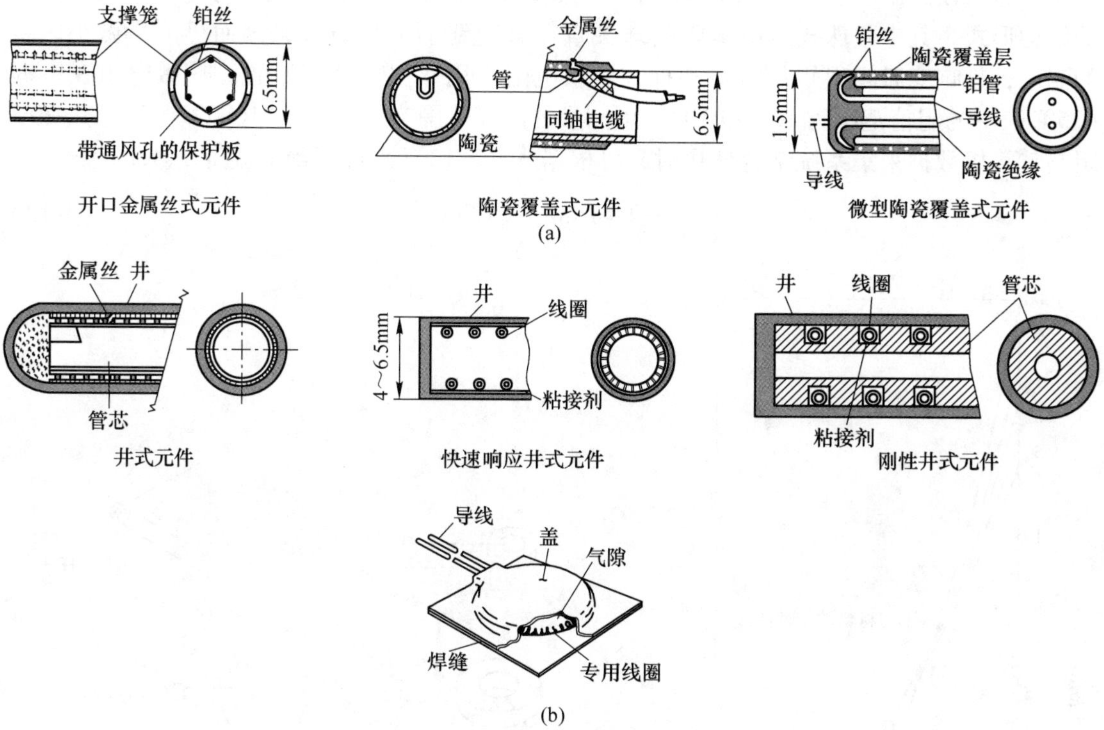

图 3-7　电阻温度探测器结构

3. 5　热敏电阻

热敏电阻为一种半导体温度传感器。与大多数半导体类传感器（它们都具有小的正温度系数）相比，热敏电阻具有很大的负温度系数，且它的特性曲线是非线性的。其电阻 - 温度关系通常由下式确定：

$$R = R_0 e^{\beta\left(\frac{1}{T} - \frac{1}{T_0}\right)} \tag{3-11}$$

式中　R——温度 T 时的电阻，Ω；

R_0——温度 T_0 时的电阻，Ω；

β——材料的特征常数，K；

T，T_0——变化温度和初始温度，K。

初始温度 T_0 常取 298K（25℃），而 β 则为 4000 左右，通过计算（$\mathrm{d}R/\mathrm{d}T$）/R，最终可得电阻的温度系数为 $-\beta/T^2$（℃$^{-1}$）。若 β 取值为 4000，则室温（25℃）下的温度系数为 -0. 045，与铂的温度系数 +0. 0039 相比，除了符号相反之外，其值也远大于铂的温度系数。电阻 - 温度间的精确关系随所用不同材料和元件结构而有所变化。图 3-8 所示为不同材料热敏电阻的电阻 - 温度特性曲线。

在热敏电阻的实际应用中，其特性的重复性是一个最困难的问题。由于半导体的导电率和温度系数可受到不到百万分之一杂质的影响，所以只有那些对杂质最不敏感的化合物才有实际使用价值。生产中，通常将锰、镍和钴的氧化物粉末的混合物压成珠状、杆状或盘状，然后在高温下进行烧结而制成不同的热敏电阻。图 3-9 所示为热敏电阻的几种典型的结构形式，其中微珠式热敏电阻的珠头直径可做到小于 0.1mm，因而可测量微小区域的温度，且响应时间很短；盘式和杆式热敏电阻常用作温度补偿装置。热敏电阻在室温（25℃）下的阻值范围为 $10^2 \sim 10^6\Omega$，可测量的温度范围为 −200 ~ +1000℃。当把热敏电阻与计算机数据采集系统结合使用时，可根据式（3-12）来计算绝对温度 T(K)：

$$\frac{1}{T} = A + B\ln R + C(\ln R)^3 \tag{3-12}$$

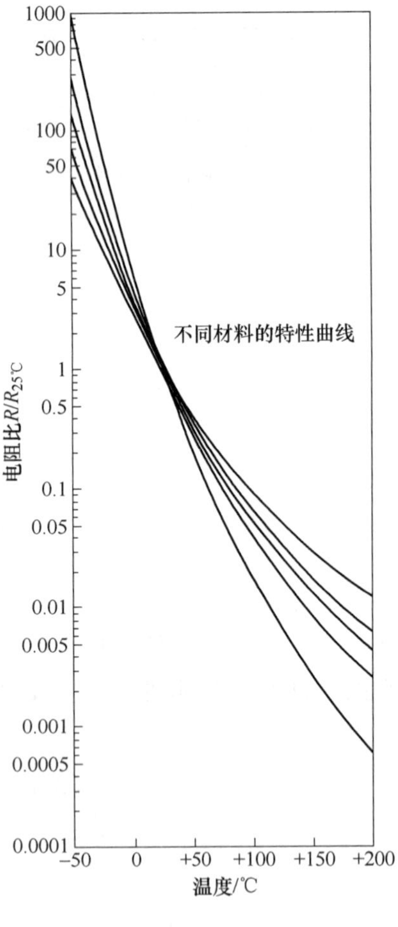

图 3-8　热敏电阻的电阻 − 温度特性曲线

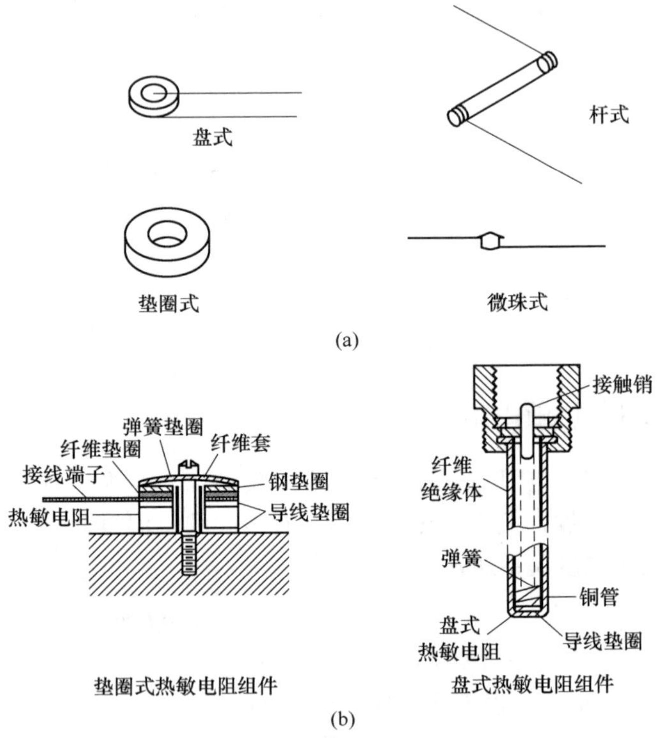

图 3-9　热敏电阻的结构形式

（a）热敏电阻的几种形式；（b）热敏电阻组件

在所需测量范围的高、中、低三端分别测量三组 R 和 T 值，将它们代入式（3-12），并解联立方程组，便可求得系数 A、B 和 C。

热敏电阻的电流值通常限制在毫安的量级，主要是为了不使它产生自发热现象，从而保证在所测量的温度范围内具有线性的电压 − 电流关系。此外还常采用线性化电路与热敏电阻相连，来扩大它们的测量范围。热敏电阻的灵敏度较高，一般为 ±6mV/℃ 以及

－150～－20Ω/℃，比热电偶和电阻温度检测器的灵敏度高许多，其最大的非线性度约为±0.06～±0.5℃。尽管热敏电阻不如铂电阻温度计那样具有十分良好的长时间稳定性，但它们已足以满足大多数应用的场合了。

3.6　电感式传感器

利用电磁感应原理，将被测的非电量转换成电磁线圈的自感或互感量变化的装置称为电感式传感器，按其不同的转换方式常又分为自感式和互感式两类；按其不同的结构方式再分为变气隙式、变截面式和螺管式。

3.6.1　自感式传感器

3.6.1.1　可变磁阻式传感器

可变磁阻式传感器的结构原理如图 3-10 所示。它由铁芯、线圈和衔铁组成，铁芯与衔铁间设有空气隙 δ，当线圈中通过电流 i 时，由电磁感应原理，则在其中产生磁通 Φ_m，其大小与所加电流 i 成正比：

$$W\Phi_m = L \cdot i \tag{3-13}$$

式中　W——线圈匝数；

L——自感，H。

又根据磁路欧姆定律有

$$\Phi_m = \frac{W \cdot i}{R_m} \tag{3-14}$$

式中　$W \cdot i$——磁动势，A；

R_m——磁阻，H^{-1}。

将式（3-14）代入式（3-13）得到自感

$$L = \frac{W^2}{R_m} \tag{3-15}$$

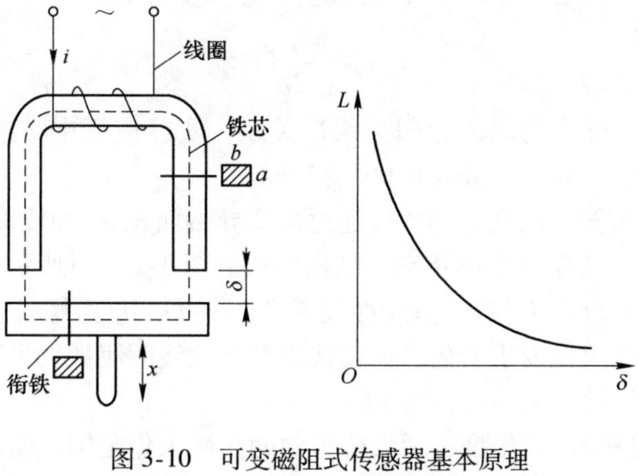

图 3-10　可变磁阻式传感器基本原理

对于图 3-10 所示的传感器结构来说，当不考虑磁路的铁损且当气隙 δ 较小时，该磁路的总磁阻

$$R_m = \frac{l}{\mu A} + \frac{2\delta}{\mu_0 A_0} \tag{3-16}$$

式中 l——铁芯的导磁长度，m；

μ——铁芯磁导率，H/m；

A——铁芯导磁截面积，$A = a \times b$，m^2；

δ——气隙宽，m；

μ_0——空气磁导率，$\mu_0 = 4\pi \times 10^{-7}$，H/m；

A_0——空气隙导磁横截面积，m^2。

由于式（3-16）中右边第一项铁芯磁阻与第二项气隙磁阻相比甚小，因此在忽略第一项情况下可得总磁阻 R_m 近似为

$$R_m \approx \frac{2\delta}{\mu_0 A_0} \tag{3-17}$$

将式（3-17）代入式（3-15），则有

$$L = \frac{W^2 \mu_0 A_0}{2\delta} \tag{3-18}$$

由式（3-18）可知，自感 L 与气隙导磁截面积 A_0 成正比，而与气隙 δ 成反比。当 A_0 固定，变化 δ 时，L 与 δ 成非线性变化关系（如图 3-10 所示曲线），此时传感器灵敏度

$$S = \frac{dL}{d\delta} = -\frac{W^2 \mu_0 A_0}{2\delta^2} \tag{3-19}$$

可见灵敏度 S 与 δ 的平方成反比，δ 越小，灵敏度越高。由于 δ 不是常数，会产生非线性误差，因此这种传感器常规定在较小气隙变化范围内工作。设气隙变化为（δ_0，$\delta_0 + \Delta\delta$），由式（3-19）得：

$$S = -\frac{W^2 \mu_0 A_0}{2\delta^2} = -\frac{W^2 \mu_0 A_0}{2(\delta_0 + \Delta\delta)^2} \approx -\frac{W^2 \mu_0 A_0}{2\delta^2}\left(1 - 2\frac{\Delta\delta}{\delta_0}\right)$$

当气隙变化甚小，即 $\Delta\delta/\delta_0 \ll 1$ 时，灵敏度 S 进一步近似为

$$S = -\frac{W^2 \mu_0 A_0}{2\delta^2} \tag{3-20}$$

亦即 S 此时为一定值，输出与输入近似呈线性关系。实际应用中常选取 $\Delta\delta/\delta_0 \leqslant 0.1$。这种传感器适宜于测量小位移，一般为 0.001 ~ 1mm。

根据式（3-18）可知，改变电感也可通过改变导磁面积 A_0 和线圈匝数 W 来获取。图 3-11 为几种常用的可变磁阻式电感传感器结构形式。图 3-11(a)所示的形式是通过改变导磁面积来改变磁阻，其自感 L 与 A_0 呈线性关系。图 3-11(b)为螺线管线圈型结构，铁芯在线圈中运动时，总磁阻将发生变化，也可认为是有效线圈匝数发生了变化，从而引起自感发生改变。

为提高自感式传感器的灵敏度，增大传感器的线性工作范围，实际中较多的是将两结构相同的自感线圈组合在一起形成所谓的差动式电感传感器。如图 3-11(c)所示，当衔铁位于中间位置时，位移为零，两线圈上的自感相等。此时电流 $i_1 = i_2$，负载 Z_1 上没有电流通过，$\Delta i = 0$，输出电压 $u_1 = 0$。当衔铁向一个方向偏移时，其中的一个线圈自感增加，而

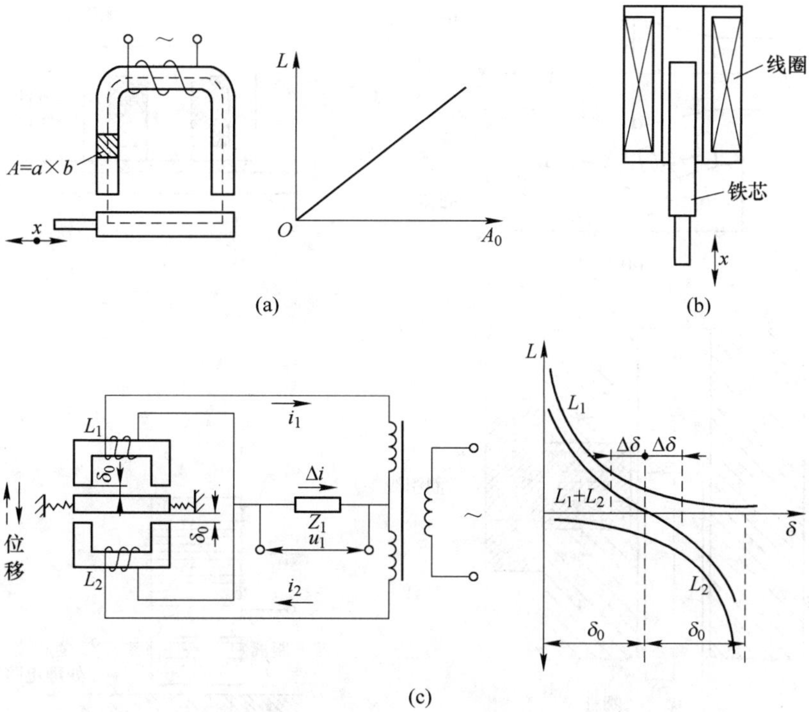

图 3-11　可变磁阻式电感传感器结构形式

（a）可变磁阻式面积型电感传感器；（b）可变磁阻式螺线管型电感传感器；
（c）差动式电感传感器工作原理及输出特性

另一个线圈自感减小，亦即 $L_1 \neq L_2$，此时 $i_1 \neq i_2$，负载 Z_1 上流经电流 $\Delta i \neq 0$，输出电压 $u_l \neq 0$。u_1 的大小表示了衔铁的位移量，极性反映了衔铁移动的方向。当位移 δ_1 增大 $\Delta\delta$，则必定使 δ_2 减小 $\Delta\delta$。由此，使通过负载的电流产生 $2\Delta i$ 的变化，因此传感器的灵敏度也将增加一倍。

自感式传感器常用于非接触式测量位移和角度以及可转换为上述两个量的其他物理量。传感器的测量范围一般为 1μm～1mm 左右，其最高测量分辨力为 0.01μm。图 3-12 示出几种应用实例，图 3-12(a)所示为测量透平轴与其壳体间的轴向相对伸长；图 3-12(b)用于确定磁性材料上非磁性涂覆层的厚度；图 3-12(c)测量高压蒸气管道中阀的位置。

同样，图 3-12(b)所示的螺线管线圈型结构也可做成差动型形式，这种由两个单螺线管线圈组成的差动型结构较之单螺线管线圈形式有着更高的灵敏度和线性工作范围，常被用于电感测微仪中，如图 3-12(d)所示。

3.6.1.2　涡流式传感器

当金属导体置于变化着的磁场中或者在磁场中运动时，金属导体内部会产生感应电流，由于这种电流在金属导体内是自身闭合的，因此称之为涡电流或涡流。

如图 3-13 所示，一线圈靠近一块金属板，两者相距 δ，当线圈中通以交变高频电流时，会引起交变磁通 Φ。由于该交变磁通的作用，在靠近线圈的金属表面内部产生一感应电流 i_1，该电流 i_1 即为涡流，在金属板内部是闭合的。根据楞次定律，由该涡流产生的

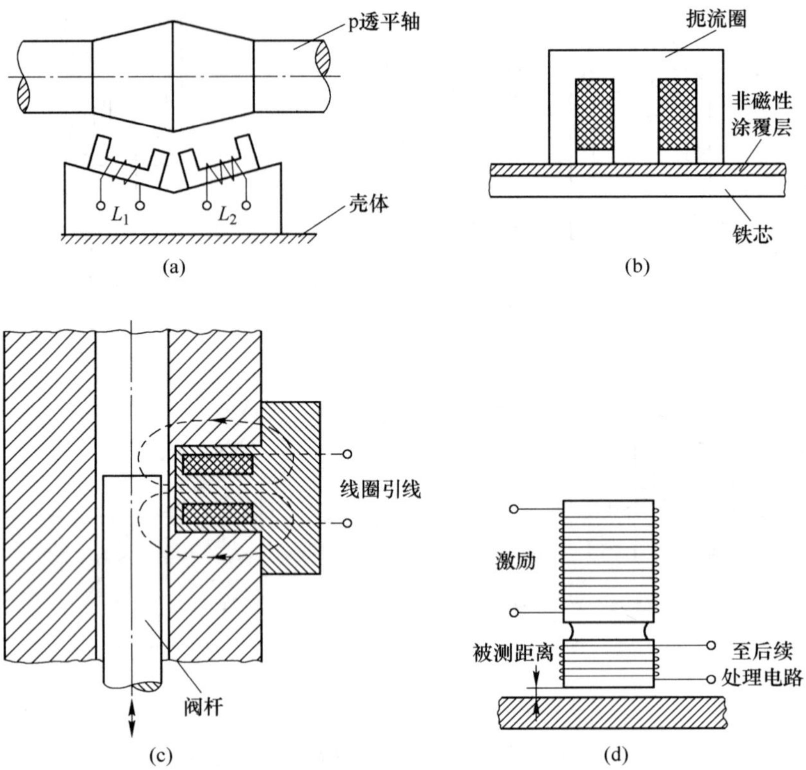

图 3-12 自感式传感器应用实例

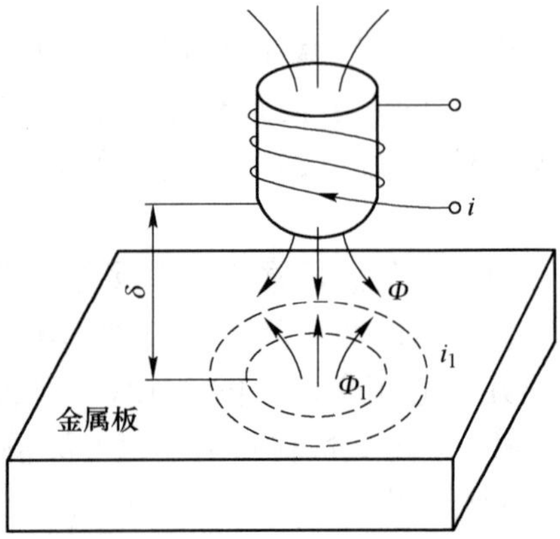

图 3-13 涡流式传感器原理

交变磁通 Φ_1 将与线圈产生的磁场方向相反，亦即 Φ_1 将抵抗 Φ 的变化。由于该涡流磁场的作用，线圈的等效阻抗将发生变化，其变化的程度除了与两者间的距离 δ 有关，还与金属导体的电阻率 ρ、磁导率 μ 以及线圈的激磁电流圆频率 ω 等有关。因此改变上述任意一种参数，均可改变线圈的等效阻抗，从而可做成不同的传感器件。例如改变 δ 来测量位移和振动，改变 ρ 或 μ 可用来测量材质变化或用于无损探伤等。

分析涡流传感器中的线圈阻抗与影响线圈阻抗的诸因素之间存在一定的函数关系。将电涡流传感器与被测金属导体用图 3-14 所示的等效电路来表示，图中金属导体被抽象为一个短路线圈，它与传感器线圈磁性耦合，两者之间存在一互感系数 M，表示耦合程度，它随间距 δ 的增大而减小。R_1 和 L_1 分别为线圈的电阻和电感。R_2 和 L_2 分别为金属导体的电阻和电感。设 E 为激励电压，由克希霍夫定律可得

$$\left.\begin{aligned} R_1 I_1 + \mathrm{j}\omega L_1 I_1 - \mathrm{j}\omega M I_2 = E \\ -\mathrm{j}M I_1 + R_2 I_2 + \mathrm{j}\omega L_2 I_2 = 0 \end{aligned}\right\} \tag{3-21}$$

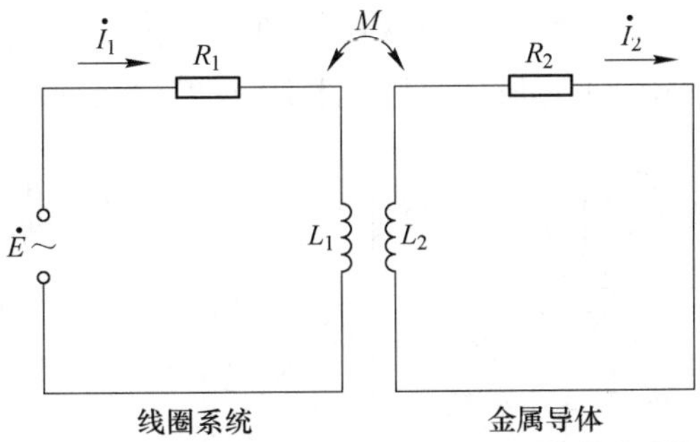

图 3-14　电涡流传感器与被测物体的等效电路

将上两式改写成

$$\left.\begin{aligned}(R_1+\mathrm{j}\omega L_1)I_1-\mathrm{j}\omega MI_2=E\\-\mathrm{j}MI_1+(R_2+\mathrm{j}\omega L_2)I_2=0\end{aligned}\right\}\tag{3-22}$$

解上述方程组得

$$I_1=\frac{E}{R_1+\dfrac{\omega^2M^2}{R_2^2+(\omega L_2)^2}R_2+\mathrm{j}\omega L_1-\dfrac{\omega^2M^2}{R_2^2+(\omega L_2)^2}\omega L_2}$$

$$I_2=\mathrm{j}\omega\frac{MI_1}{R_2+\mathrm{j}\omega L_2}=\frac{M\omega^2L_2I_1+\mathrm{j}\omega MR_2I_1}{R_2^2+(\omega L_2)^2}\tag{3-23}$$

进而可计算出线圈受到金属导体影响后的等效电阻为

$$Z=R_1+\frac{\omega^2M^2}{R_2^2+(\omega L_2)^2}R_2+\mathrm{j}\omega L_1-\frac{\omega^2M^2}{R_2^2+(\omega L_2)^2}\omega L_2\tag{3-24}$$

线圈的等效电感也可计算为

$$L=L_1-L_2\frac{\omega^2M^2}{R_2^2+\omega^2L_2^2}\tag{3-25}$$

式（3-25）中的第一项 L_1 与静磁学效应有关。线圈与金属导体形成一个磁路，可以认为有效磁导率取决于该磁路。当金属导体为磁性材料时，该有效磁导率随间距 δ 的缩小而增大，L_1 也随之增大。但若当金属导体为非磁性材料时，有效磁导率不随间距的变化而变化，因此 L_1 不变。该式中的第二项与电涡流效应有关，电涡流产生一个与原磁场方向相反的磁场并由此减小线圈的电感。间距 δ 越小，电感减小得越厉害。由于在金属导体中流动的电涡流要产生热量而消耗能量，因此线圈阻抗的实数部分是增加的，且金属导体材料的导电性能和导体离线圈的距离将直接影响该实数部分的大小，这一点从式（3-24）中可以清楚看出。另外，该实数部分的大小与导体是否为磁性材料无关。

电涡流传感器一般分为高频反射式和低频透射式两种。以上介绍的基本上为高频反射式，其激励电流 i 为高频（兆赫以上）电流。这种传感器通常用来测量位移、振动等物理量。

低频透射式涡流传感器多用于测量材料的厚度，其工作原理如图 3-15 所示。在被测材料 G 的上、下方分别置有发射线圈 W_1 和接收线圈 W_2。在发射线圈 W_1 的两端加有低频（一般为音频范围）电压 e_1，因此形成一交变磁场，该磁场在材料 G 中感应产生涡流 i。由于涡流 i 的产生消耗了磁场的部分能量，使穿过接收线圈 W_2 的磁通量减小，从而使

W_2 产生的感应电势 e_2 减小。e_2 的大小与材料 G 的材质和厚度有关，e_2 随材料厚度 h 的增加按指数规律减小如图 3-15（b）所示，因此利用 e_2 的变化即可确定材料的厚度。

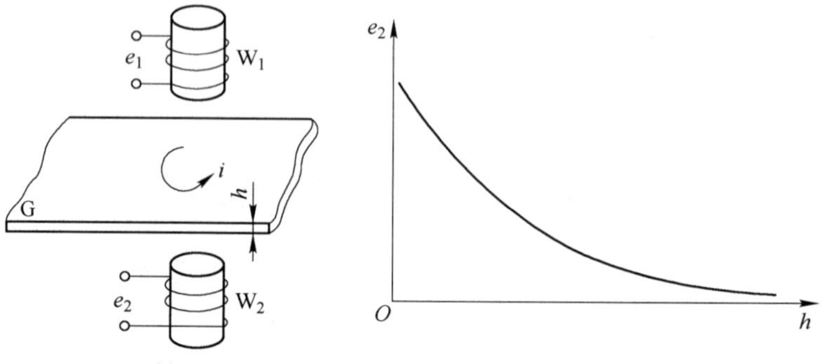

图 3-15 低频透射式涡流传感器

涡流传感器的测量电路一般有阻抗分压式调幅电路及调频电路。

图 3-16 示出一种涡流测振仪用分压式调幅电路的原理。它由晶体振荡器、高频放大器、检波器和滤波器组成。由晶体振荡器产生高频振荡信号作为载波信号。由传感器输出的信号经与该高频载波信号作调制后输出的信号 e 为高频调制信号，该信号经放大器放大后再经检波与滤波即可得到气隙 δ 的动态变化信息。

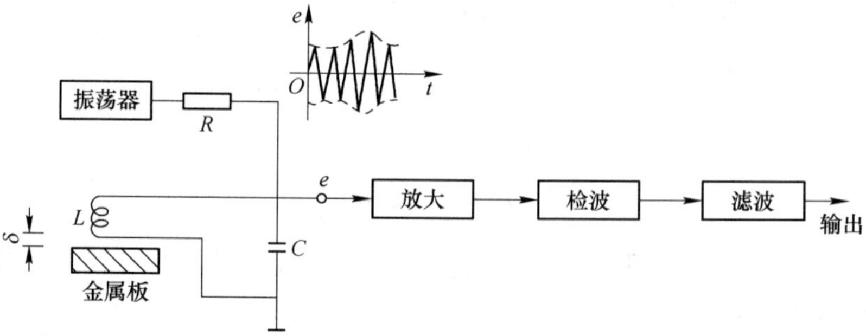

图 3-16 涡流测振仪分压调幅电路

图 3-17 是其谐振曲线和输出特性曲线，传感器线圈与并联电容 C 以及分压电阻 R 组成的谐振分压电路，如图 3-17(a)所示，在该等效电路中，R'、L'、C 构成一谐振回路，其谐振频率：

$$f=\frac{1}{2\pi\sqrt{L'C}} \tag{3-26}$$

当谐振频率 f 与振荡器提供的振荡频率相同时，输出电压 e 最大。测量时，线圈阻抗随间隙 δ 而改变，此时 LC 回路失谐，输出信号 $e(t)$ 虽仍为振荡器的工作频率的信号，但其幅值随 δ 而发生变化，它相当于一个调幅波，电阻 R 的作用是进行分压，当 R 远大于谐振回路的阻抗值 $|Z|$ 时，输出的电压值则取决于谐振回路的阻抗值 $|Z|$。

图 3-17(b)所示为不同的间隙 δ 或谐振频率 f 与输出电压 e 之间的关系。图 3-17(c)表示间隙 δ 与输出电压 e 之间的关系，由图可见，该曲线是非线性的，图中直线段是有用的工作

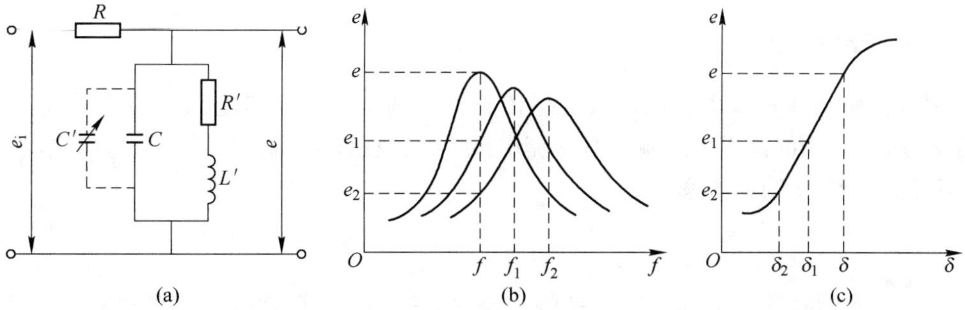

图 3-17　分压式调幅电路的谐振曲线及输出特性曲线

（a）谐振分压电路；（b）谐振曲线；（c）输出特性曲线

区段。图 3-17(a)中的可调电容 C'用来调节谐振回路的参数，以取得更好的线性工作范围。

图 3-18 示出调频电路的工作原理。该法同样把传感器线圈接成一个 LC 振荡回路。与调幅电路不同的是将回路的谐振频率作为输出量。随着间隙 δ 的变化，线圈电感 L 亦将变化，由此使振荡器的振荡频率 f 发生变化。采用鉴频器对输出频率作频率 - 电压转换，即可得到与 δ 成正比的输出电压信号。

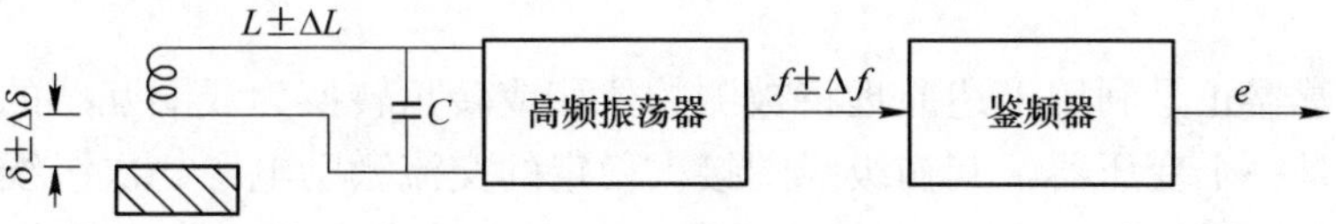

图 3-18　调频电路工作原理

涡流式电感传感器由于结构简单、使用方便等特点已经在位移、振动、材料的无损探伤等诸多领域得到广泛应用。其测量的范围和精度取决于传感器的结构尺寸、线圈匝数以及激磁频率等诸因素。测量的距离可为 0 ~ 30mm，频率范围为 0 ~ 10^4Hz，线性度误差约为 1% ~3%，分辨率最高可达 0.05μm。

图 3-19 示出几种涡流式电感传感器的应用实例。

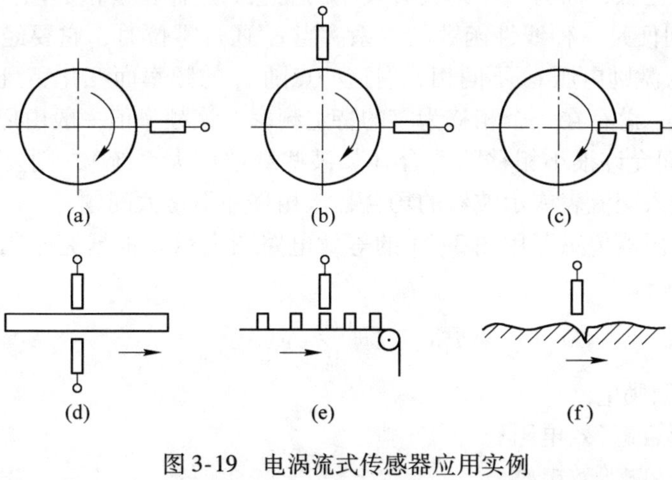

图 3-19　电涡流式传感器应用实例

（a）测量轴振摆；（b）测量轴回转；（c）测量转速；

（d）测量材料厚度；（e）物件计数；（f）表面探伤

3.6.2 互感式传感器

互感式传感器亦称差动变压器式电感传感器。其基本原理是电磁感应中的互感现象，如图 3-20 所示，当线圈 W_1 被输入有交流电流 i 时，在线圈 W_2 中则产生感应电动势 e_{12}，其大小正比于电流 i 的变化率：

$$e_{12} = -M\frac{\mathrm{d}i}{\mathrm{d}t} \tag{3-27}$$

式中 M——比例系数，也称互感，是两线圈 W_1 和 W_2 之间耦合程度的度量，其大小与两线圈的相对位置及周围介质的磁导率等因素有关。

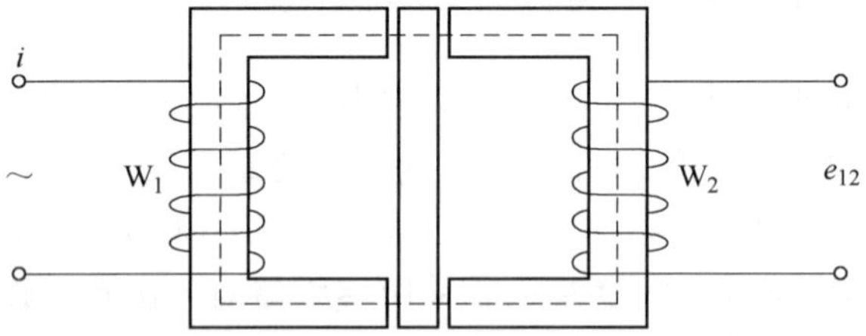

图 3-20 互感现象

互感式传感器正是利用上述原理将被测的位移或转角转换为线圈互感的变化。这种传感器实质上就是一个变压器，其初级线圈接入稳定的交流激励电源，次级线圈被感应而产生对应输出电压，当被测参数使互感 M 产生变化时，输出电压也随之变化。由于次级常采用两个线圈接成差动型，故这种传感器又称差动变压器式传感器。实际中应用较多的是螺管线圈型差动变压器，其工作原理如图 3-21 和图 3-22 所示。图 3-21 所示为测量位移的差动变压器传感器，而图 3-22 的形式是用以测量转动的传感器。

这种装置的初级线圈激励通常用电压 3 ~ 15V，频率为 60 ~ 20000Hz 的交流电。两副边感应产生与之同频的正弦电压，但其幅值随铁芯位置的变化而变化。当铁芯位于中间位置时通常可取得一零位，此时输出电压 e_o 为零。当铁芯朝任一方向移动时，次级线圈中的一个具有较大的互感，而另一个则具有较小的互感。这样在零位的两侧一定范围内，输出 e_o 与铁芯位置间便是一种线性函数的关系。当 e_o 通过零位时，它要经受一个 180°的相移。输出 e_o 通常与激励电压 e_x 不同相，但这一点随 e_x 的频率而变化，且对每一个差动变压器式传感器来说，总存在一个相移为零的特定频率，该频率值一般由厂家提供。因此对某些要求 e_o 和 e_x 间允许很小相移的场合（如某些载波放大系统），则要求激励源的频率合适。但对一般接入交流表或示波器的场合，该相移并不是大问题。

将上述差动变压器传感器用图 3-23 的等效电路图表示。根据克希霍夫定律，若输出开路，则有

$$i_p R_p + L_p\frac{\mathrm{d}i_p}{\mathrm{d}t} - e_x = 0 \tag{3-28}$$

式中 i_p——交流激励电流；

R_p——初级线圈等效电阻；

L_p——初级线圈等效电感；

e_x——激励电压。

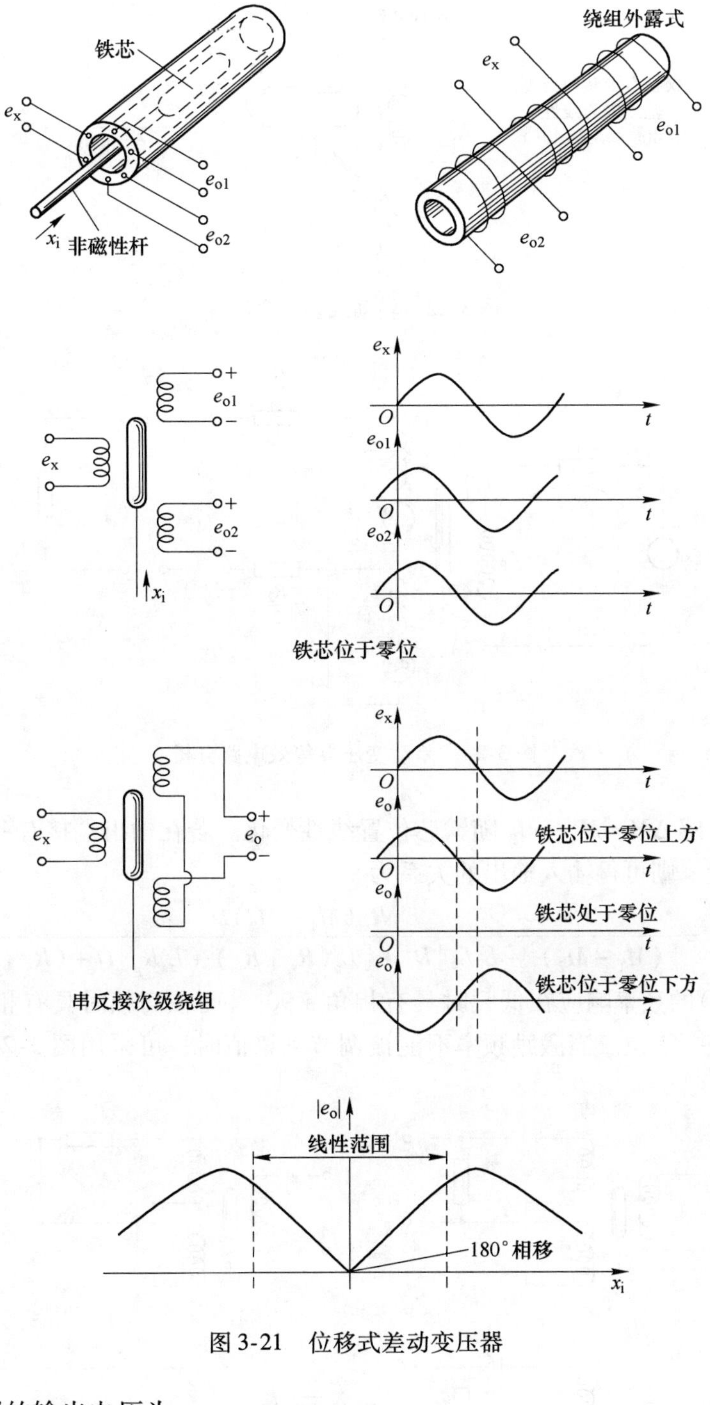

图 3-21　位移式差动变压器

总次级线圈的输出电压为

$$e_o = e_{s1} - e_{s2} = (M_1 - M_2)\frac{\mathrm{d}i_p}{\mathrm{d}t} \tag{3-29}$$

式中　$\frac{\mathrm{d}}{\mathrm{d}t}$——微分算子 D；

e_o——变压器输出。

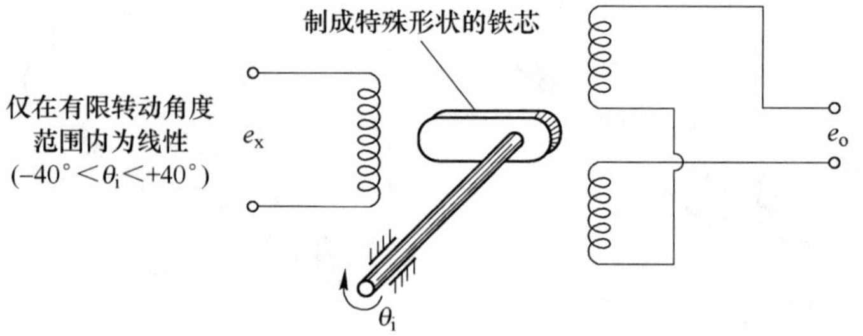

图 3-22　转动式差动变压器

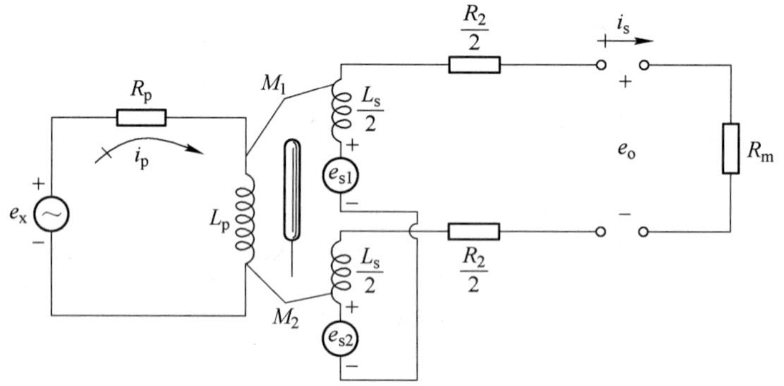

图 3-23　差动变压器等效电路分析

其中总的互感 $\Delta M = M_1 - M_2$ 随铁芯位置线性变化。若在输出端接有一输入电阻为 R_m 的电压测量装置，则可得输入输出的关系为

$$\frac{e_o}{e_x}(D)=\frac{R_m(M_1-M_2)D}{[(M_1-M_2)^2+L_pL_s]D^2+[L_p(R_s+R_m)+L_sR_p]D+(R_s+R_m)R_p} \tag{3-30}$$

由于$(e_o/e_x)(j\omega)$的频率响应在低频时具有相角 +90°，而在高频时具有相角 -90°，因此在两者中间必有一零位。当激励频率不能被调节到该值时，可采用图 3-24 所示的几种方法来加以调节。

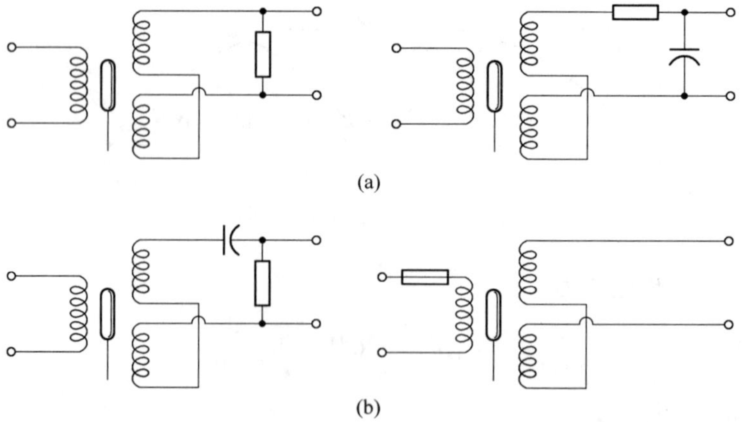

图 3-24　调相电路

(a) 将一超前相角向后调节的两种方法；(b) 将一滞后相角朝前调节的两种方法

图 3-25 是一种用于测量小位移的差动变压器相敏检波电路。在无输入信号时，铁芯处于中间位置，调节电阻 R 使零位残余电压为最小；当铁芯上、下移动时，传感器有信号输出，其输出的电压信号经交流放大、相敏检波和滤波之后得到直流输出，由指示仪表指示出位移量的大小与方向。

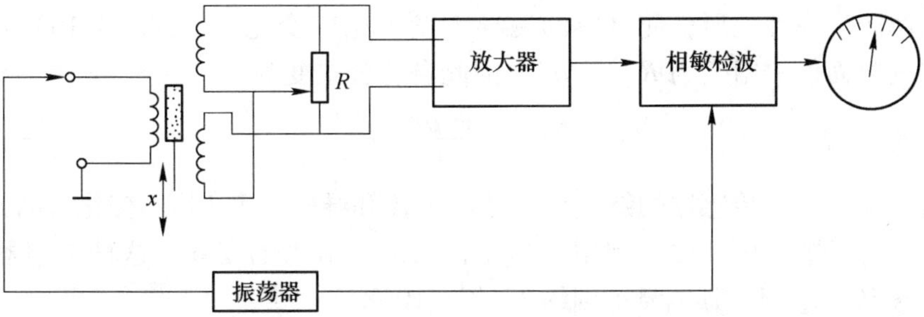

图 3-25　差动相敏检波电路的工作原理

差动变压器式传感器的特点是测量精度高（可达 0.1μm 量级）、线性量程大（可达 ±100mm）、稳定性好和使用方便等，广泛用于直线位移的测量，也可用于转动位移的测量（图 3-22）。另外，借助于弹性元件也可将压力、重量等物理量转换成位移量，因此也可用于力的测量。图 3-26 示出一种差动变压器式测力传感器的结构。它采用两个螺旋挠性机构作为弹性元件，每个元件均由一整块工件加工而成。采用外部螺纹环来改变由弹簧加载的变压器线圈轴向位置，从而进行零位调整。这种传感器可用来测量 10mN ~ 200kN 的力，满量程的位移量为 1 ~ 2μm，测量非线性度一般要好于满量程的 0.2% ~ 0.1%，工作温度为 20 ~ 100℃。

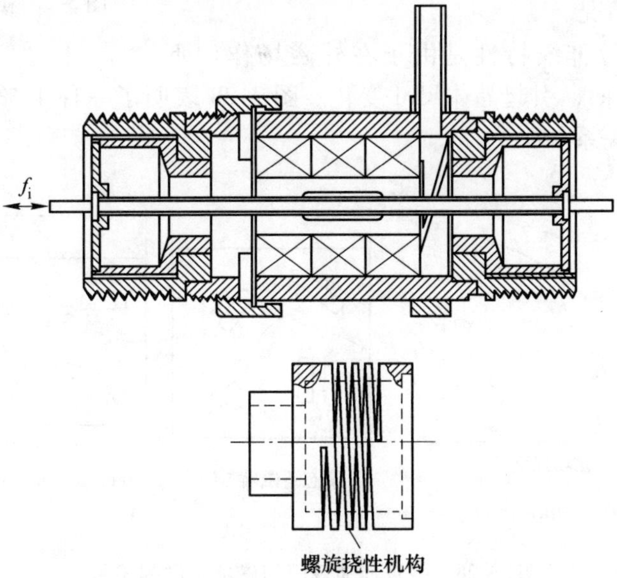

图 3-26　线性可变差动变压器力传感器

3.6.3 磁弹性测力传感器

利用导体磁导率的变化来引起自感的变化，这便是磁弹性力传感器的工作原理。图 3-27 所示为这种传感器的结构以及所受法向应力与磁导率相对变化间的关系曲线。这种传感器一般由铁磁体（受力元件）和线圈组成，铁磁体材料一般为铁镍合金。在外力作用下，铁磁体产生弹性变形，使材料的磁导率发生相应变化。由式（3-16）可知，此时由于不存在气隙而使磁阻变为 $R_m = l/\mu A$，因此自感公式变为

$$L = \frac{W^2 \mu A}{l} \tag{3-31}$$

由上式可知，由于传感器的绕组 W、截面积 A 和导磁长度 l 均不变化，因此自感 L 便是磁导率的单一函数。由此便可利用 L 的变化来测量应力的变化。这种传感器的 $\Delta l/l$ 的变化为 $10^{-6} \sim 10^{-5}$之间，其测量范围约为 $10^3 \sim 10^6$N。

3.6.4 压磁式互感传感器

铁磁材料如镍、铁镍、铁铝、铁硅合金等，在外力作用下发生机械变形，内部产生应力，并引起磁导率的变化。这种由于机械变形导致材料磁性质的变化称之为压磁效应（piezomagnetic effect）或磁应变效应。还有一种相反的现象，就是将铁磁材料置于磁场中，它的形状和尺寸就发生变化，这种在外磁场作用下材料发生机械变形的现象，称为磁致伸缩效应。

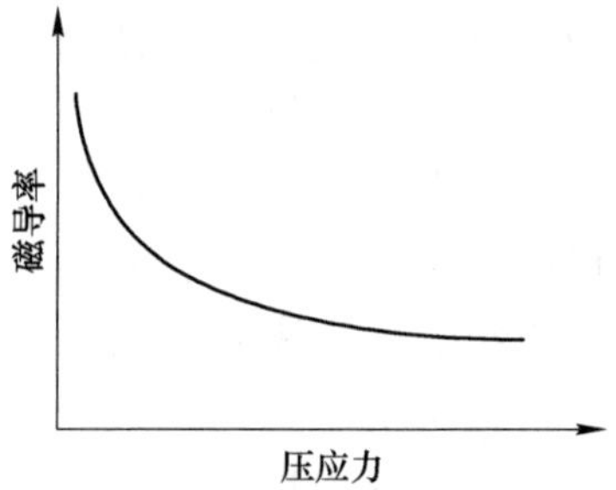

图 3-27 压应力对镍铁合金磁导率的影响

铁磁材料在外力作用下引起磁导率变化的原因，是由于材料应变使晶体点阵发生畸变，这将阻碍材料的磁化过程。图 3-27 表明了一种 79% 镍合金磁导率 μ_{max} 随压应力增大而下降的情况。

铁磁材料的磁致伸缩特性是由于在外磁场作用下“磁畴”的磁轴转了向，引起晶体尺寸变化。图 3-28 表明了一种 45% 镍铁合金相对伸长与外磁场强度 H 的关系。

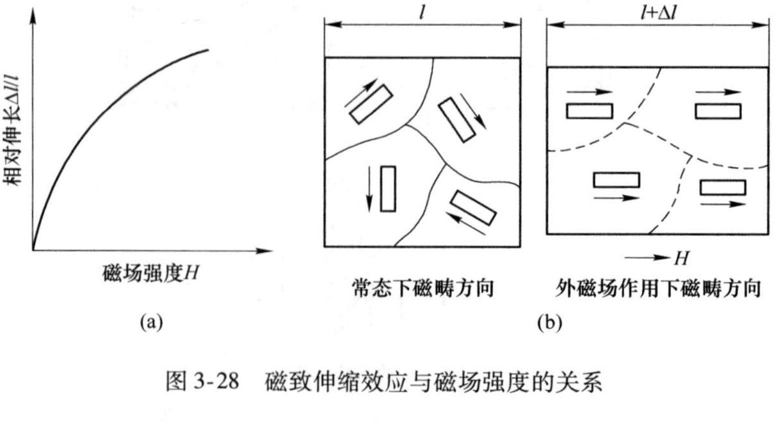

图 3-28 磁致伸缩效应与磁场强度的关系

铁磁材料的这种特性被广泛用以制造测量力和扭矩的传感器以及超声波发生器中的

机－电换能器等。

压磁式测力传感器是应用压磁元件将力、扭矩等参数转换为磁导率变化的一种传感器。它的变换实质是，绕有线圈的铁芯，在外力作用下，磁导率发生变化，引起铁芯中与磁通有关系的磁阻 R_m 的变化，从而导致自感或互感变化。

图 3-29 是两种压磁式测力传感器的工作原理，其中图 3-29(a)是测扭矩传感器，它利用了线圈自感变化。图 3-29(b)是测力传感器，它利用了互感变化，副线圈 W_2 的感应电势随力大小而变化。这类传感器的优点是输出较大，对环境因素（温度、湿度）不敏感、耐过载能力强，缺点是线性及稳定性差。

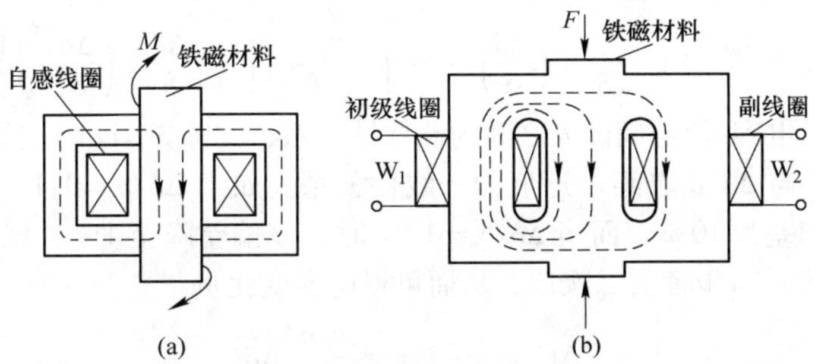

图 3-29　压磁式测力传感器

3.7　电容式传感器

电容式传感器采用电容器作为传感元件，将不同物理量的变化转换为电容量的变化。其工作原理可通过图 3-30 所示的平板电容器来加以解释。

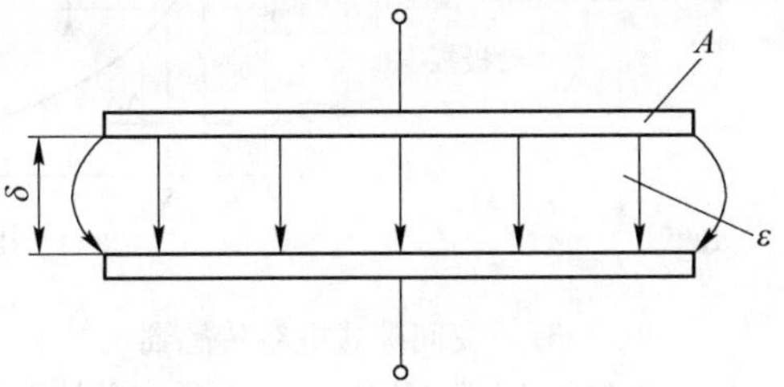

图 3-30　平板电容器

忽略边缘效应，一平板电容器的电容可表达为：

$$C=\frac{\varepsilon_0\varepsilon A}{\delta} \tag{3-32}$$

式中　A——极板面积，m^2；

ε_0——真空介电常数，$\varepsilon_0=8.85\times10^{-12}F/m$；

ε——极板间介质的介电常数，当介质为空气时 $\varepsilon=1$；

δ——两极板间距离，m。

由上式可知，改变 A、ε 或 δ 的任何一个参数都能引起电容值的变化，据此可做成不同的传感器，通常可分为面积变化型、介质变化型和间隙变化型三种。

3.7.1 间隙变化型

如图 3-31 所示，这种类型的传感器常常固定一块极板（图中定极板）而使另一块极板移动（图中动极板），从而改变间隙 δ 以引起电容的变化。设板间隙有一改变量 $\Delta\delta$，则式（3-32）改写为

$$C_1 = \frac{\varepsilon_0 \varepsilon A}{\delta + \Delta\delta} \tag{3-33}$$

将式（3-33）按泰勒级数展开为

$$C_1 = \frac{\varepsilon_0 \varepsilon A}{\delta}\left[1 - \frac{\Delta\delta}{\delta} + \left(\frac{\Delta\delta}{\delta}\right)^2 - \cdots\right] \approx \frac{\varepsilon_0 \varepsilon A}{\delta}\left\{\left[1 - \frac{\Delta\delta}{\delta} + \left(\frac{\Delta\delta}{\delta}\right)^2\right]\right\} \tag{3-34}$$

由上式可知，电容 C_1 与间隙 δ 之间为非线性关系，如图 3-31(b) 曲线所示，当 $\Delta\delta$ 值较小时，在 $\Delta C/C$ 与 $\Delta\delta/\delta$ 之间可近似为一线性关系。如当 $\Delta\delta/\delta = 0.1$ 时，按式（3-34）计算所得的线性偏差为 10%，而当 $\Delta\delta/\delta = 0.01$ 时，该偏差降至 1%，因此对小的间隙变化，式（3-34）可进一步舍去二次项，从而可得电容变化量

$$\Delta C = C_1 - C = -\frac{\varepsilon_0 \varepsilon A}{\delta^2}\Delta\delta \tag{3-35}$$

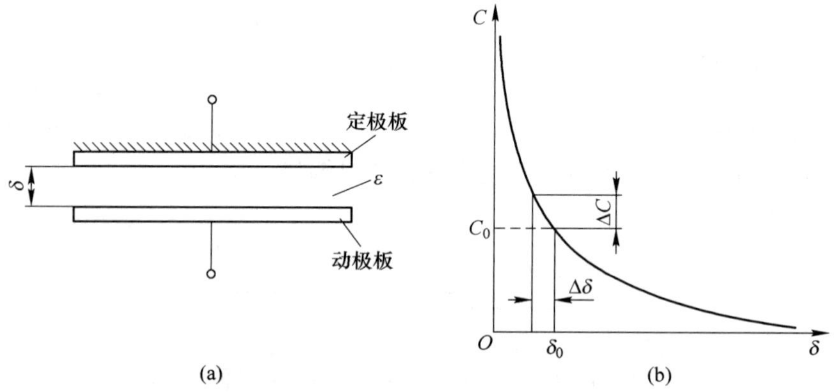

图 3-31　变间隙式电容传感器

（a）变间隙式电容传感器原理图；（b）$C-\delta$ 特性曲线

由式（3-35）可进一步得到电容传感器的灵敏度

$$S = \frac{\Delta C}{\Delta\delta} = -\frac{\varepsilon_0 \varepsilon A}{\delta^2} \tag{3-36}$$

此式表明，变极距式电容传感器的灵敏度与间隙的平方成反比，间隙越小时灵敏度越高。但当灵敏度提高时，非线性误差也增大，因此一般规定这种传感器在较小范围内工作以减小非线性误差。

实际应用中为提高传感器的灵敏度，常采用差动式结构，如图 3-32 所示。差动式电容传感器的中间可移动的电容器极板分别与两边固定的电容器极板形成两个电容 C_1 和 C_2，当中间极板向一方面移动时，其中一个电容器 C_1 的电容因间隙增大而减小，而另一

个电容器 C_2 的电容则因间隙的减小而增大，由式（3-34）最后可得电容总变化量

$$\Delta C = C_1 - C_2 = -\frac{2\varepsilon_0 \varepsilon A}{\delta^2}\Delta\delta \tag{3-37}$$

由此可得灵敏度

$$S = \frac{\Delta C}{\Delta\delta} = -\frac{2\varepsilon_0 \varepsilon A}{\delta^2} \tag{3-38}$$

这种差动式电容传感器不仅可提高灵敏度，也相应改善了测量线性度。

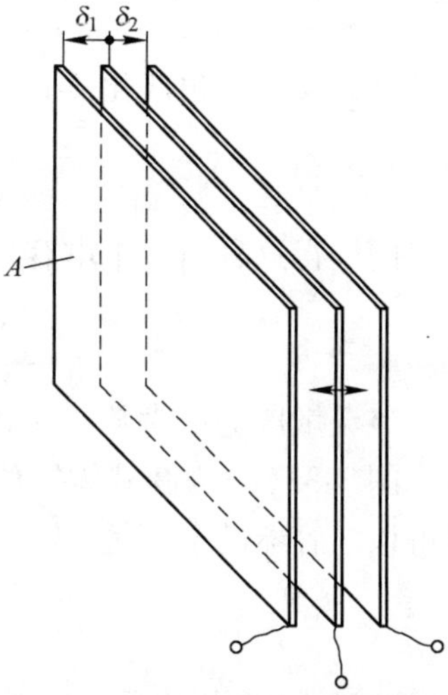

图 3-32　差动式电容传感器

3.7.2　面积变化型

采用改变电容器极板面积是另一种获取电容传感器输出变化的方法。图 3-33 所示为几种改变面积的电容传感器。

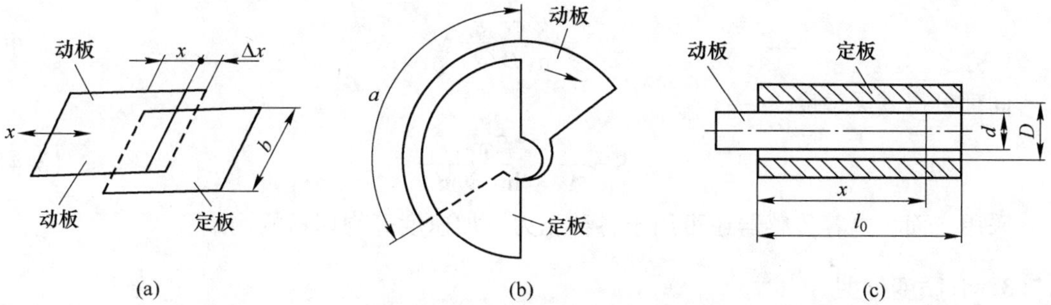

图 3-33　面积变化型电容传感器
（a）平板线位移式；（b）转角式；（c）圆柱体线位移式

图 3-33(a)为通过线性位移改变电容器极板面积的形式。当动电极在 x 方向有位移 Δx 时，根据图所示，极板面积的改变量将是

$$\Delta A = b\Delta x \tag{3-39}$$

因此电容的改变量将是

$$\Delta C = \frac{\varepsilon_0 \varepsilon b}{\delta}\Delta x \tag{3-40}$$

其灵敏度

$$S = \frac{\Delta C}{\Delta x} = -\frac{\varepsilon_0 \varepsilon b}{\delta} \tag{3-41}$$

图 3-33(b)为转角型结构，当改变两极板间的相对转角时，两极板的相对公共面积发生变化。由图可知，该公共覆盖面积

$$A = \frac{\alpha r^2}{2} \tag{3-42}$$

式中　α——公共覆盖面积对应的中心角；

r——半圆形极板半径。

因此当有转角变化 $\Delta\alpha$ 时，电容量改变

$$\Delta C=\frac{\varepsilon_1\varepsilon_2 r^2}{2\delta}\Delta\alpha \tag{3-43}$$

同样得这种情况下电容器的灵敏度

$$S=\frac{\Delta C}{\Delta\alpha}=\frac{\varepsilon_1\varepsilon_2 r^2}{2\delta} \tag{3-44}$$

该灵敏度为一常数，输入与输出间仍为线性关系。

图3-33(c)为圆柱体线位移型结构，其中圆筒固定，圆柱在其中移动。利用高斯积分可得该电容器的电容量

$$C=\frac{2\pi\varepsilon_0\varepsilon x}{\ln(D/d)} \tag{3-45}$$

式中 D——圆周内径；

d——圆柱外径。

当两者覆盖长度 x 的变化为 Δx 时，电容变化量

$$\Delta C=\frac{2\pi\varepsilon_0\varepsilon}{\ln(D/d)}\Delta x \tag{3-46}$$

同理可得其灵敏度

$$S=\frac{\Delta C}{\Delta x}=\frac{2\pi\varepsilon_0\varepsilon}{\ln(D/d)} \tag{3-47}$$

采用变面积电容传感器还可用于各种压力、加速度等物理量的测量。

3.7.3 介质变化型

图3-34所示为介质变化型电容传感器的两种形式。如图3-34(a)所示，该电容器具有两不同的电介质，其介电常数分别为 ε_{r1} 和 ε_{r2}，介质厚度分别为 a_1 和 a_2，且 $a_1+a_2=a_0$，即两者之和等于两极板间距 a_0。整个装置可视为由两电容器串联而成，其总电容量 C 由两电容器的电容 C_1 和 C_2 所确定，由此得：

$$\frac{1}{C}=\frac{1}{C_1}+\frac{1}{C_2}=\frac{1}{\varepsilon_0 A}\left(\frac{a_1}{\varepsilon_{r1}}+\frac{a_2}{\varepsilon_{r2}}\right) \tag{3-48}$$

因此

$$C=\frac{\varepsilon_0 A}{\dfrac{a_1}{\varepsilon_{r1}}+\dfrac{a_2}{\varepsilon_{r2}}} \tag{3-49}$$

式中 A——电容器极板面积。

为分析简单起见，设介质1为空气，即 $\varepsilon_{r1}=1$，则式（3-49）变为：

$$C=\frac{\varepsilon_0 A}{a_1+\dfrac{a_2}{\varepsilon_{r2}}}=\frac{\varepsilon_0 A}{a_0-a_2+\dfrac{a_2}{\varepsilon_{r2}}} \tag{3-50}$$

由式（3-50）可知，总电容量 C 取决于介电常数 ε_{r2} 及介质厚度 a_2。因此当这两个参数中一个为已知时，可通过上述公式来确定另一个。

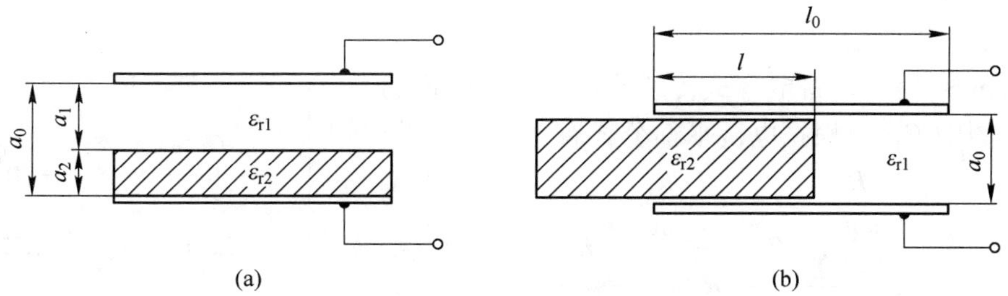

图 3-34 介质变化型传感器
（a）极板上覆盖有介质；（b）介质可移动

这种方法常用来对不同材料如纸、塑料膜、合成纤维等进行厚度测定，测量时让材料通过电容器两极板之间，常常是已知材料的介电常数，从而可从被测的电容值来确定材料厚度。

采用图 3-34(b)的形式也可改变介质，其中介质 2 插入电容器中一定深度，这种结构相当于将两电容器作并联。此时的总电容由两部分组成：电容 C_1（介电常数 ε_{r1}，极板面积 $b_0(l_0-l)$）和电容 C_2（介电常数 ε_{r2}，极板面积 b_0l）。由此得：

$$C = C_1 + C_2 = \frac{\varepsilon_0\varepsilon_{r1}b_0(l_0-l)}{a_0} + \frac{\varepsilon_0\varepsilon_{r2}b_0l}{a_0} = \frac{\varepsilon_0 b_0}{a_0}[\varepsilon_{r1}(l_0-l)+\varepsilon_{r2}l] \tag{3-51}$$

为分析方便起见，同样设介质 1 为空气，因此 $\varepsilon_{r1}=1$，又设介质全部为空气的电容器的电容为 C_0，则 $C_0=\frac{\varepsilon_0 b_0 l_0}{a_0}$。由于介质 2 的插入所引起的电容 C 的相对变化 $\Delta C/C_0$ 正比于插入深度 l：

$$\frac{\Delta C}{C_0} = \frac{C-C_0}{C_0} = \frac{l_0-l}{l_0} + \frac{\varepsilon_{r2}l}{l_0} - 1 = \frac{\varepsilon_{r2}-1}{l_0}l \tag{3-52}$$

这一原理常用于对非导电液体和松散物料的液位或填充高度的测量。

由于电容式传感器测出的电容及电容变化量均很小，因此必须连接适当的放大电路将它们转换成电压、电流或频率等输出量。以下是常用的几种电路。

A 运算放大器电路

如图 3-35 所示，用该电路可获得输出电压随输入电容值线性变化的关系。由于运算放大器增益很大，输入阻抗很高，因此

$$e_o = -e_i\frac{C_o}{C_x} \tag{3-53}$$

对变间隙型电容传感器来说，将公式(3-32)代入上式可得

$$e_o = -e_i\frac{C_o\delta}{\varepsilon_0\varepsilon A} \tag{3-54}$$

式中 e_o——运放输出电压；

e_i——信号源电压；

C_o——固定电容；

C_x——传感器等效电容。

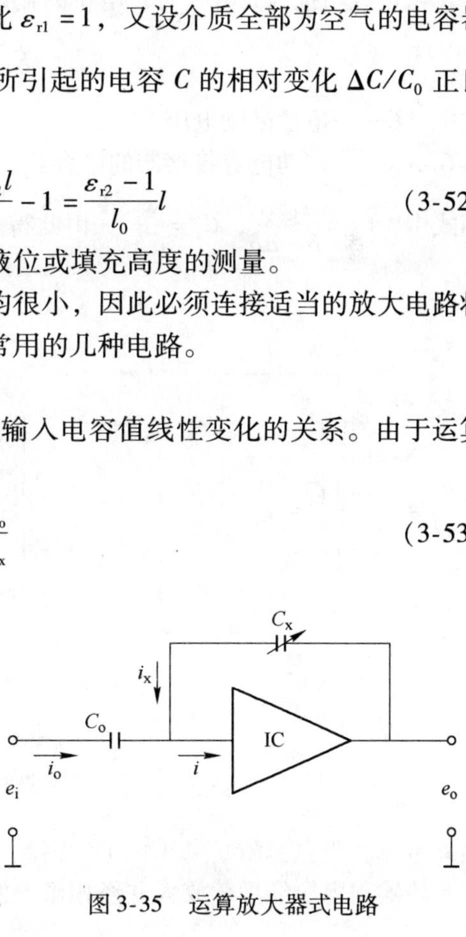

图 3-35 运算放大器式电路

由上式可知，输出电压 e_o 与电容传感器间隙 δ 成正比。

B 电桥测量电路

如图 3-36 所示，将电容式传感器接入图示电桥的一桥臂中（图中 C_2），根据电桥平衡公式有

$$\frac{\frac{R_2}{j\omega C_2}}{R_2+\frac{1}{j\omega C_2}}R_3=\frac{\frac{R_1}{j\omega C_1}}{R_1+\frac{1}{j\omega C_1}}R_4 \tag{3-55}$$

或 $$R_2R_3+j\omega R_1R_2R_3C_1=R_1R_4+j\omega R_1R_2R_4C_2 \tag{3-56}$$

其中实部有

$$R_2=\frac{R_4}{R_3}R_1 \tag{3-57}$$

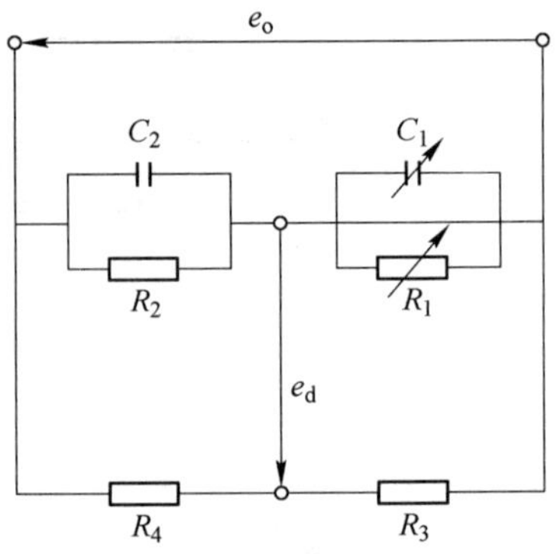

图 3-36 文氏电容测量电桥

上式可通过调节可调电阻 R_1 来满足，对虚部则有

$$C_2=\frac{C_4}{C_3}C_1 \tag{3-58}$$

同样可通过调节可调电容器 C_1 来实现。当电容传感器 C_2 有变化时，电桥相应地有输出。

另一种变压器式电桥电路如图 3-37 所示，其中差动式电容传感器组成电桥的相邻两臂，当负载阻抗为无穷大时，电桥的输出电压

$$E_o=\frac{E}{2}\frac{C_1-C_2}{C_1+C_2} \tag{3-59}$$

式中 E——电桥激励电压；

C_1,C_2——差动电容传感器的电容。

因式中，$C_1=\frac{\varepsilon_0\varepsilon A}{\delta-\Delta\delta}$，$C_2=\frac{\varepsilon_0\varepsilon A}{\delta+\Delta\delta}$由此得

$$E_o=\frac{E}{2}\frac{\Delta\delta}{\delta} \tag{3-60}$$

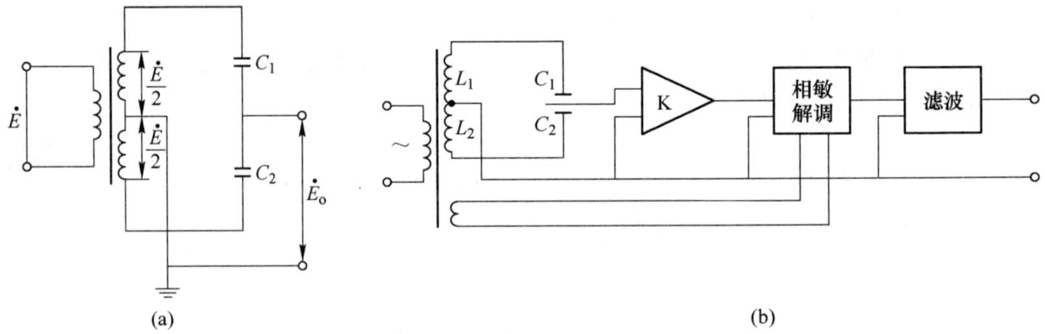

图 3-37 变压器电桥电路

（a）变压器电桥原理图；（b）测量电路

由此可见，当电源激励电压恒定的情况下，电桥输出电压与电容传感器输入位移成正比。

该输出电压经后续放大并经相敏检波和滤波之后送指示表显示。

C　调频电路

如图 3-38 所示，电容传感器作为振荡器谐振回路的一部分，调频振荡器的谐振频率

$$f = \frac{1}{2\pi LC} \tag{3-61}$$

式中　L——振荡回路电感。

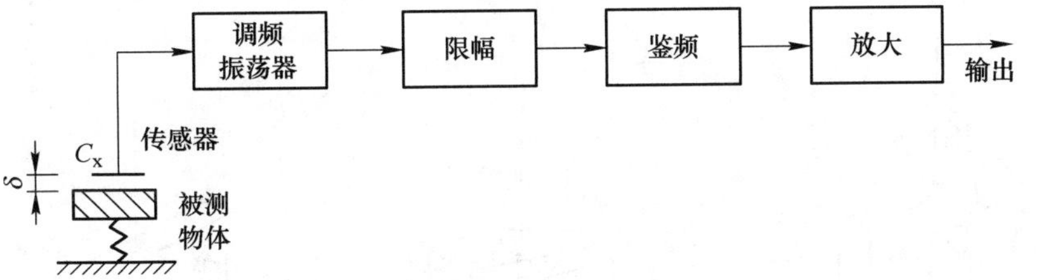

图 3-38　调频电路工作原理

当被测量使电容值发生变化时，振荡器频率也发生变化。其输出经限幅、鉴频和放大后变成电压输出。

该电路的优点是灵敏度高，可测 0.01μm 的微小位移变化。其缺点是易受电缆形成的杂散电容的影响，也易受温度变化的影响，给使用带来一定困难。

3.8　压电式传感器

压电式传感器是一种有源传感器，亦即发电型传感器。它利用某些材料的压电效应，这些材料在受到外力作用时，某些表面上会产生电荷。因此压电传感器常用来测量压力、应力、加速度等，在工程和军事测试领域有着广泛的应用。

3.8.1　压电效应

某些材料在承受机械应变作用时，内部会产生极化作用，从而在材料的相应表面产生电荷；反之，当它们承受电场作用时会改变几何尺寸，这种效应称为压电效应（piezoelectric effect）。压电效应是由法国人皮埃尔·居里和雅克·居里于 1880 年发现的。常见的压电材料分为三类：单晶压电晶体，如石英、罗歇尔盐（四水酒石酸钾钠）、硫酸锂、磷酸二氢铵等；多晶压电陶瓷，如极化的铁电陶瓷（钛酸钡）、锆钛酸铅等；某些高分子压电薄膜等。材料的压电效应用极化强度矢量表示为

$$\boldsymbol{P} = \boldsymbol{P}_{xx} + \boldsymbol{P}_{yy} + \boldsymbol{P}_{zz} \tag{3-62}$$

式中，x、y、z 是与晶轴关联的直角坐标系（图 3-39）。

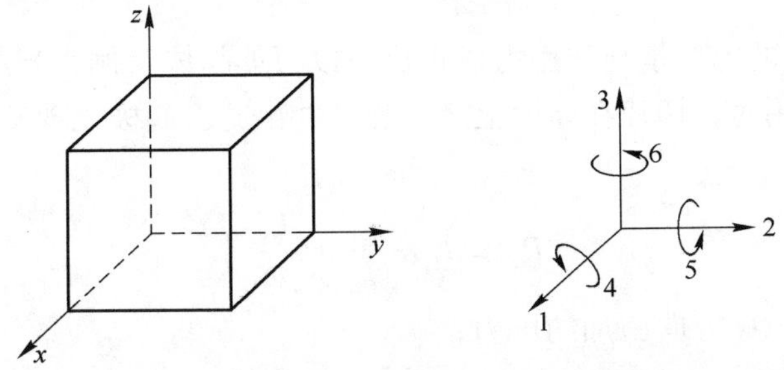

图 3-39　压电系数的轴向表示法

石英晶体是常用的压电材料之一。如图 3-40 所示，石英晶体的外形呈六面体结构，用三根互相垂直的轴表示其晶轴，其中纵轴 z-z 称为光轴，经过正六面体棱线而垂直于光轴的 x-x 轴称为电轴，而垂直于 x-x 轴和 z-z 轴的 y-y 轴称为机轴。通常将沿电轴 x-x 方向作用的力所产生的压电效应称为纵向压电效应，将沿机轴 y-y 方向作用的力所产生的压电效应称为横向压电效应。沿光轴 z-z 方向的作用力不产生压电效应。

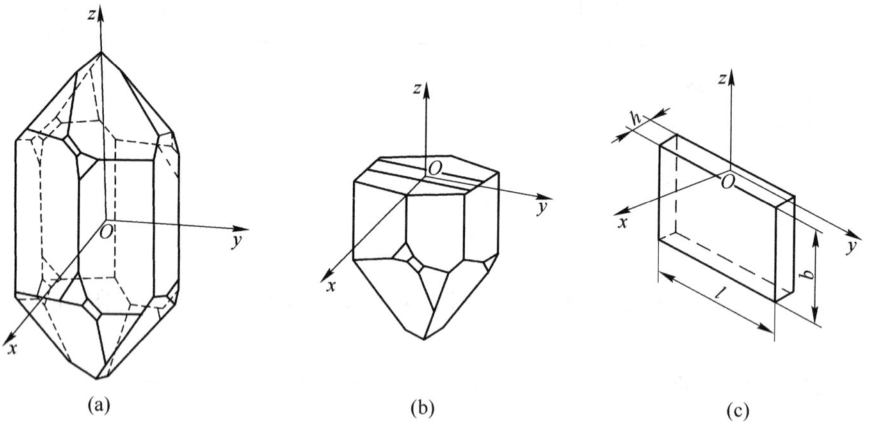

图 3-40 石英晶体

（a）左旋石英晶体的外形；（b）坐标系；（c）切片

通常从晶体上沿轴线切下一个平行六面体切片，使其晶面分别平行于晶体的三根晶轴。切片在受到沿不同方向的作用力时会产生不同的极化作用，如图 3-41 所示，主要的压电效应有横向效应、纵向效应和剪切效应三种。

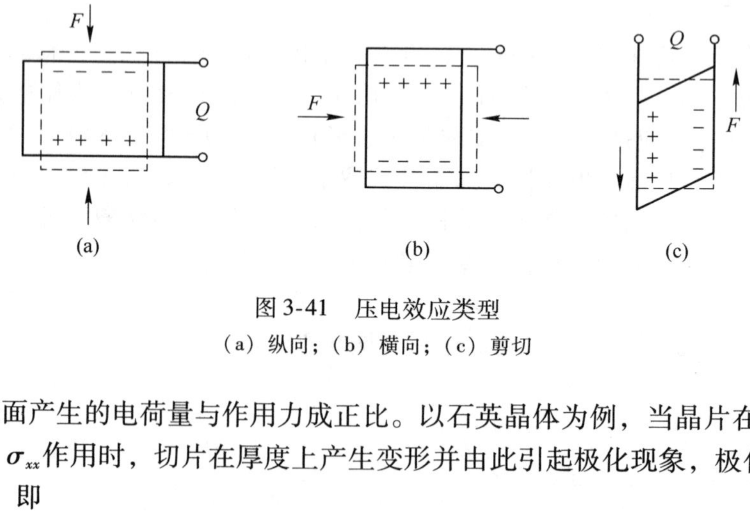

图 3-41 压电效应类型

（a）纵向；（b）横向；（c）剪切

压电体表面产生的电荷量与作用力成正比。以石英晶体为例，当晶片在电轴 x-x 方向上受到压应力 σ_{xx} 作用时，切片在厚度上产生变形并由此引起极化现象，极化强度 P_{xx} 与应力 σ_{xx} 成正比，即

$$P_{xx} = d_{11}\sigma_{xx} = d_{11}\frac{F_x}{lb} \tag{3-63}$$

式中 F_x——沿晶轴 Ox 方向施加的压力；

d_{11}——压电系数，石英晶体的 $d_{11} = 2.3 \times 10^{-12}$ C/N；

l——切片的长；

b——切片的宽。

极化强度 P_{xx} 又等于切片表面产生的电荷密度，即

$$P_{xx}=\frac{q_{xx}}{lb} \tag{3-64}$$

由式（3-63）和式（3-64）可得

$$q_{xx}=d_{11}F_x \tag{3-65}$$

可见，当石英晶体切片受 x 向压力作用时，所产生的电荷量 q_{xx} 与作用力 F_x 成正比，但与切片的几何尺寸无关。

在机轴 y-y 施加作用力 F_y 时，情况则不同。如图 3-41(b)所示，由于产生电荷的面与承受压力的面不同，作用于该晶体的力产生的电荷要乘以一个面积比值，或乘以一个长度比系数 l_y/l_x，其中 l_y 和 l_x 分别表示切片长度和厚度的值。因此所产生的电荷仍在与电轴 x-x 垂直的平面上出现，其大小为

$$q_{xy}=d_{12}\frac{l_y b}{b l_x}F_y=d_{12}\frac{l_y}{l_x}F_y \tag{3-66}$$

式中　d_{12}——石英晶体在 y-y 轴方向受力时的压电系数；

l_y,l_x——石英切片的长和厚。

根据石英晶体轴的对称条件有 $d_{12}=-d_{11}$，则式（3-66）变为

$$q_{xy}=-d_{11}\frac{l_y}{l_x}F_y \tag{3-67}$$

由此可见，当沿着机轴 y-y 方向施加压力时，产生的电荷量与晶片几何尺寸有关，而该电荷的极性与沿电轴 x-x 方向加压力时产生的电荷极性相反（式中负号）。

压电体受到多方面的作用力时，内部将产生一个复杂的应力场，从而纵向和横向效应可能都会出现。引发压电效应的对应面上所产生的电荷量不仅与作用于其面上的垂直力有关，且与其他方向的受力有关。为此可将式（3-65）和式（3-66）统一用矩阵形式表示为

$$\boldsymbol{Q}=\boldsymbol{LDF} \tag{3-68}$$

式中　$\boldsymbol{Q},\boldsymbol{D},\boldsymbol{F}$——矩阵；

$\boldsymbol{L}$——列向量，其大小取决于压电体的受力方式及晶片的尺寸。

石英晶体产生压电效应的机理可解释如下。

石英晶体是一种二氧化硅（SiO_2）结晶体。如图 3-42 所示，在每个晶体单元中，它具有三个硅原子和六个氧原子，而氧原子是成对靠在一起的。每个硅原子带四个单位正电荷，每个氧原子带两个单位负电荷。在晶体单元中，硅、氧原子排列成六边形的形式，所产生的极化效应正好互相抵消，因此整个晶体单元呈中性。如图 3-42(a)所示，沿 x 轴方向施加力 F_x 时，单元中硅、氧原子这种排列的平衡性被破坏，晶体单元被极化，在垂直于 F_x 的两个表面上分别产生正、负电荷，这便是所谓的纵向效应。当沿 y 轴方向施加力 F_y 时，如图 3-42(b)所示，同样也引起晶体单元变形而产生极化现象，在与图 3-42(a)情况相同的两个面上（亦即垂直于 x 轴的两个晶面上）产生电荷，只是电荷的极性与图 3-42(a) 的情况相反，此即上文提到的横向效应。从图 3-42 中易于看出，当施加反向力

（拉力）时，产生的电荷极性相反。另外，由于原子排列沿 z（光轴）的对称性，因此在 z 轴施加作用力不会使晶体单元极化。

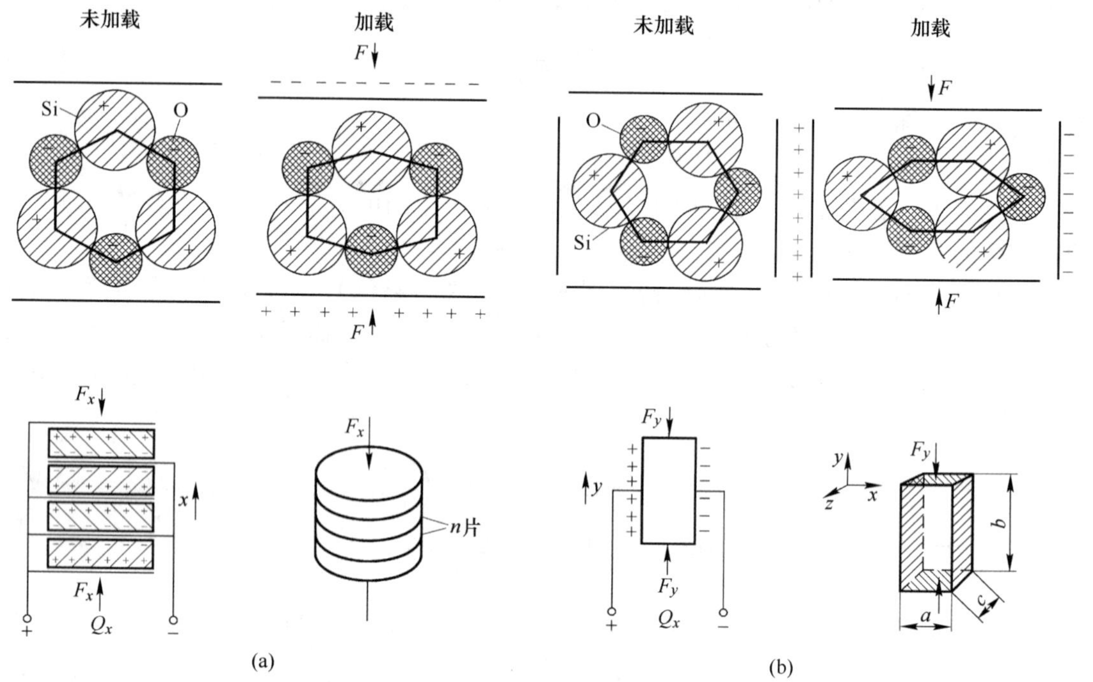

图 3-42　石英晶体压电效应
（a）纵向效应；（b）横向效应

在产生电荷的两个面上镀上金属（通常为银或金）形成电极，便可将产生的电荷引出用于测量等用途。图 3-42(a)和(b)分别示出纵向和横向效应下典型的引线连接方式和形成的传感器形式。

铁电陶瓷是另一类人工合成的多晶体压电材料，它们的极化过程与单晶体的石英材料不同。这种材料具有电畴结构形式，其分子形式呈双极型，具有一定的极化方向。图 3-43(a) 是钛酸钡陶瓷未受外加电场极化时的电畴结构情况。钛酸钡晶体单元在 120℃ 以下时形状呈立方体。在无外电场作用时，各电畴的极化效应相互抵消，因此材料并不显示压电效应。在制造过程中将钛酸钡材料置于强电场中，使电畴极化方向趋向于按该外加电场的方向排列，材料由此得到极化。在制造过程完毕撤去外电场之后，陶瓷材料内部仍存

图 3-43　钛酸钡压电陶瓷电畴结构
（a）未极化；（b）已极化

在有很强的剩余极化强度。该剩余极化强度束缚住了晶体表面产生的自由电荷，使其不能被释放。材料在外力作用下，剩余极化强度因电畴界限的进一步移动而变化，使晶体表面部分自由电荷被释放，由此形成压电效应。

3.8.2　压电传感器工作原理及测量电路

为测量压电晶片的两工作面上产生的电荷，要在该两个面上做上电极，通常用金属蒸镀法蒸上一层金属薄膜，材料常为银或金，从而构成两个相应的电极，如图 3-44 所示。当晶片受外力作用而在两极上产生等量而极性相反的电荷时，便形成了相应的电场。因此压电传感器可视为一个电荷发生器，也是一个电容器，其形成的电容量

$$C = \frac{\varepsilon_0 \varepsilon A}{\delta} \tag{3-69}$$

式中　ε_0——真空介电常数，$\varepsilon_0 = 8.85 \times 10^{-12}$ F/m；

ε——压电材料的相对介电常数，对于石英，$\varepsilon = 4.5$；

δ——极板间距，m。

如果施加于晶片的外力不变，而积聚在极板上的电荷又无泄漏，则当外力持续作用时，电荷量保持不变，但当外力撤去时，电荷随之消失。

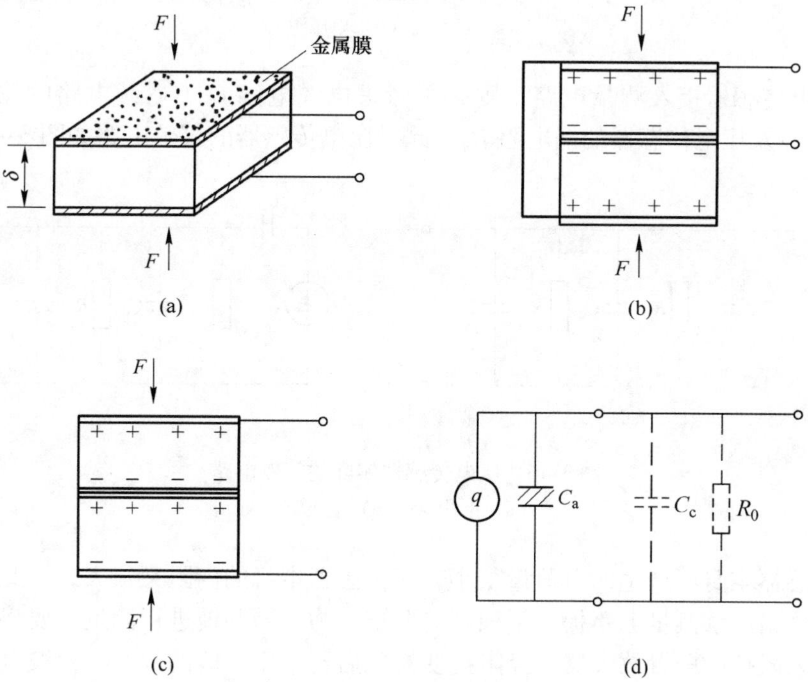

图 3-44　压电晶片及等效电路

（a）压电晶片；（b）并联；（c）串联；（d）等效电荷源

对于一个压电式力传感器来说，测量的力与传感器产生的电荷量成正比，即式 (3-65)，因此通过测量电荷值便可求得所施加的力。测量中如能得到精确测量结果，必须采用不消耗极板上电荷的措施，亦即所采用的测量手段不从信号源吸取能量，这在实际

上是难以实现的。由于在测量动态交变力时，电荷量可不断地得以补充，因此可以供给测量电路一定的电流；但在作静态或准静态量的测量时，必须采取措施，使所产生的电荷因测量电路所引起的漏失减小到最低程度。从这点意义上看，压电传感器较适宜于作动态量的测量。

一个压电传感器可被等效为一个电荷源，如图 3-45(a)所示。等效电路中电容器上的开路电压 e_a、电荷量 q 以及电容 C_a 三者间的关系有

$$e_a = \frac{q}{C_a} \tag{3-70}$$

将压电传感器等效为一个电压源的电路图，如图 3-45(b)所示。

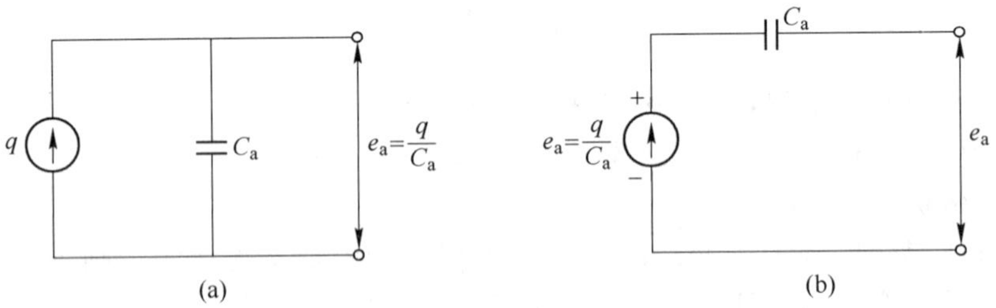

图 3-45 压电传感器的等效电路
(a) 电荷源；(b) 电压源

若将压电传感器接入测量电路，则必须考虑电缆电容 C_c、后续电路的输入阻抗 R_i、输入电容 C_i 以及压电传感器的漏电阻 R_a，此时压电传感器的等效电路如图 3-46 所示。

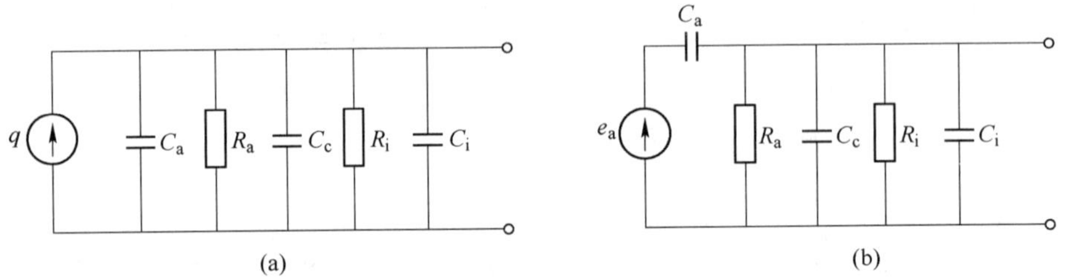

图 3-46 压电传感器实际的等效电路
(a) 电荷源；(b) 电压源

压电传感器本身所产生的电荷量很小，而传感器本身的内阻又很大，因此其输出信号十分微弱，这给后续测量电路提出了很高的要求。为了顺利地进行测量，要将压电传感器先接到高输入阻抗的前置放大器，经阻抗变换之后再采用一般的放大、检波电路处理，方可将输出信号提供给指示及记录仪表。

压电传感器的前置放大器通常有两种，即采用电阻反馈的电压放大器，其输出正比于输入电压（即压电传感器的输出），以及采用电容反馈的电荷放大器，其输出电压与输入电荷成正比。

电压放大器的等效电路图如图 3-47 所示。考虑负载影响时，根据电荷平衡建立方程式有

$$q = Ce_{i} + \int i\mathrm{d}t \tag{3-71}$$

式中　q——压电元件所产生的电荷量；

C——等效电路总电容，$C = C_{a} + C_{c} + C_{i}$，其中，$C_{i}$ 为放大器输入电容，C_{a} 为压电传感器等效电容，C_{c} 为电缆形成的杂散电容；

e_{i}——电容上建立的电压；

i——泄漏电流。

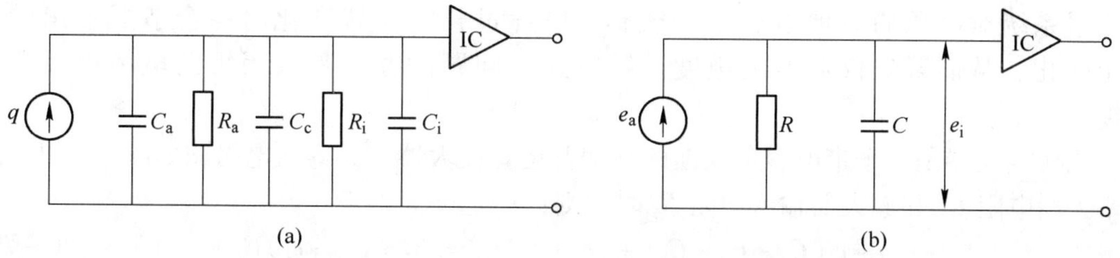

图 3-47　压电传感器接至电压放大器的等效图

而 $e_{i} = R_{i}$，该式中 R 为放大器输入阻抗 R_{i} 和传感器的泄漏电阻 R_{a} 的等效电阻，$R = R_{i}/R_{a}$。

当测量的外力为一动态交变力 $F = F_{0}\sin\omega_{0}t$ 时，根据式（3-68）有

$$q = \boldsymbol{LDF} = LDF_{0}\sin\omega_{0}t = Lq_{0}\sin\omega_{0}t \tag{3-72}$$

式中　ω_{0}——外力的圆频率。

为分析简单起见，将 L 归一化得：

$$q = q_{0}\sin\omega_{0}t \tag{3-73}$$

由此可得：

$$CRi + \int i\mathrm{d}t = q_{0}\sin\omega_{0}t \tag{3-74}$$

或

$$CR\frac{\mathrm{d}i}{\mathrm{d}t} + i = q_{0}\omega_{0}\cos\omega_{0}t \tag{3-75}$$

上式的稳态解为

$$i = \frac{q_{0}\omega_{0}}{\sqrt{1 + (\omega_{0}CR)^{2}}}\sin(\omega_{0}t + \phi) \tag{3-76}$$

式中，$\phi = \arctan\dfrac{1}{\omega_{0}RC}$。

电容上的电压值

$$e_{i} = Ri = \frac{q_{0}}{C}\frac{1}{\sqrt{1 + \left(\dfrac{1}{\omega_{0}RC}\right)^{2}}}\sin(\omega_{0}t + \phi) \tag{3-77}$$

设放大器为一线性放大器，则放大器输出

$$e_{o} = -K\frac{q_{0}}{C}\frac{1}{\sqrt{1 + \left(\dfrac{1}{\omega_{0}RC}\right)^{2}}}\sin(\omega_{0}t + \phi) \tag{3-78}$$

式中　K——放大器的增益。

由此可见，压电传感器的低频响应取决于由传感器、连接电缆和负载组成的电路的时间常数 RC。同样在作动态测量时，为建立一定的输出电压且为了不失真地测量，压电传感器的测量电路应具有高输入阻抗，并在输入端并联一定的电容 C_i 以加大时间常数 RC。但并联电容过大会使输出电压降低过多。

从式（3-78）可看到，使用电压放大器时，输出电压 e_o 与电容 C 密切关联。由于电容 C 中包括电缆形成的杂散电容 C_c 和放大器输入电容 C_i，而 C_c 和 C_i 均较小，因而整个测量系统对电缆的对地电容十分敏感。电缆过长或位置变化时均会造成输出的不稳定变化，从而影响仪器的灵敏度。解决这一问题的办法是采用短的电缆以及驱动电缆。

电荷放大器是一个带电容负反馈的高增益运算放大器，其等效电路图如图 3-48 所示。当略去漏电阻 R_a 和放大器输入电阻 R_i 时，则：

$$q \approx e_i(C_a + C_c + C_i) + (e_i - e_o)C_f = e_iC + (e_i - e_o)C_f \tag{3-79}$$

式中　e_i——放大器输入端电压；

e_o——放大器输出端电压；

C_f——放大器反馈电容。

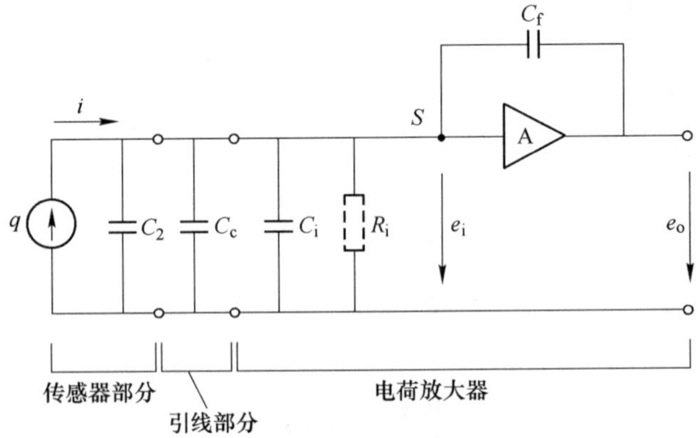

图 3-48　电荷放大器原理图

根据 $e_o = -Ke_i$，K 为电荷放大器开环放大增益，则有

$$e_o = -\frac{Kq}{(C + C_f) + KC_f} \tag{3-80}$$

当 K 足够大时，有 $KC_f \gg C + C_f$，则式（3-80）简化为

$$e_o \approx -\frac{q}{C_f} \tag{3-81}$$

由式（3-81）可知，在一定条件下，电荷放大器的输出电压与压电传感器产生的电荷量成正比，与电缆引线所形成的分布电容无关。从而电荷放大器彻底消除了电缆长度的改变对测量精度带来的影响，因此是压电传感器常用的后续放大电路。尽管电荷放大器的优点十分明显，但与电压放大器相比，其电路构造复杂，因而造价高。

为使运算放大器工作稳定，通常在电荷放大器的反馈电容 C_f 上并联一个电阻 R_f，如

图 3-49 所示。由此可使式（3-81）变为：

$$e_o = -\frac{q}{C_f}\frac{\omega R_f C_f}{\sqrt{1+(\omega R_f C_f)^2}}e^{j\phi} \quad (3\text{-}82)$$

式中　$\phi = \arctan\dfrac{1}{\omega R_f C_f}$，$0 \leqslant \phi \leqslant \dfrac{\pi}{2}$。

当 $\omega R_f C_f \gg 1$ 时，式（3-82）近似与式（3-81）相等。当 $\omega R_f C_f$ 不太大时，将对低频起抑制作用，因此它实际上起到高通滤波器的作用，其传递函数为

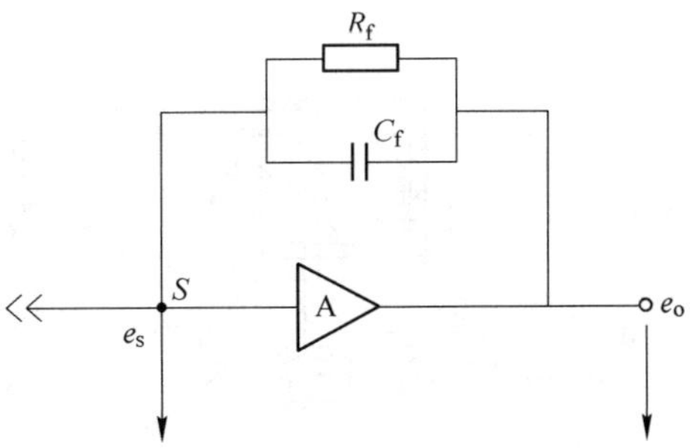

图 3-49　并联 R_f 的情况

$$H(s) = \frac{K\tau s}{\tau s + 1} \quad (3\text{-}83)$$

式中　K——系统灵敏度；

τ——时间常数，$\tau = R_f C_f$。

因此高通的截止频率　$f_c = \dfrac{1}{2\pi R_f C_f}$

从上式可知，对压电传感器的一个恒定的晶片变形量，其稳态响应为零。因此，用压电传感器不能测量静位移。若要得到一个测量误差在 5% 之内的幅值响应，则频率应大于某个频率 ω_1：

$$0.95^2 = \frac{(\omega_1 \tau)^2}{(\omega_1 \tau)^2 + 1} \quad (3\text{-}84)$$

从而 $\omega_1 = \dfrac{3.04}{\tau}$。从中可知一个大的时间常数 τ 能给出在低频段的精确响应值。

3.8.3　压电传感器的应用

压电传感器常用于测量力（力矩）、压力及振动（加速度）等物理量。从应用来分类可分为压电加速度传感器和压电力传感器两类。

3.8.3.1　压电加速度传感器

压电加速度传感器通常被广泛用于测震和测振。由于压电式运动传感器所固有的基本特征，压电加速度计对恒定的加速度输入并不给出响应输出。其主要特点是输出电压大，体积小以及固有频率高，这些特点对测振都是十分必要的。压电加速度传感器材料的迟滞性是它唯一的能量损耗源，除此之外一般不再施加阻尼，因此传感器的阻尼比很小（约 0.01），但由于其固有频率十分高，这种小阻尼是可以接受的。

压电加速度传感器按其晶片受力状态的不同可分为压缩式和剪切式两种类型，图 3-50 示出其主要的几种结构形式。

压缩式结构的压电变换部分由两片压电晶片并联而成。惯性质量借助于顶压弹簧紧压在晶片上，惯性接收部分将被测的加速度 $\ddot{x}$ 接收为质量 m 相对于底座的振动位移 x_o，于是晶片受到动压力 $p = kx_o$，然后由压电效应转换为作用在晶片极面上的电荷 q。

周边压缩式结构的特点是简单且牢固，并具有很好的质量灵敏度比，但由于其壳体成了整个弹簧－质量系统的一部分，如图 3-50(a)所示，因此极易敏感温度、噪声、弯曲等

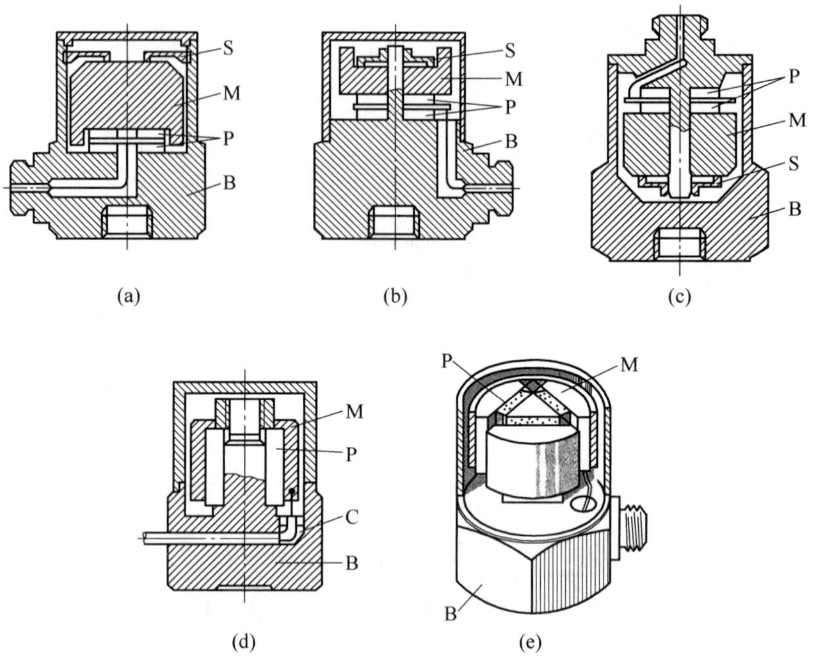

图 3-50 压电加速度传感器设计类型

（a）周边压缩式；（b）中心压缩式；（c）倒置式中心压缩式；（d）环形剪切式；（e）三角剪切式

S—弹簧；M—质量块；P—压电片；C—导线；B—基座

造成的虚假输入。质量块上的弹簧通常被预加载，使压电材料能工作在其电荷－应变关系曲线中的线性部分。该预加载能使压电材料在不受张力作用的情况下也能测量正负加速度，亦即该预加载产生了一个具有一定极性的输出电压。但此电压很快便漏掉了，其后由加速度所引起的电压的极性则跟随运动的方向，这是因为此时电荷的极性取决于应变的变化而不是其总的值。该预加载值应足够大，使之即使在最大的输入加速度情况下也不会使弹簧变松弛。

为降低周边压缩式结构对虚假输入的响应，采用了中心压缩式结构，如图 3-50(b)、(c)所示。其中，图 3-50(c)为倒置式中心压缩结构形式，用它能减少结构对基座弯曲应变的灵敏度。

图 3-50(d)、(e)为剪切式结构，典型的剪切式结构为三角剪切式，它由三片晶体片和三块惯性质量组成，二者借助于预紧弹簧箍在三角形的中心柱上。当传感器接收轴向振动加速度时，每一晶体片侧面受到惯性质量作用的剪切力，其方向及产生的电荷如图 3-51 所示。设所产生的电荷量为 q，则根据前面的压电方程有

$$q = d_{15}p = d_{15}kx_r \tag{3-85}$$

式中，x_r 为质量块的相对振动位移；k 为由晶体片剪

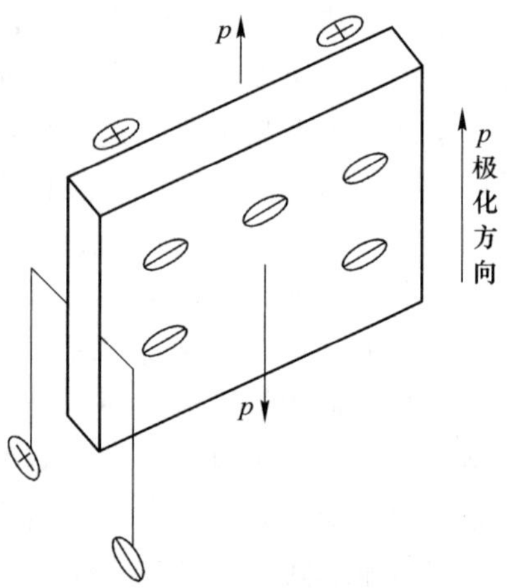

图 3-51 晶体片受剪切力的压电效应

切弹性力提供的当量弹簧刚度系数。

三角剪切式的优点是能在较长时间内保持传感器特性的稳定，比压缩式结构具有更宽的动态范围和更好的线性度。三角剪切式的另一优点是它对底座的弯曲变形不敏感。如图 3-52 所示，当传感器底座发生弯曲变形时，对图 3-52(b)中的三角剪切式结构来说，这种变形不会对晶片产生附加变形，但会对中心压缩式结构产生附加变形，使整个传感器产生附加电荷输出。

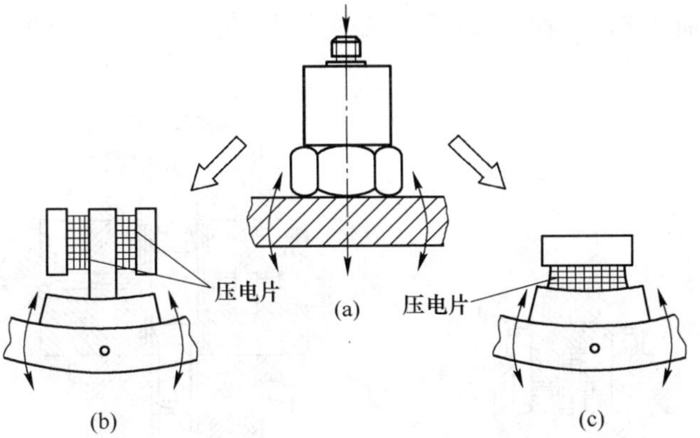

图 3-52　三角剪切式（b）与中心压缩式（c）对底座弯曲变形敏感的对比

3.8.3.2　压电力传感器

压电力传感器具有与压电加速度传感器相同形式的传递函数，由于这种传感器具有使用频率上限高、动态范围大和体积小等优点，故适合于动态力、尤其是冲击力的测量，尽管某些类型的力传感器（如石英传感器外加电荷放大器）具有足够大的时间常数 τ，也可用于对静态力的短时间测量和静态标定。典型的压电力传感器的非线性度为 1%，具有很高的刚度（$2\times10^7 \sim 2\times10^9$N/m）和固有频率（10 ~ 300kHz）。这些传感器通常是用石英晶体片制成的，因为石英具有很高的机械强度，能承受很大的冲击载荷。但在测量小的动态力时，为获得足够灵敏度，也可采用压电陶瓷。

图 3-53(a)示出两种压电力传感器的详细结构。其中小的结构用螺钉加以永久性预紧力，这种传感器可测量的范围为 1000N 拉力到 5000N 压力；图中较大的一种采用预紧螺帽来调节测力范围，一般的测力范围可达 4000N 拉力到 16000N 压力。该传感器的模型可被抽象为弹簧（压电元件）加两个端部质量的三明治式结构。

以下分析这种传感器用于测量激振力的情况，图 3-53(b)示出测量装置的简化模型。其中 k_{m1} 和 k_{m2} 分别表示安装螺钉的刚度。若 Z_s（包括 k_{m2}）表示结构的阻抗，则有 $Z_s = f_s/v_s$，f_s 为实际施加于结构的力 $f_s = Z_s v_s$。但传感器实际测到的力为弹簧 k_t 中的力 F_m，F_m 正比于 M_{t1} 和 M_{t2} 的相对位移，M_{t1} 和 M_{t2} 分别为传感器顶部和底部的质量。在动态条件下，F_m 并不一定等于 F_s：

$$F_m - v_s Z_s = M_{t2} v_s \tag{3-86}$$

从而有

$$\frac{F_m(j\omega)}{F_s(j\omega)}=\frac{M_{t2}\cdot j\omega}{Z_s}+1 \tag{3-87}$$

从式（3-87）可知，若 $M_{t2}=0$，则无论 Z_s 为何值，测量值 F_m 都等于 F_s。因此一般均选择较小的 M_{t2} 值。

对弹簧式结构：$Z_s=K_s/j\omega$，代入式（3-87）有

$$\frac{F_m(j\omega)}{F_s(j\omega)}=1-\frac{M_{t2}}{k_s}\omega^2 \tag{3-88}$$

从中可清楚地看出测量精度与频率 ω 之间的关系。

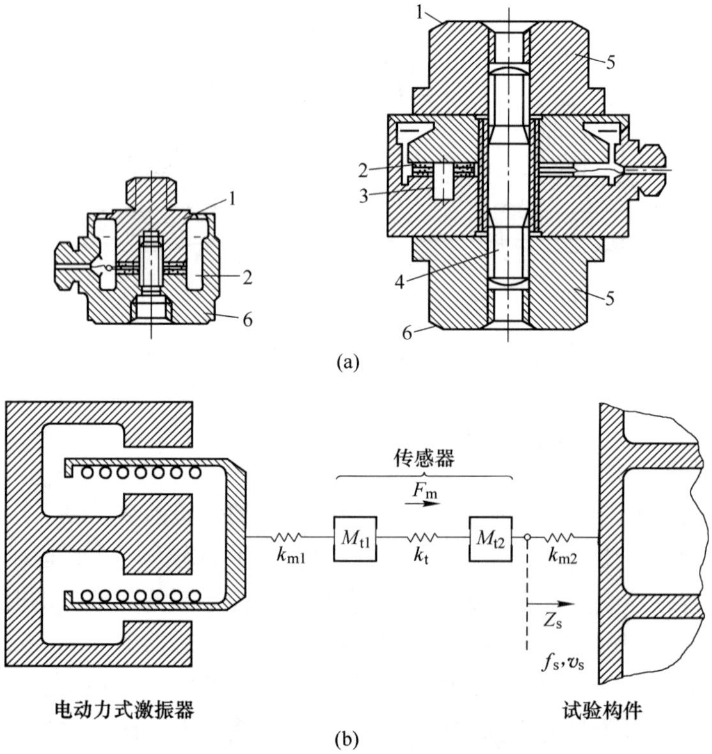

图 3-53　压电力传感器及其动态误差分析

（a）力传感器截面结构图；（b）测量装置的简化模型

1—顶部；2—压电盘片；3—导向销；4—顶载螺钉；5—顶载螺帽；6—基座

对于机械系统动态分析来说，常需研究结构的阻抗，因此常采用一种所谓阻抗头的传感器，该传感器为压电力传感器和压电加速度传感器组合为一体的双重式传感器（图 3-54）。阻抗头前端是力传感器，后面为测量激振点响应的加速度计。其中质量块常用钨合金制成，壳体用钛材料。为使传感器的激振平台具有刚度大、质量小的性能，常用低密度的铍材料来制造。由于阻抗研究基本上涉及力和速度，因而通常采用加速度计，使用方便，且通过积分来获取速度易于采用电子和数字方式。另外，在力敏感的压电晶片和驱动点间常希望有小的质量，但常在加速度计底座和驱动点之间力求获取大的刚性，这样测量到的加速度可精确反映驱动点的加速度。精确地测到加速度后，可采用“质量消去法”

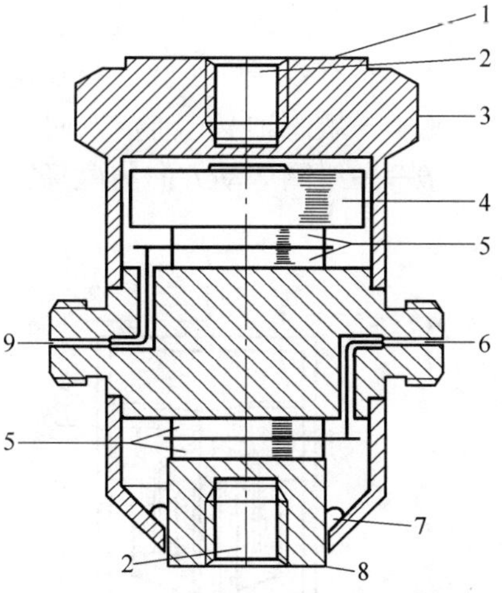

图 3-54　阻抗头结构原理

1—安装面；2—锥孔；3—壳体（钛金属）；4—震动块；5—2 片压电片；6—力输出接插孔；7—硅橡胶；8—激振平台（铍金属）；9—加速度输出接插孔

改善测量精度。通过式（3-86）和式（3-87）采用电子手段从直接测到的 F_m 值中减去 $M_{t2}\dot{v}_s$，从而获得真正的 $F_s = v_s Z_s$ 值。其中，M_{t2} 为已知，$\dot{v}_s$ 为测到的加速度值。

压电力传感器对侧向负载敏感，易引起输出误差，故使用者必须注意减小侧向负载。但厂家的技术指标中一般并不给出这种横向灵敏度值。通常推荐的横向灵敏度值应小于纵向（轴面）灵敏度值的 7%。

如前所述，压电效应是可逆的：施加电压使压电片产生伸缩，导致压电片几何尺寸的改变。利用这种逆压电效应可做成压电制动器。例如施加一高频交变电压，可将压电体做成一振动源，利用这一原理可制造高频振动台、超声发生器、扬声器、高频开关等；也可用于精密微位移装置，通过施加一定电压使之产生可控的微伸缩。若将两压电片粘在一起，施加电压使其中一个伸长、另一个缩短，则可形成薄片翘曲或弯曲，用于制成录像带头定位器、点阵式打印机头、继电器以及压电风扇等。这方面的应用例子还可举出许多。

3.9　磁电式传感器

磁电式传感器是一种将被测物理量转换为感应电动势的装置，亦称电磁感应式或电动力式传感器。由电磁感应定律可知，当穿过一个线圈的磁通 Φ 发生变化时，线圈中感应产生的电动势

$$e = -W\frac{\mathrm{d}\Phi}{\mathrm{d}t} \tag{3-89}$$

式中　W——线圈匝数。

由式（3-89）可知，线圈感应电动势 e 的大小取决于线圈的匝数和穿过线圈的磁通变化率。而磁通变化率又与所施加的磁场强度、磁路磁阻以及线圈相对于磁场的运动速度有关，改变上述任意一个因素，均会导致线圈中产生的感应电动势的变化，从而可得到相应的不同结构形式的磁电式传感器。磁电式传感器一般可分为动圈式、动磁铁式和磁阻式三类。

3.9.1　动圈式和动铁式传感器

这种传感器结构如图 3-55（a）所示。由图 3-55（a）所示的线位移式装置的工作原理可知，当弹簧片敏感一速度时，线圈就在磁场中作直线运动，切割磁力线，它所产生的感应电动势

$$e = WBl\dot{y}\sin\theta = WBlv_y\sin\theta \tag{3-90}$$

式中　B——磁场的磁感应强度，T；

l——单匝线圈的有效长度，m；

W——有效线圈匝数，指在均匀磁场内参与切割磁力线的线圈匝数；

v_y——敏感轴（y 轴）方向线圈相对于磁场的速度，m/s；

θ——线圈运动方向与磁场方向的夹角。

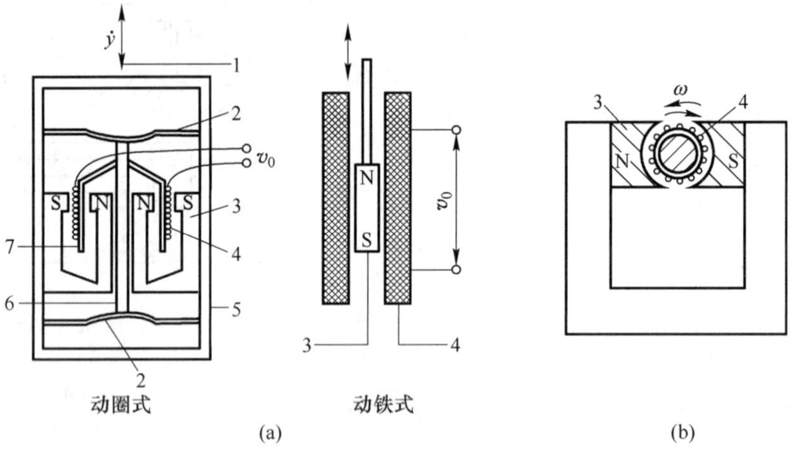

图 3-55　动圈式和动铁式传感器

（a）线位移式；（b）角位移式

1—敏感轴；2—弹性膜片；3—磁铁；4—线圈；5—壳体；6—支撑杆；7—线圈架

当线圈运动方向与磁场方向垂直亦即 $\theta=90°$时，式（3-90）可写为

$$e=WBlv_y \tag{3-91}$$

式（3-91）表明，当传感器的结构参数（B，l，W）选定，则感应电动势 e 的大小正比于线圈的运动速度 v_y。由于直接测量到的是线圈的运动速度，故这种传感器亦称速度传感器。将被测到的速度经微分和积分运算可得到运动物体的加速度和位移，因此速度传感器又可用来测量运动物体的位移和加速度。

图 3-55(b)为角速度型动圈式传感器的结构。线圈在磁场中转动时，所产生的感应电动势

$$e=kWBA\omega \tag{3-92}$$

式中　ω——线圈转动的角频率；

A——单匝线圈的截面积，m^2；

k——依赖于结构的参数，$k<1$。

由式（3-92）可知，当 W、B、A 选定时，感应电动势 e 与线圈相对于磁场的转动角速度成正比。用这种传感器可测量物体转速。

将传感器线圈中产生的感应电动势 e 经电缆与电压放大器相连接时，其等效电路如图 3-56 所示。图中 e 为感应电动势，Z_o 为线圈等效阻抗，R_l 为负载电阻（包括放大器输入电阻），C_c 为电缆的分布电容，R_c 为电缆电阻，$R_c=0.03\Omega/m$，$C_c=70pF/m$，发电线圈阻抗 $Z_o=r+j\omega L$，r 约为 300 ~ 2000Ω，L 为数百毫亨，因此相对来说 R_c 可以忽略，此时等效电路中的输出电压

$$e_1 = e\frac{1}{1 + \frac{Z_o}{R_1} + j\omega C_c Z_o} \tag{3-93}$$

若电缆不长，则 C_c 可以忽略，又若使 $R_1 \gg Z_o$，则上式可简化为 $e_1 \approx e$ 的形式。

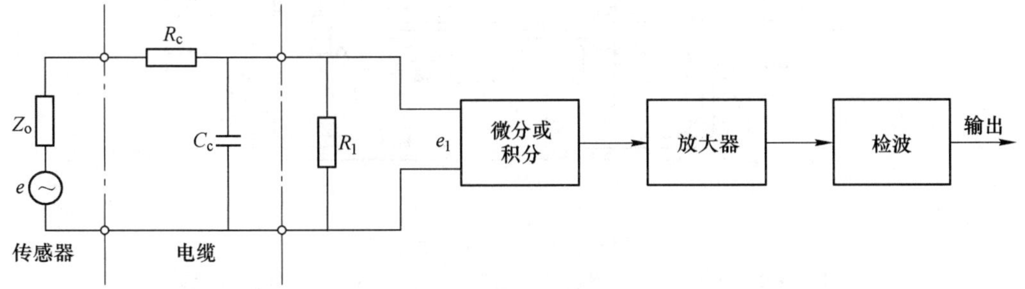

图 3-56　动圈磁电式传感器等效电路

感应电动势经放大、检波后即可推动指示仪表，若经微分或积分电路，又可得到运动物体的加速度或位移。

磁电式速度传感器分为绝对式速度传感器和相对式速度传感器两种。图 3-57 为一种绝对式速度传感器的结构示意图。它具有一个由弹簧片与可动部件组成的单自由度线性振动系统，执行惯性式机械接收；一个由磁隙与线圈组成的机电转换部分，执行电动式变换。其中的阻尼环 3 与动线圈 7 分置于两个磁隙之中，这种结构的特点是可以有效减弱电涡流与测量信号的耦合，从而提高机电转换的灵敏度。

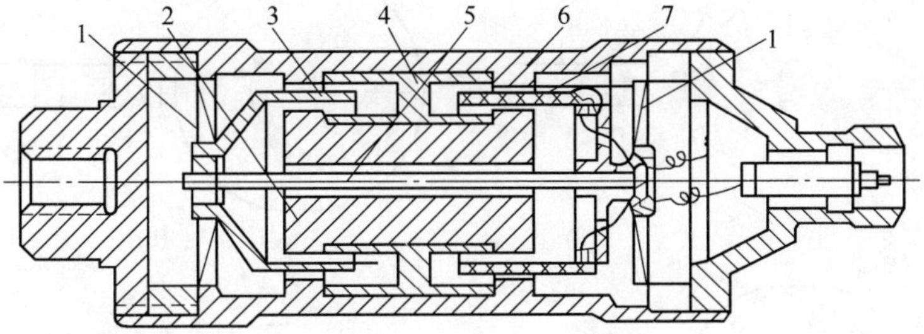

图 3-57　绝对式振动速度传感器

1—弹簧片；2—永磁铁；3—阻尼环；4—支架；5—中心轴；6—外壳；7—动线圈

图 3-58 所示为一种相对式速度传感器的结构图。传感器的可动部分由顶杆 1 和线圈 4 组成。磁铁 3 和导磁体 6 组成带有环形磁隙的磁路部分。测量时传感器的输出电压正比于测点对基座的相对运动速度。因此，相对式速度传感器适合于测量两构件间的相对运动，如铣床上工件与铣刀间的相对振动。需要注意的是，测杆亦即顶杆须始终保持与振动试件相接触，因此要求顶杆组件中弹簧片所产生的预应力能克服组件的惯性力，亦即弹簧片的刚度相对要大些。由于顶杆组件的质量 m 是恒定的，而弹簧力只能在较小范围内变化，因此由质量 m 和弹簧力所确定的加速度 $\omega^2 x$（ω 为振动角频率，x 为振幅）便限制了传感器的动态上限。当被测频率增加时，传感器所能测量的最大振幅也会迅速变小。

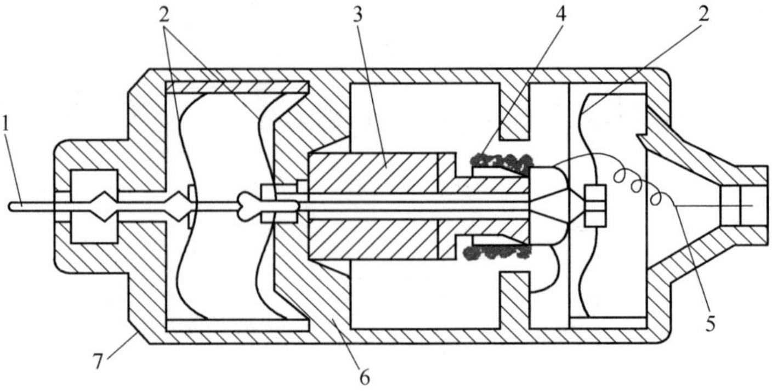

图 3-58 相对式振动速度传感器

1—顶杆；2—弹簧片；3—磁铁；4—线圈；5—引线；6—导磁体；7—壳体

3.9.2 磁阻式传感器

动圈式传感器的工作原理也可视为线圈在磁场中运动时切割磁力线而产生电动势。本节介绍的磁阻式传感器则是使线圈与磁铁固定不动，由运动物体（导磁材料）运动来影响磁路的磁阻，从而引起磁场的强弱变化，使线圈中产生感应电势。如图 3-59 所示，传感器由永磁体及在其上绕制的线圈组成。图中示出几种不同的应用实例。这种传感器的特点是结构简单、使用方便，可用来测量转速、振动、偏心量等。

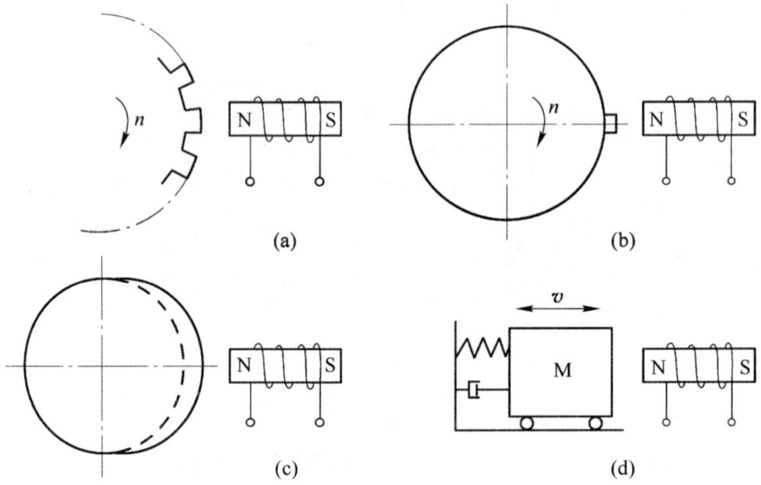

图 3-59 磁阻式传感器工作原理及应用实例

（a）测频数；（b）测转速；（c）偏心测量；（d）振动测量

3.9.3 涡流－磁电式相对加速度传感器

图 3-60 是两种涡流－磁电式传感器，分别用以测量角加速度和线加速度。其主要特点是将涡流式与磁电式传感元件相结合形成一种组合式的发电式传感器。以图 3-60(a)为

例，传感器转动轴上装有一导电材料制成的圆盘，其右方配置有一永磁铁，左方有一绕有感应线圈的铁芯。转轴静止时，圆盘与磁极间无相对运动，所以没有磁场变化，感应线圈也没有相应的电压输出。当转轴恒速旋转时，转盘与磁极有相对运动，磁场在圆盘内有变化，从而使圆盘内产生涡电流。该涡流的大小正比于转轴的转速。圆盘中的涡流又产生一磁场，该磁场会影响右侧的主磁场，阻止主磁场的变化。在其左侧与铁芯形成一闭合磁回路。如果涡流是常值，则在铁芯中的磁场也是常值，这样感应线圈内不会产生感应电势，传感器没有输出。只有当转轴具有角加速度时，圆盘内所产生的涡流变化才会使铁芯内的磁场变化，从而在线圈中产生感应电势，因此感应线圈的输出电压便反映了转轴的角加速度大小。这种传感器的灵敏度约为 0.05 ~ 100mV/(rad · s^2)，频率响应从直流一直到 200 ~ 1000Hz，极限情况下加速度可达数千弧度每二次方秒，轴转速可达 5000r/min 以上。

图 3-60(b) 中的线加速度测量原理与以上分析类似。所不同的是此处产生涡流的是一个以弹簧片 1 支承住的套筒 2，它在壳体作线加速度运动时相对磁钢作加速运动，从而在其内部产生变化的涡流，该涡电流产生的变化磁通在感应线圈 3 内产生感应电势，传感器的输出电压反映了传感器轴向直线运动的加速度大小。

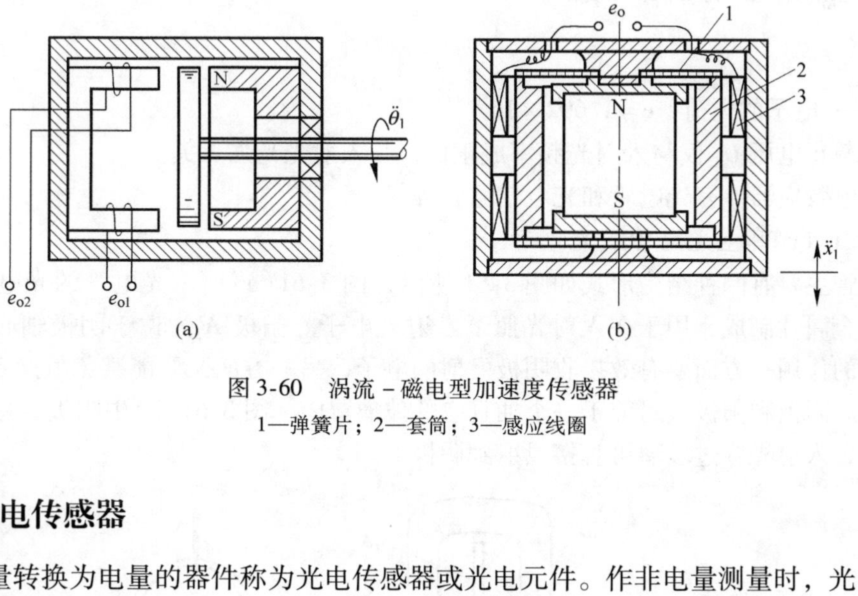

图 3-60　涡流 – 磁电型加速度传感器
1—弹簧片；2—套筒；3—感应线圈

3.10　光电传感器

将光量转换为电量的器件称为光电传感器或光电元件。作非电量测量时，光电传感器先将被测物理量转换为光量，然后再将该光量转换为电量。光电传感器的工作基础是光电效应，光电效应按其作用原理又分为外光电效应、内光电效应和光生伏打效应。

3.10.1　外光电效应

在光照作用下，物体内的电子从物体表面逸出的现象称外光电效应，亦称光电子发射效应。这一效应的实质是能量形式的转变，即光辐射能转换为电磁能。

一般在金属中都存在着大量的自由电子，普通条件下，它们在金属内部作无规则的自由运动，不能离开金属表面。但当它们获取外界的能量且该能量等于或大于电子逸出功时，便能离开金属表面。为使电子在逸出时具有一定速度，就必须有大于逸出功的能量。当光辐射通量照到金属表面时，其中一部分被吸收，被吸收的能量一部分用于使金属增加温度，另一部分被电子吸收，使其受激发而逸出物体表面。光电效应的基本规律概括如下：

（1）光电子逸出物体表面的必要条件是 $h\nu > A$。因此，对每一种光电阴极材料均有一个确定的光频率阈值。当入射光频率低于该值时，无论入射光的光强多大，均不能引起光电子发射。反之，入射光频率高于阈值频率，即使光强较小，也会引发光电子发射。对应于此频率的波长 λ，称为某种光电器件或光电阴极的“红限”，其值为

$$\lambda_0 = \frac{hc}{A} \tag{3-94}$$

式中 c——光速，$c = 3 \times 10^8 \mathrm{m/s}$。

（2）当入射光频率成分不变时，单位时间内发射的光电子数与入射光光强成正比。光愈强，意味着入射光子数目大，逸出的光电子数也愈多。

（3）对于外光电效应器件来说，只要光照射在器件阴极上，即使阴极电压为零，也会产生光电流，这是因为光电子逸出时具有初始动能。要使光电流为零，必须使光电子逸出物体表面时的初速度为零。为此要在阳极加一反向截止电压 U_a，使外加电场对光电子所做的功等于光电子逸出时的动能，即

$$\frac{1}{2}mv^2 = e\,|U_a| \tag{3-95}$$

式中 e——电子的电荷，$e = 1.602 \times 10^{-19}\mathrm{C}$。

反向截止电压 U_a 仅与入射光频率成正比，与入射光光强无关。

外光电效应器件有光电管和光电倍增管等。

3.10.1.1 真空光电管或光电管

光电管主要有两种结构形式如图 3-61 所示，图 3-61(a)所示光电管的光电阴极 K 由半圆筒形金属片制成，用于在入射光照下发射光电子。阳极 A 为位于阴极轴心的一根金属丝，它的作用一方面要有效接收阴极发射的电子，另一方面又要能避免阻挡入射光对阴极的辐照。阴极和阳极被封装于一个抽真空的玻璃罩内。图 3-61(b)中阴极直接做在玻璃壳内壁上，入射光穿过玻璃可直接投射到阴极上。

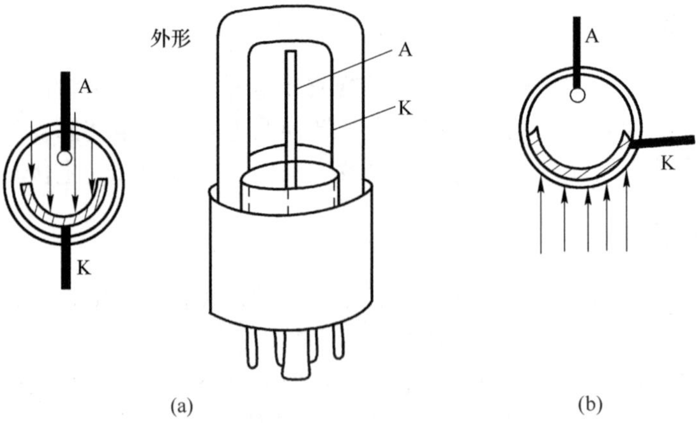

图 3-61 光电管的结构形式

（a）金属底层光电阴极光电管；（b）光透明光电阴极光电管

光电管的特性主要取决于光电阴极材料，不同的阴极材料对不同波长的光辐射有不同的灵敏度，表征光电阴极特性的主要参数是它的频谱灵敏度、阈波长和逸出功。图 3-62 示出不同阴极材料的频谱灵敏度曲线，图中横坐标为入射光波长，纵坐标为量子效率 η。量子效率 η 定义为对特定波长的光子入射阴极表面上，该表面所发射的光电子的平均数。从图 3-62 可见，银氧铯（$Ag\text{-}Cs_2O$）阴极在整个可见光区域均有一定的灵敏度，它的频谱灵敏度曲线在近紫外光区（4.5×10^3）和近红外光区（$7.5\times10^3\sim8\times10^3$）分别有两个峰值。因此常用来作为红外光传感器。它的阈波长近似为 7×10^3，逸出功为 0.74eV，是所有光电阴极材料中最低的。与之相反，锑铯（SbCs）阴极的峰值在紫外光区，且在红外光以外的整个可见光区域上有着比银氧铯阴极高得多的灵敏度。它的阈波长近似为 1.2×10^3，相应的逸出功为 1.34eV。

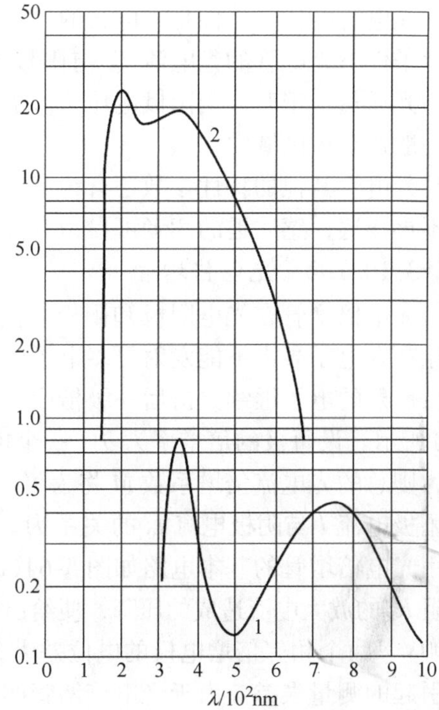

图 3-62　两种光电阴极材料的频谱灵敏度曲线
1—银氧铯阴极；2—锑铯阴极

真空光电管的光电特性是指在恒定工作电压和入射光的频率成分条件下，光电管接收的入射光通量值 Φ 与其输出光电流 I_Φ 之间的比例关系，如图 3-63 所示。图 3-63(a)示出两种光电阴极的真空光电管的光电特性。其中氧铯光电阴极的光电管在很宽的入射光通量范围上都具有良好的线性度，因而氧铯光电管在光度测量中获得广泛的应用。

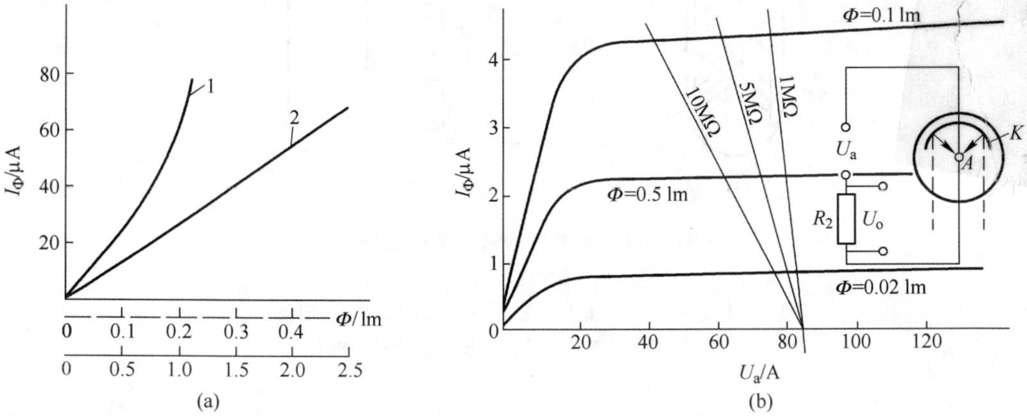

图 3-63　真空光电管特性
（a）光电特性；（b）伏安特性
1—锑铯光电阴极的光电管；2—氧铯光电阴极的光电管

光电管的伏安特性是光电管的另一个重要性能指标，指在恒定的入射光的频率成分和强度条件下光电管的光电流 I_Φ 与阳极电压 U_a 之间的关系，如图 3-63(b)所示。由图可见，光通量一定时，当阳极电压 U_a 增加时，光电流趋于一定值（饱和），光电管的工作点一般选在该区域中。

光电管其他的特性参数还有频谱特性、频率响应、噪声以及热稳定性和暗电流等，此处不再详述，感兴趣的读者可参阅有关专著。

3.10.1.2　光电倍增管

光电倍增管在光电阴极和阳极之间装了若干个“倍增极”，或叫“次阴极”。倍增极上涂有在电子轰击下能发射更多电子的材料，倍增极的形状和位置设计成正好使前一级倍增极反射的电子继续轰击后一级倍增极。在每个倍增极间均依次增大加速电压，如图3-64(a)所示。设每极的倍增率为 δ（一个电子能轰击产生出 δ 个次级电子），若有 n 个次阴极，则总的光电流倍增系数 M 将为 $(C\delta)^n$，而 C 为各次阴极电子收集效率，即光电倍增管阳极电流 I 与阴极电流 I_0 的关系为 $I=I_0\cdot M=I_0(C\delta)^n$，倍增系数与所加的电压有关。常用光电倍增管的基本电路如图 3-64(b)所示，各倍增极电压由电阻分压获得，流经负载电阻 R_1 的放大电流造成的压降，便给出了输出电压。一般阳极与阴极之间的电压为 1000～2000V，两个相邻倍增电极的电位差为 50～100V。电压越稳定越好，以减少倍增系数的波动引起的测量误差。由于光电倍增管的灵敏度高，所以适合在微弱光下使用，但不能接受强光刺激，否则易于损坏。

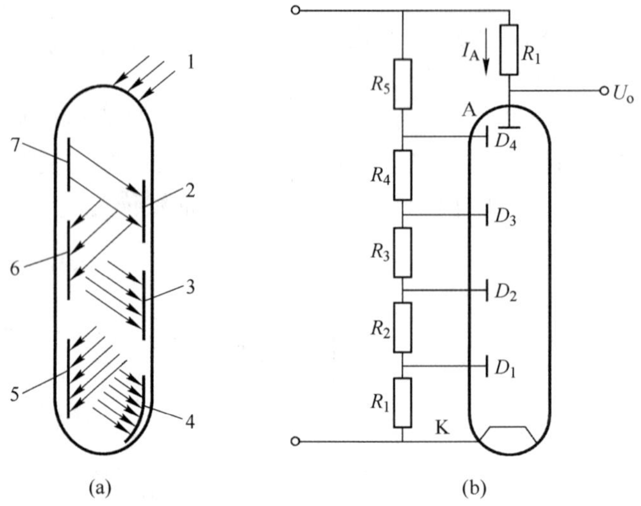

图 3-64　光电倍增管的结构及电路

(a) 结构；(b) 电路

1—入射光；2—第一倍增极；3—第三倍增极；4—阳极 A；

5—第四倍增极；6—第二倍增极；7—阴极 K

3.10.2　内光电效应

在光照作用下，物体的导电性能如电阻率发生改变的现象称内光电效应或称光导效应。内光电效应与外光电效应不同，外光电效应产生于物体表面层，在光照作用下，物体内部的自由电子逸出到物体外部。而内光电效应则不发生电子逸出，在光照下，物体内部原子吸收能量释放电子，这些电子仍停留在物体内部，从而使物体的导电性能发生改变。

内光电效应器主要为光敏电阻以及由光敏电阻制成的光导管。

3.10.2.1 光敏电阻

某些半导体材料（如硫化镉等）受到光照时，若其光子能量 $h\nu$ 大于本征半导体材料的禁带宽度，价带中的电子吸收一个光子后便可跃迁到导带，从而激发出电子－空穴对，于是降低了材料的电阻率，增强了导电性能。阻值的大小随光照的增强而降低，且光照停止后，自由电子与空穴重新复合，电阻也恢复原来的值。利用光敏电阻制成的光导管结构简单。图 3-65 示出光导管的基本结构，它由半导体光敏材料（薄膜或晶体）两端接上电极引线组成。接上电源后，当光敏材料受到光照时，阻值改变，在连接的电阻端便有电信号输出。

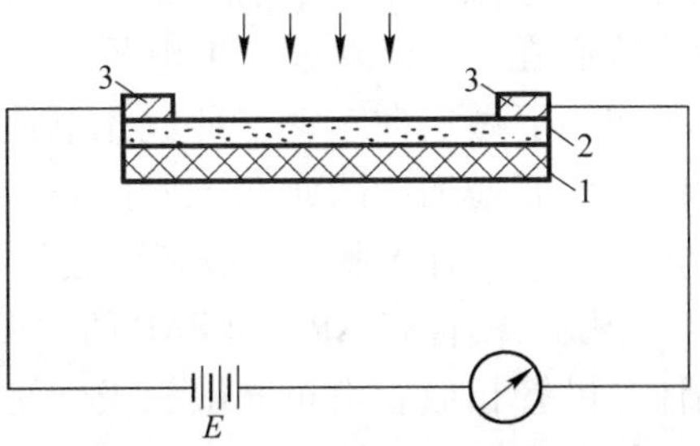

图 3-65 光导管结构
1—绝缘底座；2—半导体薄膜；3—电极

光敏电阻的特点是灵敏度高、光谱响应范围宽，可从紫外一直到红外，且体积小，性能稳定，因此广泛用于测试技术。光敏电阻的材料种类很多，适用的波长范围也不一样，如硫化镉（CdS）和硒化镉（CdSe）适用于可见光（波长：0.4 ~ 0.75μm）的范围，氧化锌（ZnO）和硫化锌（ZnS）适用于紫外光线范围，而硫化铅（PbS）、硒化铅（PbSe）和碲化铅（PbTe）则适用于红外线范围。

光敏电阻的主要特征参数有如下几种。

（1）光电流、暗电阻、亮电阻。光敏电阻在未受到光照条件下呈现的阻值称为“暗电阻”，此时流过的电流称“暗电流”。光敏电阻在受到某一光照条件下呈现的阻值称“亮电阻”，此时流过的电流称“亮电流”。亮电流与暗电流之差称为“光电流”。光电流的大小表征了光敏电阻的灵敏度大小。一般希望暗阻大、亮阻小，这样暗电流小，亮电流大，其结果是相应的光电流便大。光敏电阻的暗电阻一般都很高，为兆欧量级，而亮电阻则在千欧以下。

（2）光照特性。光敏电阻的光电流 I 与光通量 F 的关系称光敏电阻的光照特性。图 3-66 所示为硫化镉（CdS）光敏电阻的光照特性曲线。一般来说，光敏电阻的光照特性曲线呈非线性，且不同材料的光照特性均不一样。

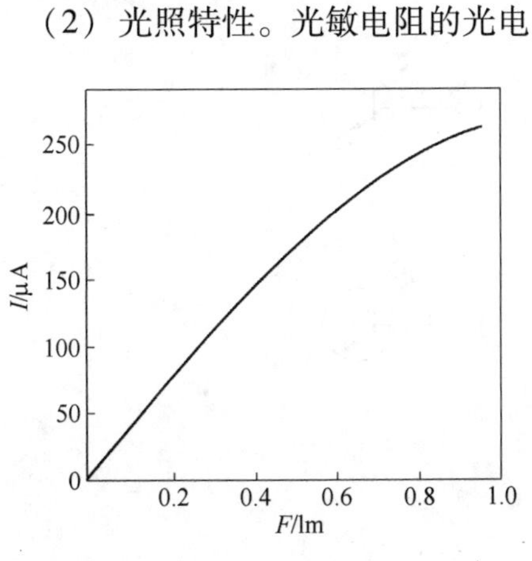

图 3-66 光敏电阻的光照特性曲线

（3）伏安特性。在一定的光照下，光敏电阻两端所施加的电压 U 与光电流 I 间的关系称光敏电阻的伏安特性。由图 3-67 可知，曲线 1 和曲线 2 分别代表照度为零和照度为某值下的伏安特性。当给定偏压时，光照度越大，光电流也越大。而在一定的照度下，所加电压越大，光电流也就越大，且无饱和现象。但电压实际上受到光敏电阻额定功率、额定电流的限制，因此不可能无限制地增加。

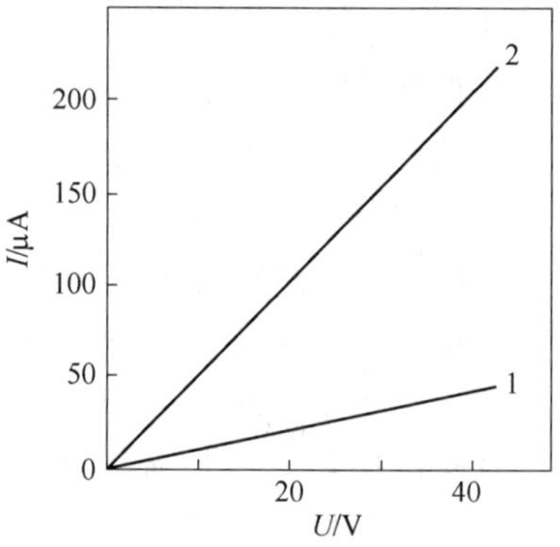

图 3-67 光敏电阻的伏安特性

3.10.2.2 光敏晶体管

光敏晶体管分光敏二极管和光敏三极管两种。其结构原理分别如图 3-68 及图 3-69 所示。光敏二极管的 PN 结安装在管子顶部，可直接接受光照射，在电路中一般处于反向工作状态，如图 3-68(b)。在无光照时，暗电流很小。在有光照时，光子打在 PN 结附近，从而在 PN 结附近产生电子－空穴对。它们在内电场作用下做定向运动，形成光电流。光电流随光照度的增加而增加。因此在无光照时，光敏二极管处于截止状态，当有光照时二极管导通。

光敏三极管有 NPN 和 PNP 两种类型，结构与一般晶体三极管相似。由于光敏三极管是光致导通的，因此它的发射极一边做得很小，以扩大光的照射面积。当光照射到光敏三极管的 PN 结附近时，PN 结附近便产生电子－空穴对，这些电子－空穴对在内电场作用下做定向运动从而形成光电流。这样便使 PN 结的反向电流大大增加。由于光照射发射板所产生的光电流相当于三极管的基极电流，因此集电极电流为光电流的 β 倍。因此，光敏三极管的灵敏度比光敏二极管的灵敏度要高。

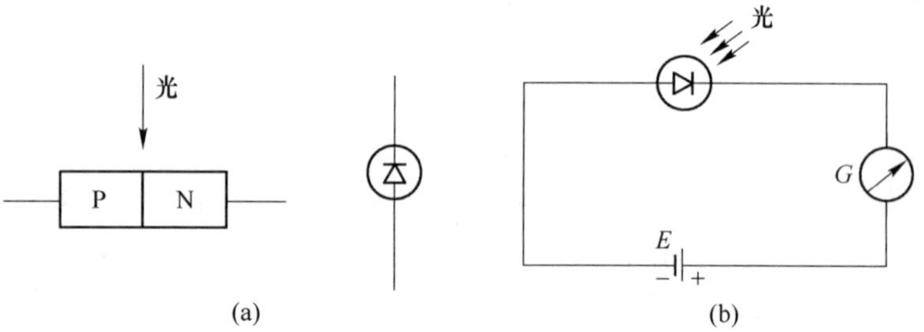

图 3-68 光敏二极管

（a）光敏二极管符号；（b）光敏二极管的连接

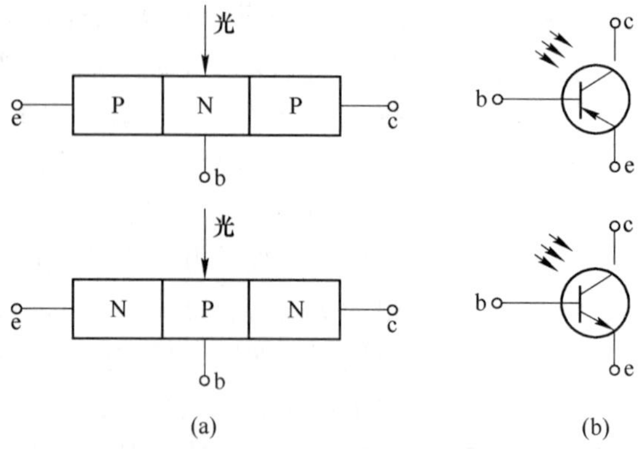

图 3-69 光敏三极管

（a）光敏三极管符号；（b）光敏三极管的连接

3.10.3　光生伏打效应

在光线照射下能使物体产生一定方向的电动势的现象称为光生伏打效应。基于光生伏打效应的器件包括光电池，可见光电池也是一种有源器件。由于它广泛用于把太阳能直接转换成电能，故亦称太阳能电池。光电池种类很多，有硅、硒、砷化镓、硫化镉、硫化铊光电池等。其中硅光电池由于其转化效率高、寿命长、价格低廉而应用最为广泛。硅光电池较适宜于接收红外光。硒光电池适宜于接收可见光，但其转换效率低（仅有 0.02%），且寿命低。它的最大优点是制造工艺成熟，价格低廉，因此仍被用来制造照度计。砷化镓光电池的光电转换效率理论上稍高于硅光电池，其光谱响应特性与太阳光谱接近，且其工作温度最高，耐受宇宙射线的辐射，因此可作为宇航电源。

3.10.4　光电器件的应用

图 3-70 为一种利用光电传感器进行边缘位置检测的装置，用于冷轧带钢过程中检测带钢移动时位置的偏移。

由白炽灯 8 发出的光经双凸透镜 7、分光镜 3 反射后再经平面透镜 4 会聚成平行光束，该光束被行进的带钢 6 遮挡掉一部分，另一部分则被入射至角矩阵反射镜 5 上，经该反射镜反射的光束再经透镜 4、分光镜 3 和凸透镜 2 会聚到光敏三极管 1 上。角矩阵反射镜 5 用于防止平面反射镜因倾斜或不平而出现的漫反射。由于光敏三极管 1 接在输入桥路的一臂上，因此当带钢位于平行光束中间位置时，电桥则处于平衡状态，输出为零。当带钢左、右偏移时，遮光面积减小、或增加，从而使角矩阵反射镜反射回的光通量增加或减小，于是输出电流变为 $+\Delta i$ 或 $-\Delta i$，该电流变化经放大后作为防止带钢跑偏的控制信号。

采用光电元件也可做成光电转速计，图 3-71 所示为一种光电转速计的结构图。在被测对象的转轴上涂上黑白二色，转动时，反光与不反光交替出现。光源经光学系统照射到旋转轴上，旋转轴每转一周反射光投射到光电接收元件上的光线强弱发生一次变化，从而

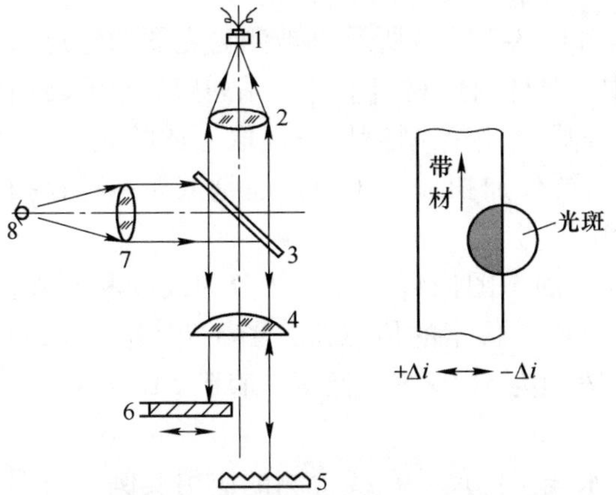

图 3-70　光电式边缘位置检测装置

1—光敏三极管；2—凸透镜；3—分光镜；4—平面透镜；
5—角矩阵反射镜；6—带钢；7—双凸透镜；8—白炽灯

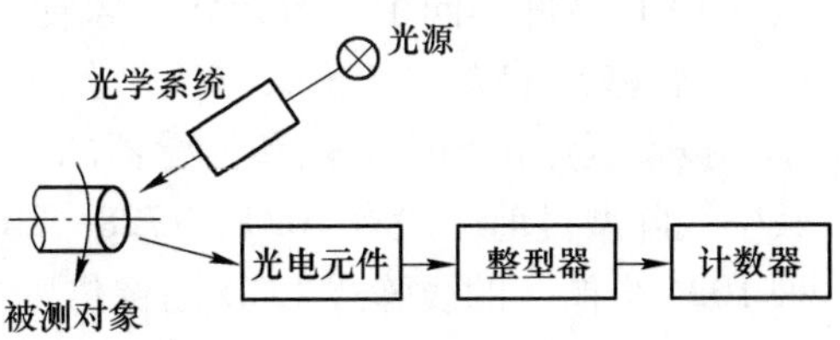

图 3-71　光电转速计结构原理框图

在光电元件中引起一个脉冲信号。该脉冲信号经整形放大后送往计数器，从而记录到转速。所用的光电元件可以是光电池，也可以是光敏二极管；光源一般为白炽灯。

3.11　固态图像传感器

固态图像传感器是一种固态集成元件，它的核心部分是电荷耦合器件（Charge Coupled Device，简称 CCD）。CCD 是以阵列形式排列在衬底材料上的金属 - 氧化物 - 半导体（Metal Oxide Semiconductor，简称 MOS）电容器件组成的，具有光生电荷、积蓄和转移电荷的功能，是 20 世纪 70 年代发展起来的一种新型光电元件。由于每个阵列单元电容排列整齐，尺寸与位置十分准确，因此具有光电转换与位置检测的功能。图 3-72(a)是 MOS 光敏元的结构原理图。它是在 P 型（或 N 型）硅单晶的衬底上生长出一层很薄的二氧化硅，再在其上沉积一层金属电极，这样就形成了一个 MOS 结构元。从半导体原理得知，当在金属电极上施加一正偏压时，它所形成的电场排斥电极下面硅衬底中的多数载流子——空穴，形成一个耗尽区。这个耗尽区对带负电的电子而言是一个势能很低的区域，故又称为“势阱”。金属电极上所加偏压越大，电极下面的“势阱”越深，捕获少数载流子的能力就越强。如果此时有光线入射到半导体硅片上，在光子的作用下，半导体硅片上就产生电子 - 空穴对，光生电子被附近的势阱所俘获，同时产生的空穴则被电场排斥出耗尽区。此时势阱所俘获的电子数量与入射到势阱附近的光强成正比。这样一个 MOS 结构元称为 MOS 光敏元或一个像素，把一个势阱所俘获的若干光生电荷称为一个“电荷包”。通常在半导体硅片上制有几百或几千个相互独立排列规则的 MOS 光敏元，称为光敏元阵列。在金属电极上施加一正偏压，在这半导体硅片上就形成几百或几千个相互独立的势阱。如果照射在这些光敏元上的是一幅明暗起伏的图像，那么这些光敏元就产生出一幅与光照强度相对应的光生电荷图像，这就是电荷耦合摄像器件的基本原理。由 CCD 组成的线阵和面阵摄像机能实现图像信息传输，因此在电视、传真、摄影、图像传输与处理等众多领域得到广泛应用。更由于 CCD 器件具有小型、高速、高灵敏、高稳定性及非接触等众多特点，在测试与检测技术的领域中也被广泛用来测量物体的形貌、尺寸、位置以及事件的计数等。同时它也被用于图像识别、自动监测和自动控制等方面。

固态图像传感器的工作原理如图 3-72(b)和图 3-72(c)所示。被测物光图像经过透镜照射到固态图像传感器上，该图像经传感器中半导体衬底材料上的一系列感光单元转换为光电信号，每个单元称为一个像素点。采用时钟脉冲作控制信号来提取上述的光电信号。这种 CCD 器件不同于一般光导摄像管，它不需要外加扫描电子束，而是依靠一种自扫描（电荷转移）的方式来获取与各像素点对应的电信号。

按像素点排列的形式和传感器的构造方式，固态图像传感器一般分为线阵和面阵型。其中线阵型目前一般有 1024、1728、2048 和 4096 个像素的传感器，图 3-72(b)所示为一种 1024 个像素的线阵式 CCD 图像传感器。面阵型为 512 × 512 像素一直到 512 × 768 个像素，分辨率最高的可达 2048 × 2048 个像素。

图 3-73 所示为用 CCD 线阵型摄像机作流水线零件尺寸在线检测的应用实例。当零件在生产线上一个接一个地经过 CCD 摄像机镜头时，CCD 传感器逐行扫过零件的整个面积，将零件轮廓形状转换成逐行数据（黑白电平信号）进行存储，存储的数据再经过数据处理后最终可重构出零件的轮廓形状并计算出零件的各部分尺寸。这种方法的前提条件是传

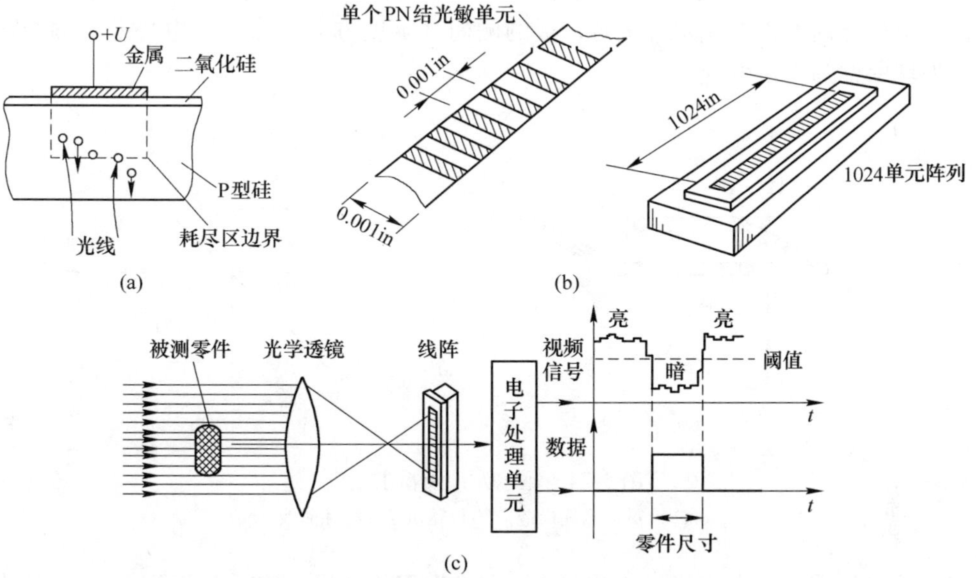

图 3-72 固态图像传感器工作原理

（a）MOS 光敏单元；（b）1024 单元阵列；（c）线阵式摄像机

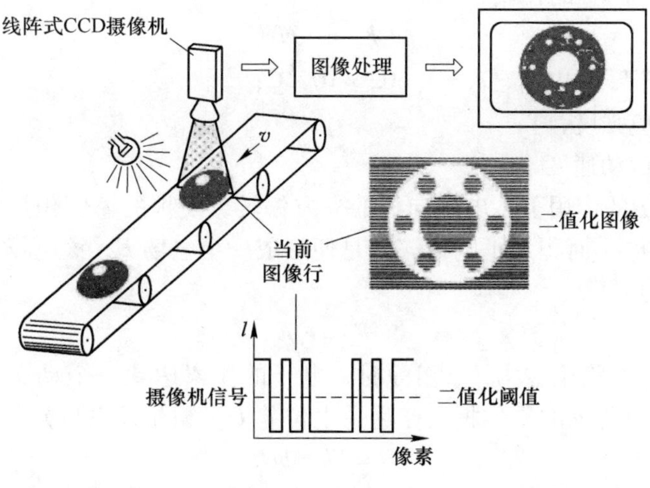

图 3-73 CCD 线阵摄像机作二维零件尺寸在线检测

送带与零件（一般为金属材料）之间有明显的光照对比度，才能将零件轮廓从传送带背景中区分开来。

3.12 霍尔传感器

3.12.1 作用原理

霍尔传感器属半导体磁敏传感器。组成霍尔传感器的材料一般有砷化铟（InAs）、锑化铟（InSb）、锗（Ge）、砷化镓（GaAs）等高电阻率半导体材料。

如图 3-74 所示，将霍尔元件（霍尔板）置于一磁场中，板厚 d 一般远小于板宽 b 和板长，在板长方向通以控制电流 I 时，板的侧向（宽度方向）会产生电势差，称为霍尔电压，这种现象称为霍尔效应。

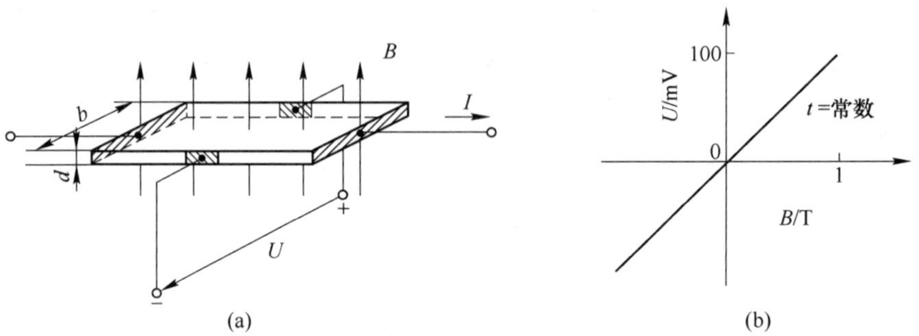

图 3-74　霍尔元件及霍尔效应

（a）霍尔元件构造；（b）霍尔元件特性曲线

霍尔效应的产生是由于磁场中洛伦兹力 F_m 作用的结果。当霍尔板为 N 型半导体材料时，在磁场作用下通以电流 I 时，半导体材料中的载流子（电子）将沿着与电流方向相反的方向运动。由物理学可知，带电质点在磁场中沿和磁力线垂直的方向运动时，都要受到磁场力亦即洛伦兹力 F_m 的作用：

$$F_m = e_o vB \tag{3-96}$$

式中　e_o——带电粒子的电荷，$e_o = 1.602 \times 10^{-9}$C；

B——磁感应强度，T；

v——电子运动速度，m/s。

在洛伦兹力 F_m 的作用下，电子向板的一方偏转，使板的一侧积聚大量电子。面板的另一侧相应地缺少电子而积累正电荷。于是便形成一个电场 E，该电场 E 又在电子上作用有一个反作用力 F_e：

$$F_e = e_o E \tag{3-97}$$

当反作用力 F_e 与洛伦兹力 F_m 相等时，电子的积累达到一个动态平衡，于是有 $E = vB$。由此则在一宽度为 b 的霍尔板上产生一电位差 U（霍尔发电机）

$$U = Eb = bvB \tag{3-98}$$

电子速度 v 通过电子浓度 n 与电流密度 S 相关联，电流密度 S 则由板的截面积 bd 以及流经板的控制电流 I 所给出：

$$S = nve_o = \frac{I}{bd} \tag{3-99}$$

式中　d——板厚。

将式（3-99）代入式（3-98）中可得

$$U = \frac{1}{ne_o d} IB \tag{3-100}$$

可见霍尔电势 U 正比于控制电流 I 和磁通密度 B，且与电流 I 流经的方向有关。同时霍尔电势 U 随电子浓度 n 的增加而降低，但随电子运动速度 v 的增加而增大，或随电子迁

移率 $\mu = v/E$ 的增加而增加。一般，半导体材料的电子迁移率远高于金属材料的电子迁移率。表 3-3 列出了一些电荷载体的浓度和迁移率。从中可看出，InSb、InAs 和 In（As，P）等材料尤其适用于作霍尔传感器材料。一个霍尔发电机的内阻一般为欧姆量级。

表 3-3　电荷载体的浓度和迁移率

材料	电荷载体深度 n $/\mathrm{cm}^{-1}$	导电电子迁移率 $/\frac{\mathrm{cm \cdot s^{-1}}}{\mathrm{V \cdot cm^{-1}}}$	空穴电子迁移率 $/\frac{\mathrm{cm \cdot s^{-1}}}{\mathrm{V \cdot cm^{-1}}}$	电导率 $/\Omega^{-1} \cdot \mathrm{cm}^{-1}$
Cu	8.7×10^{22}	40	—	6×10^{5}
Si	1.5×10^{10}	1350	480	5×10^{-6}
Ge	2.4×10^{13}	3900	1900	2×10^{-2}
InSb	1.1×10^{16}	80000	750	1×10^{-2}
GaAs	9.0×10^{6}	8500	400	1×10^{-6}

令 $R_{\mathrm{H}} = \frac{1}{ne_{\mathrm{o}}}$，则式（3-100）变为：

$$U = \frac{R_{\mathrm{H}} IB}{d} \tag{3-101}$$

式中　R_{H}——霍尔系数，它反映了霍尔效应的强弱程度。

根据材料的电导率 $\rho = \frac{1}{ne_{\mathrm{o}}\mu}$ 的关系进一步可得：

$$R_{\mathrm{H}} = \rho\mu \tag{3-102}$$

一般电子的迁移率 μ 要大于空穴的迁移率，因此大都采用 N 型半导体材料作霍尔元件。

设

$$K_{\mathrm{H}} = R_{\mathrm{H}}/d = \frac{1}{ne_{\mathrm{o}}d} \tag{3-103}$$

则代入式（3-101）可得

$$U = K_{\mathrm{H}} IB \tag{3-104}$$

式中，K_{H} 称霍尔元件灵敏度，它表示霍尔元件在单位磁感应强度 B 和单位控制电流 I 之下霍尔电势的大小（单位为 V/(A · T)）。一般均要求 K_{H} 越大越好。由于金属的电子浓度高，因此 R_{H} 和 K_{H} 均不大，故不适于作霍尔元件。此外，元件厚 d 越小，灵敏度 K_{H} 越高，因此霍尔板厚都做得较薄。但也不能无限制地降低板厚，因为这样会加大元件的输入和输出电阻。

上述公式的导出是在磁感应强度 B 垂直于霍尔板平面的条件下的。当磁感应强度 B 与霍尔板平面不垂直而是与其法线成一角度 θ 时，式（3-104）则变为

$$U = K_{\mathrm{H}} IB\cos\theta \tag{3-105}$$

3.12.2　霍尔效应的应用

霍尔传感器首先是用来测磁场的，此外还可用来测量产生或影响磁场的物理量。

3.12.2.1 电流测量

图 3-75 示出用霍尔元件测电流的原理图。为对电流 I_1 作无电势的测量，将该电流送进一电磁铁绕组中，其磁感应强度 B 由霍尔传感器所确定。电流 I_1 恒定时，霍尔电势 U 便是电流 I_1 的一个度量，如图 3-75(a)所示。

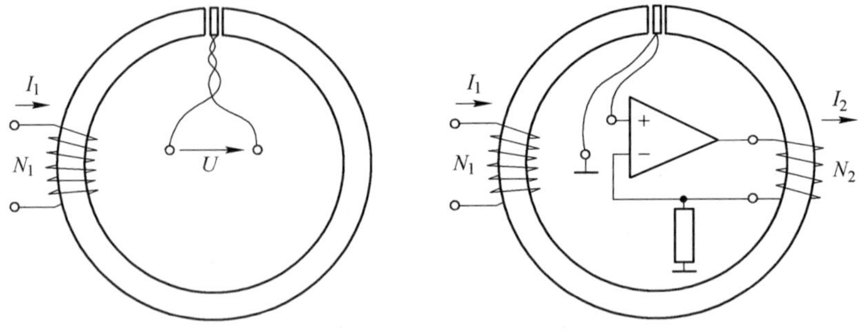

图 3-75 霍尔传感器测电流

（a）直接测量；（b）补偿测量

为消除电磁回路对测量精度的影响，可采用图 3-75(b)的配置方式。其中在铁芯上绕制有两个线圈，一个绕组为 N_1，流经电流为 I_1；另一个绕组为 N_2，流经电流为 I_2。第二个线圈的连接方式是使得它的磁场对抗第一个线圈的磁场作用。合成的磁感应强度则用霍尔传感器来探测。传感器的电压作为一个调节器的输入量，该调节器为一个马达控制的电位计。调节器改变其输出电流 I_2，直到 $N_1I_1 = N_2I_2$ 时输入电压消失，且不再调节输出电流 I_2。因此输出电流 I_2 便是被测电流 I_1 的一个度量。

3.12.2.2 位置测量

图 3-76 示出采用霍尔元件测量物体位置的原理。图中霍尔传感器位于一由永磁铁产生的磁场中。在上部的气隙中有一软铁片可上下移动，由此来控制流经霍尔板的磁通量，该磁通则用来作为软磁铁片位置的度量。该霍尔电压在电子线路中被评价，该电子线路仅产生两个离散的电平，即 0V 和 12V。因此上述装置可用作终端位置开关，可用于无接触地监测机器部件的位置。

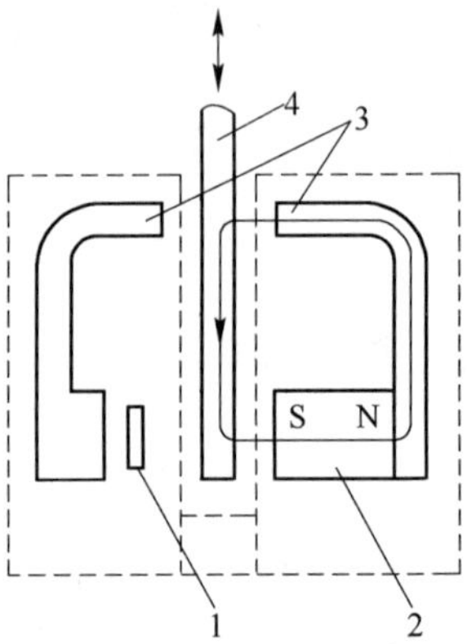

图 3-76 霍尔传感器测量物体位置

1—带集成电路的霍尔探测器；2—永磁铁；3—导磁铁片；4—软磁铁片

3.12.2.3 转速测量

采用霍尔传感器可测量齿轮的转速。如图 3-77 所示为一种齿轮转速测量装置，其中霍尔传感器采用一块永磁铁来提供磁场，当齿轮转动时，齿轮的齿将改变所产生的磁场，使霍尔电势产生变化。这种传感器通常与信号调理电路连接在一起，用于对产生的电压信号进行处理。图 3-78 所示为采用上述原理的另一种测速装置的原理图。其中采用两个机械位置有一定偏移的霍尔传感器，从它们产生的两个频率信号中提供齿轮转动方向的信号。图中还示出了传感器的后续处理电路。

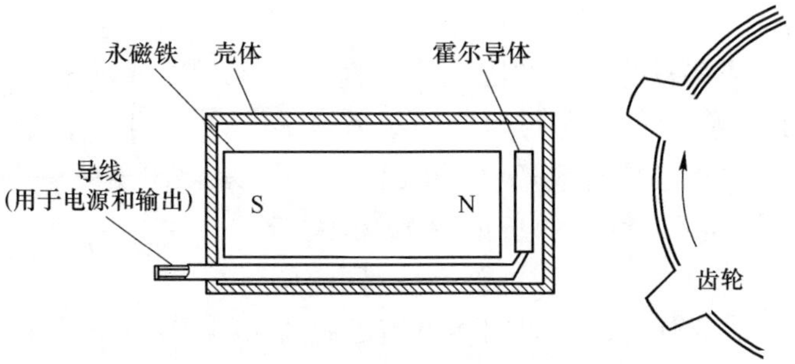

图 3-77 霍尔效应齿轮测速传感器

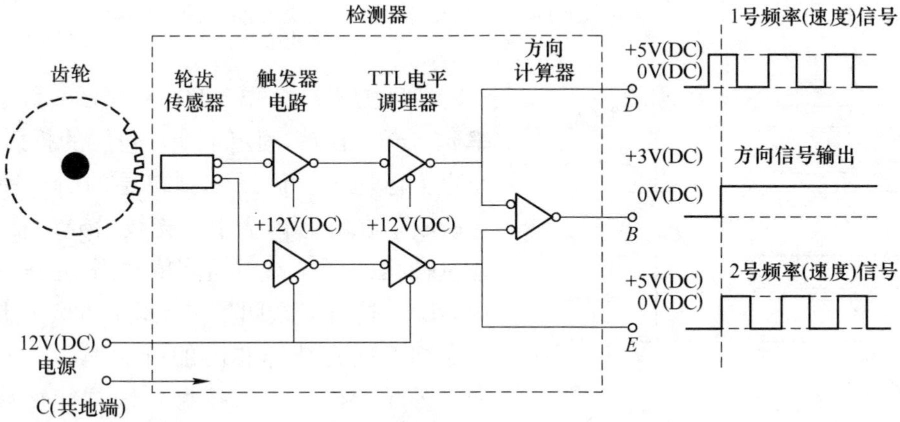

图 3-78 霍尔效应接近式传感器

3.13 光纤传感器

光纤传感器（optical fiber transducer）由于极高的灵敏度和精度、固有的安全性、良好的抗电磁干扰能力、高绝缘强度以及耐高温、轻抚、柔韧、宽频带等优点受到了广泛的重视，在机械、电子、仪器仪表、航空航天、石油、化工、生物医学、环保、电力、冶金、交通运输、轻纺、食品等国民经济各领域的生产过程自动控制、在线检测、故障诊断、安全报警以及军事等方面有广泛应用。

光纤传感器主要由光源、光纤、光检测器和附加装置等组成。光源种类很多，常用光源有钨丝灯、激光器和发光二极管等。光纤很细、柔软、可弯曲，是一种透明且能导光的纤维。光导纤维进行信息传输是利用了光学上的全反射原理，即入射角大于全反射的临界角的光都能在纤芯和包层的界面上发生全反射，反射光仍以同样的角度向对面的界面入射，这样，光将在光纤的界面之间反复地发生全反射而进行传输。附加装置主要是一些机械部件，随被测参数的种类和测量方法而改变。

3.13.1 光纤基本原理

3.13.1.1 光纤结构

光纤是各种光纤传感器系统的核心元件。光纤通常由纤芯（core）、包层（cladding）

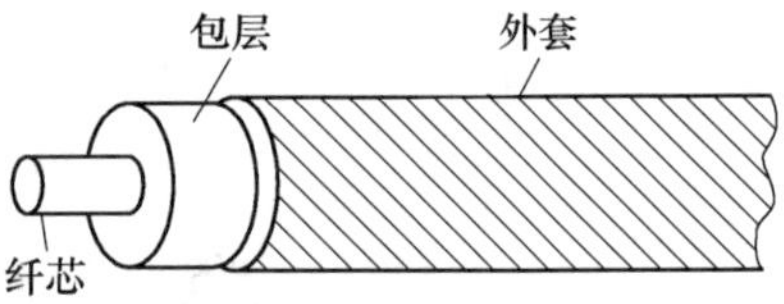

图 3-79 光纤结构示意图

及外套组成（见图 3-79）。纤芯处于光纤的中心部位，是由玻璃、石英或塑料等制成的圆柱体，直径一般为 5 ~ 150μm，光主要通过纤芯传输。围绕着纤芯的那一层叫包层，材料也是玻璃或塑料，但纤芯和外面包层材料的折射率不同，纤芯的折射率 n_1 稍大于包层的折射率 n_2。由于纤芯和包层构成了一个同心圆双层结构，所以光纤具有使光功率封闭在里面传输的功能，外套起保护光纤的作用。通常又把较长的光纤称为光缆。

3.13.1.2 光纤种类

按照从纤芯到包层折射率变化的规律分类，光纤可分为阶跃型（step index）和梯度型（gradient index）两种。

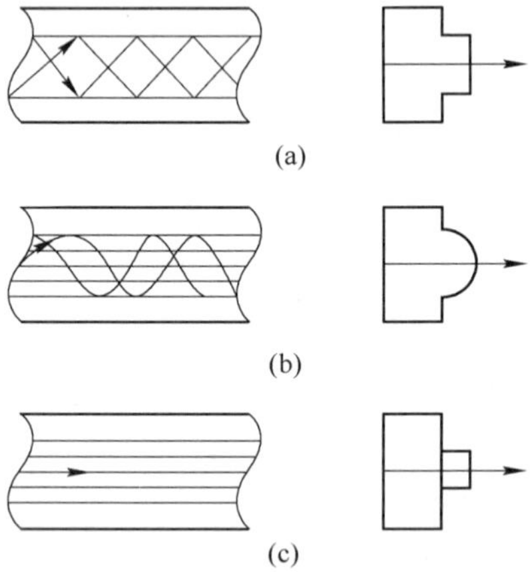

图 3-80 光纤的种类和光的传播形式
（a）阶跃型多模光纤；（b）梯度型多模光纤；（c）单模光纤

阶跃型光纤如图 3-80(a)所示。纤芯的折射率 n_1 分布均匀，固定不变；包层的折射率 n_2 分布也大体均匀，但纤芯到包层的折射率变化呈台阶状。在纤芯内，中心光线沿光纤轴线传播，通过轴线的子午线（光的射线永远在一个平面内运动，这种光线叫子午光线）呈锯齿形轨迹。

梯度型光纤纤芯内的折射率不是常数，从中心轴线沿径向大致按抛物线规律变化，中心轴折射率最大，因此光在传播中会自动地从折射率小的界面处向中心汇聚。光线传播的轨迹类似正弦波形曲线。这种光纤又称自动聚集光纤。如图 3-80(b)所示为了经过轴线子午光线传播的轨迹。

按照光纤的传输模式，可以把光纤分为多模光纤和单模光纤两类。阶跃型和梯度型为多模（multimode）光纤，而图 3-80(c)所示的为单模（single-mode）光纤。

模的概念可简单介绍如下：在纤芯内传播的光波，可以分解为沿轴向传播的平面波和沿垂直方向（剖面方向）传播的平面波。沿剖面方向传播的平面波在纤芯与包层的界面上将产生反射。如果此波在一个往复（入射和反射）中相位变化为 2π 的整数倍，就会形成驻波。能形成驻波的那些以特定角度射入光纤的光都能在光纤内传播，这些光波就称为模。在光纤内，只能传输一定数量的模。通常，纤芯直径较粗时，能传输数百个以上的模；而光纤很细（5 ~ 10μm）时，只能传输一个模。前者称为多模光纤，后者称为单模光纤。

模式 $V = \pi d\lambda_0 \sqrt{(n_1^2 - n_2^2)}$，其中，$d$ 为光纤芯直径。在波长为 λ_0 的光信号辐射作用下，V 越小越好，即 $\Delta n = n_2 - n_1 \leqslant 1\%$。应该选择辐射大的光信号波长，否则因多模式对同一光信号到达接收端的时间影响不同，会导致合成信号干涉产生畸变。

3.13.2　光纤传感器的结构及特性

3.13.2.1　光纤传感器的分类

根据光纤在传感器中的作用传感器可分为：功能型（Functional Fiber，缩写为 FF）传感器，又称为传感型传感器；以及非功能型（Non Functional Fiber 缩写为 NFF）传感器，又称为传光型传感器。

功能型光纤传感器。如图 3-81 所示，它是利用光纤本身的特性把光纤作为敏感元件，被测量对光纤内传输的光进行调制，使传输光的强度、相位、频率或偏振态等特性发生变化，再通过对被调制过的信号进行解调，从而得出被测信号。光纤在其中不仅是导光媒质，而且也是敏感元件，光在光纤内受被测量调制，多采用多模光纤。光调制型、相位调制型、偏振态调制型和波长调制型等传感器都属于功能型光纤传感器。

非功能型光纤传感器是利用其他敏感元件感受被测量的变化，光纤仅作为信息的传输介质，常采用单模光纤。实用场合大都是非功能型的光纤传感器。Any Way 的变频电压传感器、变频电流传感器、变频功率传感器（一种电压、电流组合式传感器）就属于非功能型的光纤传感器，在复杂电磁环境下的电量测量中，有其独到的优势。光纤在其中仅起导光作用，光照在光纤型敏感元件上受被测量调制。非功能型光纤传感器如图 3-81(b)、(c)所示。

图 3-81(d)是一种不需要外加敏感元件的情况，光纤把测量对象所辐射、反射的光信号传输到光电元件。这种光纤传感器也叫探针型光纤传感器。通常使用单模光纤或多模光纤。典型的例子是光纤激光多普勒速度传感器、光纤辐射温度传感器和光纤液位传感器等，其特点是非接触式测量，而且具有较高的精度。

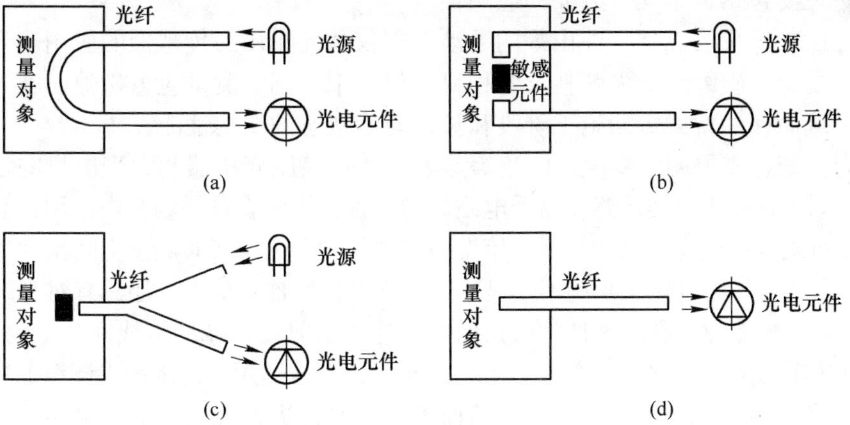

图 3-81　光纤传感器的基本结构原理

3.13.2.2　光纤传感器的特点

光纤传感器之所以能迅速发展，是因为它有一些常规传感器所没有的特性。这些特性包括：

(1) 光纤传感器不受电磁场干扰。由于光纤传感器检测系统不传送电信号，所以可以通过光导管安全地把光传入或传出。当光信息在光纤中传输时，不会与电磁场发生作用，也不受任何电噪声的影响，能使检测系统的电子装置与任何已知的电气干扰源相隔离，因而信息在传输过程中抗电磁干扰能力强。这一特点使这类传感器特别适合于电力系统，因为电力系统本身就是一个强的电磁场干扰源。

（2）光纤导光性能好且耐高温。光纤是由无机玻璃、高硅玻璃制成的，其最低软化点至少是600℃，且折射率随温度的变化大约只有0.0001%/℃。光纤可以工作在 -250～500℃，这是由于光纤外层的材料耐热性能决定了它工作温度的极限，因此可以在高温下测量。特别对传输距离较短的光纤传感器，其传输损耗可忽略不计，利用这一特性在锅炉外即可对炉内燃烧的高温火焰状态进行监测。

（3）绝缘性能好。光纤是非金属材料，不导电，其外层涂敷料硅胶也不导电，因而光线的绝缘性能好。这一特点被用来方便地测量带高压电设备的各项参数，而且制成的光纤传感器结构简单、便携。

（4）光纤细而柔软。光纤可以做成非常小巧的传感器，用来对不规则振动状态下的某些参数进行测量。

（5）防爆、耐腐蚀、耐水性好。由于光纤内部传输的是能量很小的光信息，不会产生火花、高温、漏电等不安全因素，所以光纤传感器的安全性能好。另外，光纤为非金属材料，耐腐蚀、耐水，因此特别适用于易燃、易爆、有强烈腐蚀性的装置及深水中参数的测量。

3.13.2.3 光纤传感器的应用

光纤传感器可用于位移、振动、转动、压力、弯曲、应变、速度、加速度、电流、磁场、电压、湿度、温度、声场、流量、浓度、pH值和应变等物理量的测量。光纤传感器的应用范围很广，几乎涉及国民经济和国防上所有重要领域和人们的日常生活，尤其可以安全有效地在恶劣环境中使用，解决了许多行业多年来一直存在的技术难题，具有很大的市场需求。主要包括以下几个方面的应用：

城市建设中桥梁、大坝、油田等的干涉陀螺仪和光栅压力传感器的应用。光纤传感器可预埋在混凝土、碳纤维增强塑料及各种复合材料中，用于测试应力松弛、施工应力和动荷载应力，从而评估桥梁短期施工阶段和长期营运状态的结构性能。

在电力系统，需要测定温度、电流等参数，如对高压变压器和大型电机的定子、转子内的温度检测等，由于电类传感器易受电磁场的干扰，无法在这类场合中使用，只能用光纤传感器。分布式光纤温度传感器是近几年发展起来的一种用于实时测量空间温度场分布的高新技术，分布式光纤温度传感系统不仅具有普遍光纤传感器的优点，还具有对光纤沿线各点的温度的分布传感能力，利用这种特点我们可以连续实时测量光纤沿线几公里内各点温度，定位精度可达米的量级，测量精度可达1度的水平，非常适用大范围交点测温的应用场合。

此外，光纤传感器还可以应用于铁路监控、火箭推进系统以及油井检测等方面。

光纤同时具备宽带、大容量、远距离传输和可实现多参数、分布式、低能耗传感的显著优点。光纤传感可以不断汲取光纤通信方面的新技术，故各种光纤传感器有望在物联网中得到广泛应用。

3.14 红外传感器

将红外辐射能转换成电能的光敏元件称为红外传感器，也常称为红外探测器。红外传感器是利用物体产生红外辐射的特性，实现自动检测的传感器。在物理学中，我们已经知道可见光、不可见光、红外光及无线电等都是电磁波，其中红外线又称红外光，它具有反射、折射、散射、干涉、吸收等性质。任何物质，只要它本身具有一定的温度（高于绝对零度），都能辐射红外线。红外传感器测量时不与被测物体直接接触，因而不存在摩擦，并且有灵敏度高，响应快等优点。

3.14.1　红外辐射的产生

红外辐射是由于物体（固体、液体和气体）内部分子的转动和振动产生的。这类振动过程是物体受热而引起的，只有在绝对零度（ −273.16℃）时，一切物体的分子才会停止运动。所以在绝对零度时，没有一种物体会发射红外线。换言之，在一般的常温下，所有的物体都是红外辐射的发射源。例如火焰、轴承、汽车、飞机、动植物甚至人体等都是红外辐射源。红外线和所有的电磁波一样，具有反射、折射、散射、干涉及吸收等性质，但它的特点是热效应非常大，红外线在真空中传播的速度 $c = 3 \times 10^8 \mathrm{m/s}$，而在介质中传播时，由于介质的吸收和散射作用使它产生衰减。

金属对红外辐射衰减非常大，一般金属材料基本上不能透过红外线。大多数的半导体材料及一些塑料能透过红外线。液体对红外线的吸收较大，例如厚 1mm 的水对红外线的透明度就很小，当厚度达到 1cm 时，水对红外线几乎完全不透明了；气体对红外辐射也有不同程度的吸收，例如大气（含水蒸气、二氧化碳、臭氧、甲烷等）就存在不同程度的吸收，它对波长为 1 ~ 5μm 和 8 ~ 14μm 的红外线是比较透明的，对其他波长的透明度就差了。而介质的不均匀，晶体材料的不纯洁，有杂质或悬浮小颗粒等，都会引起对红外辐射的散射。

可见光、不可见光、红外光及无线电等都是电磁波，它们之间的差别只是波长（或频率）的不同而已。如图 3-82 所示是将各种不同的电磁波按照波长（或频率）排成波谱图，或称之为电磁波谱。

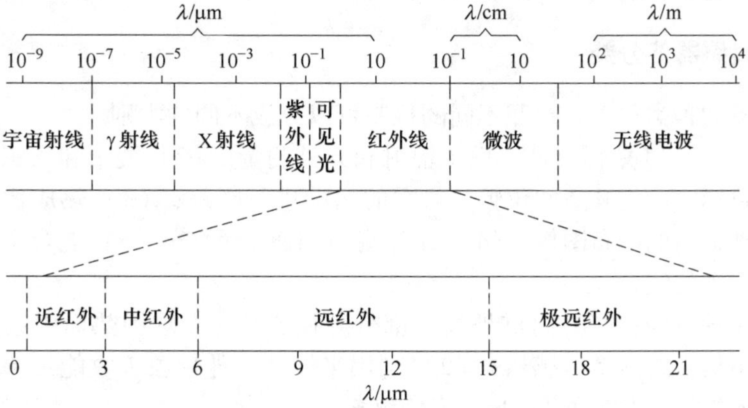

图 3-82　电磁波谱图

从图 3-82 可以看出，红外线属于不可见光波的范畴，它的波长一般在 0.76 ~ 600μm 之间（称为红外区）。而红外区通常又可分为近红外（0.73 ~ 1.5μm）、中红外（1.5 ~ 10μm）和远红外（10μm 以上），在 300μm 以上的区域又称为“亚毫米波”。所说的远或近是指红外辐射在电磁波谱中与可见光的距离而言。

3.14.2 红外辐射的性质

3.14.2.1 辐射出射度

从辐射源表面单位面积发射出的辐射通量，其中单位波长间隔内的辐射出射度简称光谱辐出度；某一特定波长的辐射出射度称为单色辐射出射度。单色辐射出射度多用在科学理论研究中，单一频率的波由于能量很少，实际测量和应用过程中很难探测到，所以如辐射测温仪等都是测定一定范围波长内的辐射出射度的。

辐射出射度的定义为：单位时间内离开辐射源表面一点处的面单元上的辐射能量除以该单元面积，称为该点的辐射出射度。辐射出射度的单位为 W/m^2（瓦/米^2）。

如果一个光源表面上的一个发光面积 A 在各个方向（在半个空间内）的辐射通量为 Φ_e，则该发光面的辐射出射度为 $M_e = \Phi_e/A$。

物体的辐射出射度可由斯忒藩－玻耳兹曼定律得到。积分量为物体的分谱辐射通量密度。ε 为物体的比辐射度。如果是指投射到物体表面的辐射，则必须用辐照度来表示。

3.14.2.2 辐射功率

辐射功率就是单位时间内发射（传输或接受）的辐射能。单位为 W（瓦或焦耳/秒）。辐射功率 P 的定义表示为

$$P = \lim_{\Delta t \to 0}\left(\frac{\Delta Q}{\Delta t}\right) = \frac{\partial Q}{\partial t} \tag{3-106}$$

3.14.2.3 红外辐射基本规律

金属对红外辐射衰减非常大，一般金属基本不能透过红外线；气体对红外辐射也有不同程度的吸收。介质不均匀、晶体材料的不纯洁、有杂质或悬浮小颗粒等都会引起对红外辐射的散射。温度越低的物体辐射的红外线波长越长。由此在应用中根据需要有选择的接受某一定范围的波长，就可以达到测量的目的。

3.14.3 红外传感器的分类

红外传感器的种类很多，按照不同的机制可以分成不同的类别。

按照功能分为：(1) 辐射计，用于辐射和光谱测量；(2) 搜索和跟踪系统，用于搜索和跟踪红外目标，确定其空间位置并对它的运动进行跟踪；(3) 热成像系统，可产生整个目标的红外辐射的分布图像；(4) 红外测距和通信系统；(5) 混合系统，指以各类系统中两个或多个的组合。

按照工作原理分为：(1) 将红外线一部分变换成热，获取因热而引起的电阻值变化和电动势等输出信号之热型传感器；(2) 利用半导体迁徙现象吸收能量差之光电效果及利用因 PN 接合之光电动势效果的量子型传感器。

3.14.4 红外传感器的工作原理

3.14.4.1 热释电红外线传感器

若某些强介电质物质随着温度的上升或下降，在这些物质表面上就会产生电荷的变化，这种现象称为热释电效应，属热电效应的一种。这种现象在钛酸钡之类的强介电材料

上表现得特别明显。

热释电红外传感器通过目标与背景的温差来探测目标，其工作原理是利用热释电效应，即在钛酸钡一类晶体的上、下表面设置电极，在上表面覆以黑色膜，若有红外线间歇地照射，其表面温度上升 ΔT，其晶体内部的原子排列将产生变化，引起自发极化电荷，在上下电极之间产生电压 ΔU。常用的热释电红外线光敏元件的材料有陶瓷氧化物和压电晶体，如钛酸钡、钽酸锂、硫酸三甘肽及钛铅酸铅等。

另外，需指出的是，热释电效应产生的电荷不是永存的，只要它出现，很快会被空气中的单个离子结合。因此，用热释电效应制成的红外传感器，往往在它的元件前面加机械式的周期遮光装置，以使此电荷周期地出现，只有测移动物体时可不用此遮光装置。

热释电红外线传感器是利用材料自发极化随温度变化的特征来探测红外线辐射的传感器，采用双灵敏元设计，抑制环境温度变化产生的干扰，提高了传感器的工作稳定性。

图 3-83 为热释电红外传感器结构图。热释电红外传感器主要由外壳、滤光片、热释电元件、结型场效应管 FET、电阻等组成。其中，场效应管起到阻抗变换的作用，而窗口处的滤光片是为滤去无用的红外线，让有用的红外线进入窗口。在防盗报警系统所采用热释电传感器的滤光片为 7μm 的滤光片，该滤光片能很好地让人体辐射的红外线通过而阻止其他射线通过，以免引起干扰。并且，在防盗报警系统所采用的热释电传感器为双元型红外传感器，双元型传感器由两个有极性的敏感元件反向串联，这样由于环境的影响而使整个晶片发生温度变化时，极性相反的敏感元件产生的热释电信号相互抵消，可以有效防止因太阳光等红外线及环境温度变化而引起的误差。

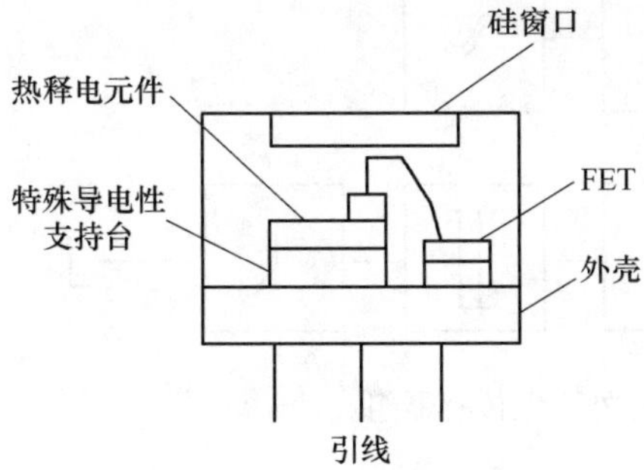

(a)

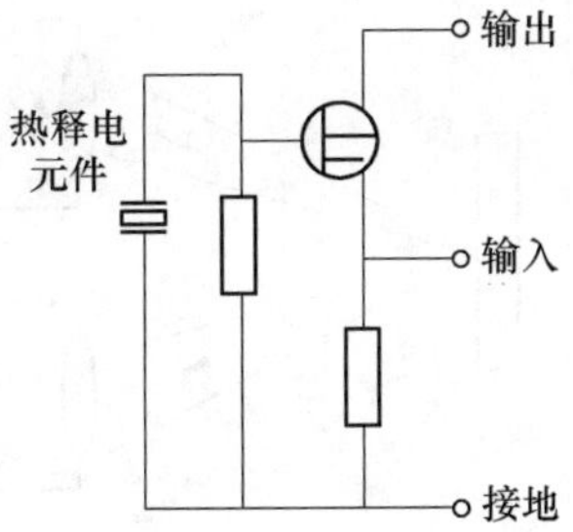

(b)

图 3-83　热释电红外线传感器结构和等效电路

（a）传感器结构；（b）等效电路

因为探测器元件自身在使用时存在探测距离短，而且后续电路不容易使用的弱点，所以，目前有一种红外组合件。该红外组合件由热释电传感器、扩大探测范围且增高灵敏度的透镜、电放大型的信号处理系统后电路、防止因外界噪声引起的错误动作的密封管壳（多功能组合件）构成。该红外组合件小型化且有多种功能。

实质上热释电传感器是对温度敏感的传感器。它由陶瓷氧化物或压电晶体元件组成，在元件两个表面做成电极。在环境温度有 ΔT 的变化时，由于有热释电效应，在两个电极上会产生电荷 ΔQ，即在两电极之间产生一微弱的电压 ΔV。由于它的输出阻抗极高，在传感器中有一个场效应管进行阻抗变换。热释电效应所产生的电荷 ΔQ 会被空气中的离子结合而消失，即当环境温度稳定不变，即 $\Delta T=0$ 时，则传感器无输出。当人体进入检测区，因人体温度与环境温度有差别，则有 ΔT 输出；若人体进入检测区后不动，则温度没有变化，传感器也就没有输出了。所以这种传感器也称为人体运动传感器。由实验证明，传感器不加光学透镜（也称菲涅尔透镜），其检测距离小于 2m，而加上光学透镜后，其检测距离可增加到 10m 左右。

热释电元件是一种具有极化现象的热晶体或称为"铁电体"，铁电体的极化强度（单位面积的电荷）与温度有关。当红外辐射照射到已经极化的铁电体薄片表面上时，引起薄片温度升高，使其极化强度降低，表面电荷减少，这相当于释放一部分电荷，所以叫做热释电型传感器。如果将负载电阻与铁电体薄片相连，则负载电阻上便产生一个电信号输出，输出信号的大小取决于薄片温度变化的快慢，从而反映出入射的红外辐射的强弱。由此可见，热释电红外传感器的电压响应率正比于入射辐射变化的速率。当恒定的红外辐射照射在热释电红外传感器上时，传感器没有电信号输出，只有铁电体温度处于变化过程中，才有电信号输出。所以，必须对红外辐射进行交变辐射，不断地引起传感器的温度变化，才能导致热释电产生，并输出交变的信号。

3.14.4.2 红外光电传感器

红外光电传感器是采用光电元件作为检测元件的传感器。它首先把被测量的变化转换成光信号的变化，然后借助光电元件进一步将光信号转换成电信号。光电传感器在一般情况下由三部分构成，包括：发送器、接收器和检测电路，如图 3-84 所示。

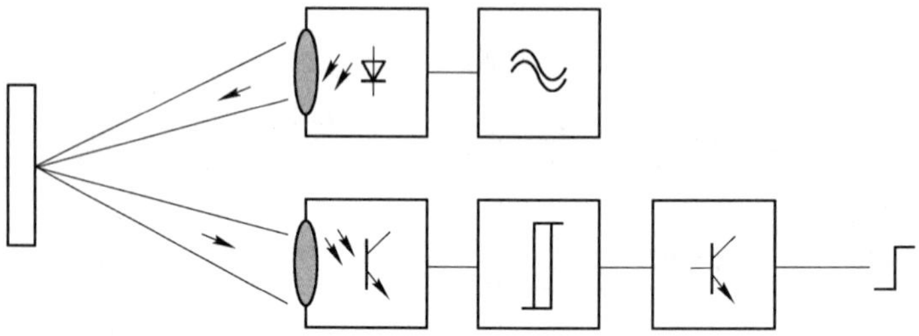

图 3-84 红外光电传感器组成

发送器对准目标发射光束，发射的光束一般来源于半导体光源，即发光二极管（LED）、激光二极管及红外发射二极管。光束不间断地发射，或者改变脉冲宽度。接收器由光电二极管、光电三极管、光电池组成。在接收器的前面，装有光学元件如透镜和光圈等。在其后面是检测电路，它能滤出有效信号和应用该信号。

此外，光电开关的结构元件中还有发射板和光导纤维。

三角反射板是结构牢固的发射装置。它由很小的三角锥体反射材料组成，能够使光束准确从反射板中返回，具有实用意义。它可以在与光轴 0 ~ 25°的范围改变发射角，使光束几乎是从一根发射线，经过反射后，还是从同一根反射线返回。

3.14.5 红外传感器的应用

由于红外温度传感器实现了无接触测温、远距离测量高温等功能，而且具有较高的灵敏度，因此在各行业中得到了广泛的应用。

3.14.5.1　红外测温仪

红外测温仪是利用热辐射体在红外波段的辐射通量来测量温度的。当物体的温度低于1000℃时，它向外辐射的不再是可见光而是红外光了，可用红外探测器检测其温度。如图3-85 为非接触激光红外测温仪的原理框图。

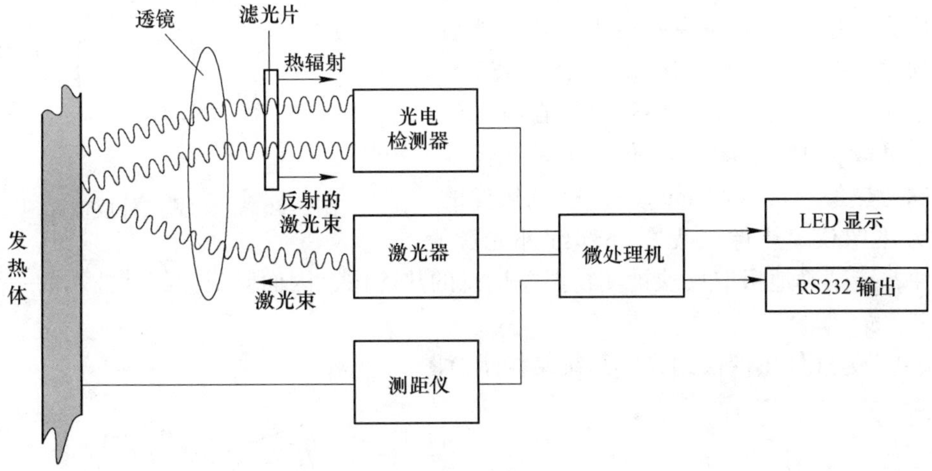

图 3-85　非接触激光红外测温仪的原理框图

红外测温仪一般用于探测目标的红外辐射和测定其辐射强度，确定目标的温度。采用分离出所需波段的滤光片，可使仪器工作在任意红外波段。常见的红外测温仪的组成如图3-82 所示。其光学系统是一个固定焦距的透射系统，物镜一般为锗透镜，有效通光口径即作为系统的孔径光栏。滤光片一般采用只允许 8 ~ 14μm 的红外辐射能通过的材料。红外探测器一般为（钽酸锂）热释电探测器，安装时保证其光敏面落在透镜的焦点上。步进电机带动调制盘转动对入射的红外辐射进行斩光，将恒定或缓变的红外辐射变换为交变辐射。被测目标的红外辐射通过透镜聚焦在红外探测器上，变换为电信号输出，经过前置放大器进行阻抗转换及信号放大，最后送入信号处理器进行处理。除了采用这种透射式结构外，还可以采用反射式的光学系统。透射式光学系统的透镜是用红外光学材料制造的，根据红外波长选择光学材料。

3.14.5.2　红外探测器

红外系统的核心是红外探测器，按照探测的机理的不同，可以分为热探测器和光子探测器两大类。下面以热探测器为例子来分析探测器的原理。热探测器是利用辐射热效应，使探测元件接收到辐射能后引起温度升高，进而使探测器中依赖于温度的元件感知变化。只要检测其中某一性能的变化，便可探测出辐射。多数情况下是通过热电变化来探测辐射的。当元件接收辐射，引起非电量的物理变化时，可以通过适当的变换后测量其相应的电量变化。

3.14.5.3　红外热成像

由于红外光是人的肉眼所不能看到的，因此不能采用普通照相机原理来摄取红外图像。红外热成像（infrared thermal imaging）技术是将红外辐射转换成可见光进行显示的技术。

由红外探测器转换成的电信号，经信号处理器处理后送往显示器。目前大多采用阴极射线管作为显示器来获取红外热图像。现代化的红外热像仪大都配备计算机系统对红外热图像进行分析处理，因而也可将红外热图像进行存储和打印输出。

红外热成像分主动式和被动式两种。主动式红外热成像用红外辐射源照射被测物，然后接收被物体反射的红外辐射图像，如图 3-86 所示。被动式红外热成像则是利用物体自身的红外辐射来摄取物体的热辐射图像，这种成像我们普通称为热像（thermal image），获取热像的装置称为热像仪。热像仪无需外部红外光源，使用方便，能精确地摄取反映被测物温差信息的热图像，因而已成为红外技术的一个重要发展方向。

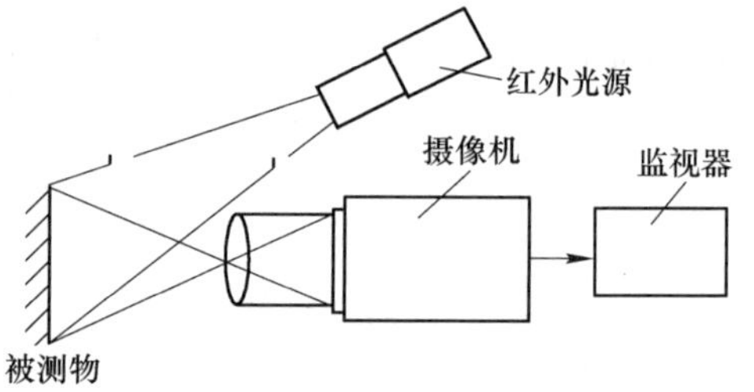

图 3-86　主动式红外成像原理

图 3-87 为红外热像仪的光学系统结构示意图。

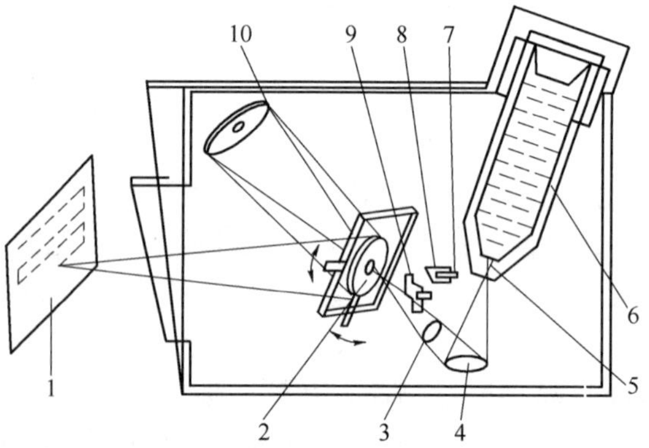

图 3-87　红外热像仪光学系统结构

1—被测对象；2—扫描透镜；3—透镜；4—反射镜；5—红外探测器；6—杜瓦瓶；7—测温元件；8—参考黑体；9—调制器；10—凹面反射镜

被测对象的热辐射经扫描透镜 2 反射到凹面反射镜 10 上，反射后经透镜 3 和反射镜 4 聚焦在红外检测器 5 上。扫描镜 2 是一块直径约 70mm 的平面镜，被安装在万向框架上，框架 x、y 两方向上的转动。扫描镜由一个感应电机（水平扫描电动机）经一偏心轮带动扫描镜作水平方向扫描（行扫描），扫描镜扫描频率为 25 次/秒；框架则由步进电动机（垂直扫描电动机）带动作上下摆动，实现垂直扫描（帧扫描），扫描频率一般为 0. 5 次/秒和 0. 25 次/秒。行、帧扫描的同步信号由行同步、帧同步信号发生电路产生，以控制扫描的协调进行。红外检测器 5 一般采用碲-镉-汞（Te-Cd-Hg）光电型检测器，它必须工作在低温（77K）下，因此被封装在一个小型杜瓦瓶（Dewar-flask）6 中，瓶中灌注有液氮对红外检测器进行冷却。碲-镉-汞红外检测器将红外热辐射转换为电信号，送往后续电路系统进行处理。参考黑体一般用一块铜块制成，上面涂有比辐射率 $\varepsilon = 0.999$ 的涂料。黑体本身无温度控制，其温度随环境温度变化而改变。因此常用温度变换器测量参考黑体温度并进行温度补偿。用一个斩波器来使探测器交替接收被测对象和参考黑体的辐射能，这样可对环境温度作补偿，以实现温度绝对测量。从探测器出来的信号经前置放大后送往A/D 转换器作模/数转换，经转换后的数字信号送至计算机作进一步的处理，作为显示、记录和图像进行存储。另外，探测器出来的信号经放大后也可直接连至阴极射线管显示器进行图像显示。

3.15 微型传感器

3.15.1 MEMS 技术与微型传感器

MEMS（Micro Electro-Mechanical System）通常称微机电系统，在欧洲和日本又常称微系统（Micro System）和微机械（Micro Machine），是当今高科技发展的热点之一。什么是微系统或微机电系统呢？据原联邦德国教研部（BMBF）1994 年给出的定义：若将传感器、信号处理器和执行器以微型化的结构形式集成为一个完整的系统，而该系统具有“敏感”、“决定”和“反应”的能力，则称这样一个系统为微系统或微机电系统。对于一个微机电系统来说，通常具有以下典型的特性：

（1）微型化零件。

（2）由于受制造工艺和方法的限制，结构零件大部分为两维的、扁平零件。

（3）系统所用材料基本上为半导体材料，但也越来越多地使用塑料和金属材料。

（4）机械和电子被集成为相当独立的子系统，比如传感器、执行器和处理器等。

从 MEMS 定义及其特性可知，微机电系统的主要特征之一是它的微型化结构尺寸。图 3-88 给出了不同物体尺寸的比较情况，从中可得到关于微机电系统尺寸范围的一个总体概念。

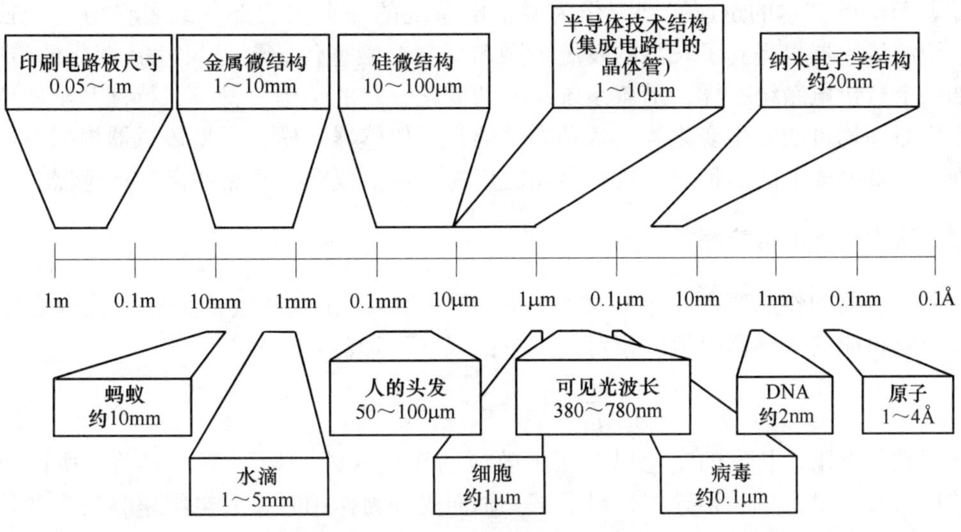

图 3-88 不同物体尺寸的比较

由于微机电系统尺寸的微型化，对系统零部件的加工一般采用特殊方法，通常采用微电子技术中普遍采用的对硅的加工工艺以及精密制造与微细加工技术中对非硅材料的加工工艺，如蚀刻法、沉积法、腐蚀法、微加工法等。表 3-4 给出了微机电系统不同加工工艺方法的比较，从中可看到不同加工方法在加工公差范围、被加工材料以及加工表面性质等方面的差异。

表 3-4 MEMS 技术的不同加工方法

加工方法		公差/μm			材料			特性		
		0~1	0~10	0~100	金属	塑料	陶瓷	结构化	低粗糙度	高粗糙度
蚀刻	湿法腐蚀		√		√					√
	电化学沉积		√		√				√	
	LIGA	√			√				√	
腐蚀	电火花加工		√		√			√		√
	线切割			√	√			√		
	高频腐蚀		√				√			√
蒸镀	Nd-YAG 激光器		√		√	√	√	√		√
	准分子激光器	√			√	√	√	√		
	铜-气体激光器	√			√	√	√			√
	电子束	√			√				√	
成型	注塑		√			√				√
	金属压铸		√		√					√
	陶瓷压铸		√				√			√
微加工	金刚石切削	√			√	√	√		√	
	磨削、研磨、抛光	√			√		√		√	

随着 MEMS 技术的迅速发展，作为微机电系统的一个构成部分或者作为一个独立的元件，微型传感器也得到了长足的发展。顾名思义，微型传感器是尺寸微型化的传感器，但正如一个微机电系统一样，随着系统尺寸的变化，它的结构、材料、特性乃至所依据的物理作用原理均可能发生变化。与各种类型的常规传感器一样，微型传感器根据不同的作用原理也可被制成不同的种类，具有不同的用途。本节仅介绍常见的微型传感器。

3.15.2 压阻式微型传感器

这种传感器的作用原理是半导体材料的压阻效应。在应变式传感器相关内容中曾讲到，一个电阻应变传感器阻值的相对变化可由式（3-107）来描述：

$$\frac{\mathrm{d}R}{R}=(1+2\nu+\pi_1 E)\varepsilon \tag{3-107}$$

亦即它与电阻丝长度的变化以及压阻效应的作用（式中第三项）有关。所谓半导体材料的压阻效应是指单晶半导体材料沿某一轴向受外力作用时，其电阻率 ρ 发生变化的现象。由于单晶半导体在外力作用下，原子点阵排列规律发生了变化，从而导致载流子迁移率及载流子浓度发生了变化，使材料的电阻率随之改变。由于电阻率的变化，亦即式（3-104）中第三项 $\pi_1 E\varepsilon$ 的值远大于同式中的前两项$(1+2\nu)\varepsilon$ 的值，因此半导体应变片的灵敏度远大于金属丝应变片的灵敏度，其应变片系数常为金属丝应变片的数十倍。

3.15.2.1　压阻式压力传感器

压阻式传感器的一个典型应用是测量压力。如图 3-89 所示为压阻式微型压力传感器的原理结构，其中在硅基框架上形成有硅薄膜层，通过扩散工艺在该膜层上形成半导体压敏电阻。膜片受压力作用时，引起压敏电阻的电阻值变化，经与之相联的电桥电路可将这种阻抗的变化转换为电压值的变化。图 3-90 所示为这种传感器的一个详细结构截面。

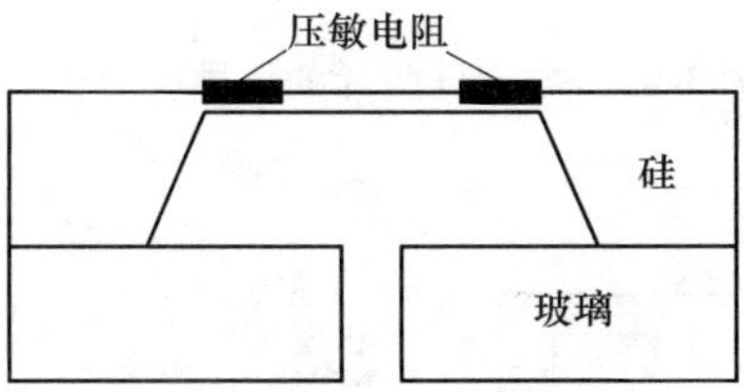

图 3-89　压阻式微型压力传感器作用原理

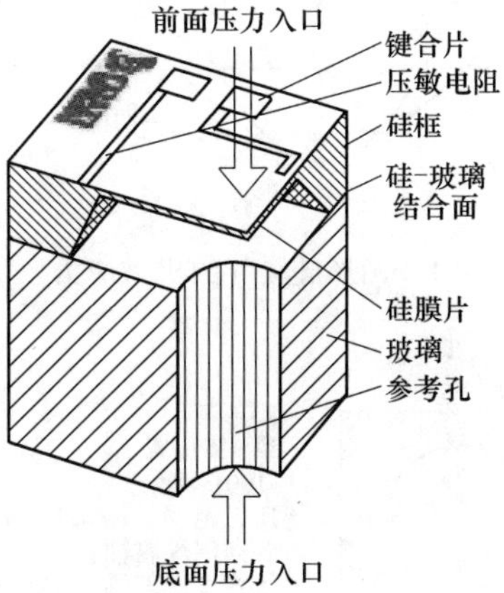

图 3-90　压阻式微型压力传感器结构

压敏电阻的电阻率 ρ 的变化可用下式表示

$$\frac{\Delta\rho}{\rho} = \pi_1\sigma_1 + \pi_t\sigma_t \tag{3-108}$$

式中　ρ——压敏电阻的电阻率，Ω/cm；

π_1——纵向压阻系数，Pa^{-1}；

π_t——横向压阻系数，Pa^{-1}；

σ_1——纵向机械应力，Pa；

σ_t——横向机械应力，Pa。

如前所述，压阻系数和半导体材料掺杂所形成的压敏电阻的晶体方向有关，也与所受到的温度有关。

压阻式压力传感器中的硅膜片在受到压力作用时会产生弹性变形。这种膜片根据所采用的蚀刻工艺分别可做成圆形和方形结构。图 3-91 和图 3-92 分别示出圆形和方形硅膜片在压力作用下产生的机械应力曲线，两者差别很大，其中圆形膜片的应力曲线呈对称性。

为得到最大的传感器输出信号，一般将组成电桥的四个压敏电阻按一定规律配置在硅膜片上，用来敏感所受的压力和拉力。根据不同的应用可以有不同的配置方式。图 3-93 和图 3-94 分别示出圆形和方形膜片上不同压敏电阻的排列配置方式。

图 3-95 示出一种压阻式微型压力传感器组成的测量单元。传感器中的硅片起着敏感压力的作用，当有压力作用时，它产生弯曲，从而其上下表面会发生伸展和压缩现象。在这些会出现伸长和压缩的位置上通过扩散和离子植入进行掺杂，从而形成相应的电阻，这些电阻随之伸长和压缩。有时为进行温度补偿，还在同一硅片上形成温度补偿电阻，与工

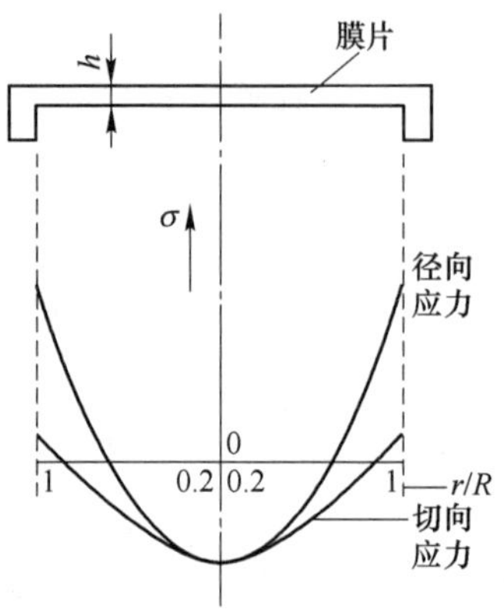

图 3-91 圆形硅膜片的机械应力

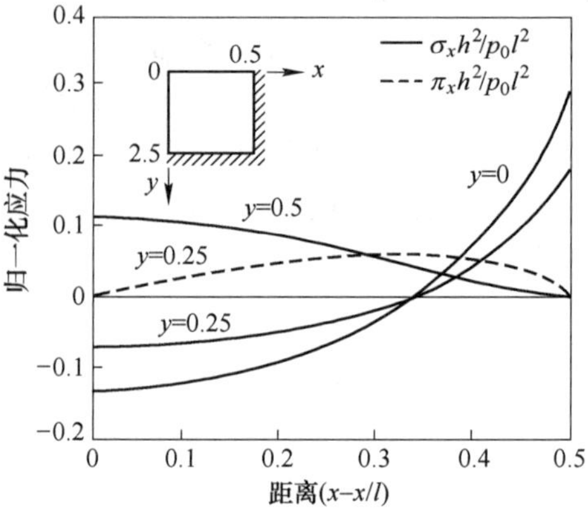

图 3-92 方形硅膜片的机械应力

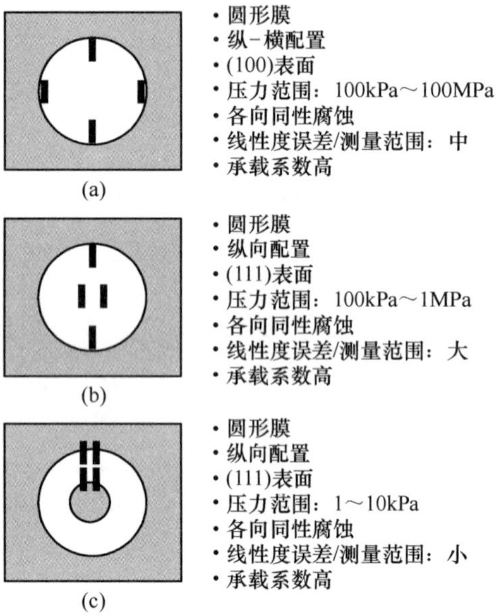

图 3-93 各向同性蚀刻形成的圆形膜片上压敏电阻的配置形式

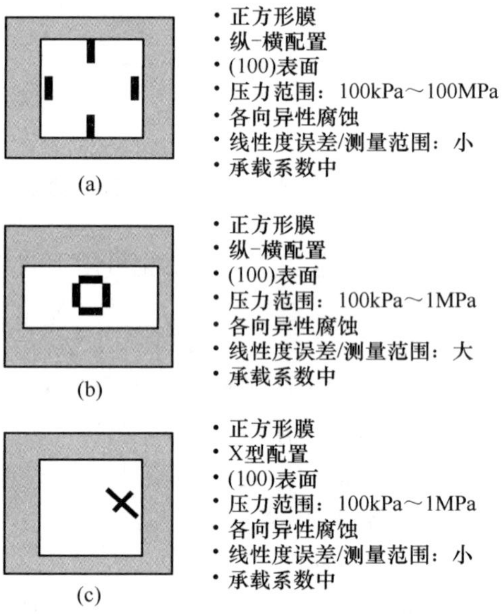

图 3-94 各向异性蚀刻形成的方形膜片上压敏电阻的配置形式

作电阻一起接在电桥电路中，以补偿受温度影响而产生的阻值变化。图 3-95(e)为用于管道和容器中测压的微传感器测量单元。其中硅片微型传感器被置于一油室中，被测压力经一钢弹性膜片传至内室中，由微型传感器来加以测量。该配置方式的好处是可以消除硅片上应力集中的影响。这种压阻式传感器适合用作压力或差压的测量。测量范围从几毫帕到几百帕。

3.15.2.2 压阻式加速度传感器

这种传感器常做成悬臂梁的形式，如图 3-96 所示，当悬臂梁一端的质量块受到加速度作用时，引起梁应力的变化，该应力的变化则转变为臂上所配置的压敏电阻阻值的变

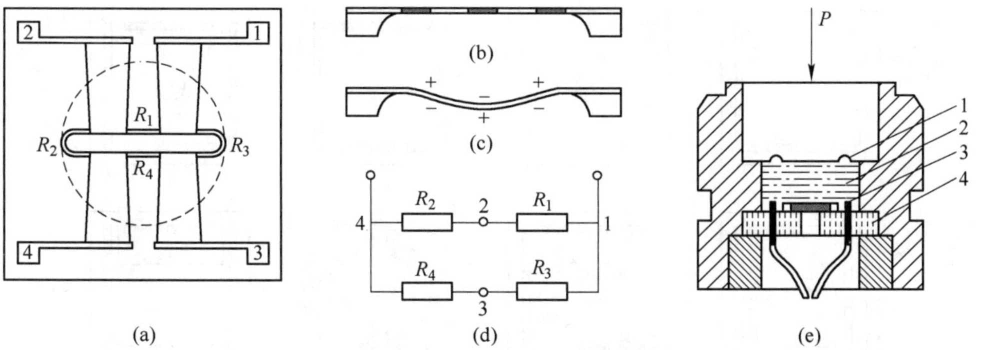

图 3-95　压阻式微型压力传感器测量单元

（a）具有掺杂电阻 $R_1 \sim R_4$ 的硅片；（b）硅片未受压力作用时；（c）硅片受压力作用时伸长和缩短的区域情况；（d）掺杂电阻组成的电桥；（e）传感器结构截面图

1—钢膜片；2—油室；3—硅片；4—电连接密封装置

化。通常将四个压敏电阻接成全桥的形式，并设法使压敏电阻的纵向和横向压阻系数相等，亦即 $\pi_l = \pi_t$，此时根据全桥电路公式（图 3-97），有

$$\frac{e}{e_s} = \frac{1}{4}\left(\frac{\Delta R_1}{R_1} - \frac{\Delta R_2}{R_2} + \frac{\Delta R_3}{R_3} - \frac{\Delta R_4}{R_4}\right) \tag{3-109}$$

式中，e 为电桥输出电压；e_s 为电桥电源电压；$\Delta R_1 \sim \Delta R_4$ 为各压敏电阻阻值变化值。

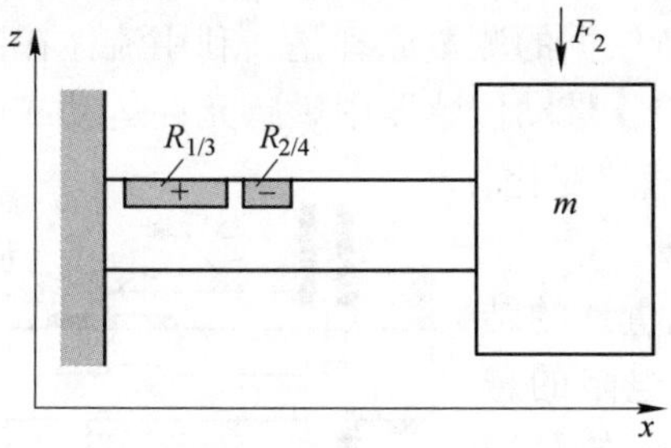

图 3-96　压阻式微型加速度传感器作用原理

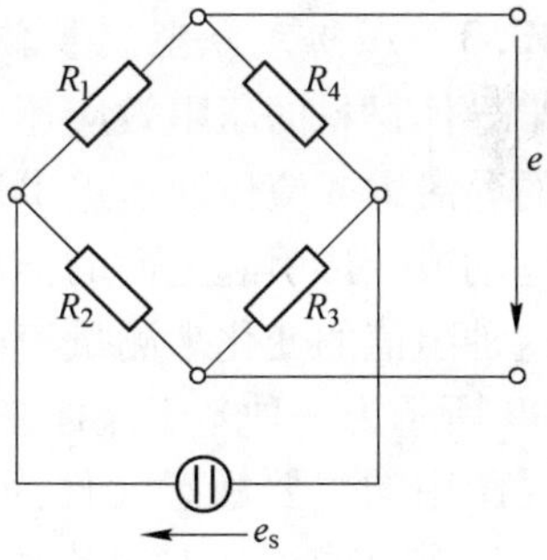

图 3-97　压阻式微型加速度传感器的电桥电路

若考虑传感器的结构参数，则式（3-109）可写为如下形式：

$$\frac{e}{e_s} = \frac{3}{4}\pi_1 \frac{l}{bh^2} ma \tag{3-110}$$

式中，l 为梁重心到悬挂点距离；b 为梁的宽；h 为梁的厚；m 为质量块质量；a 为加速度；π_1 为压敏电阻的纵向压阻系数。

在实际的加速度传感器设计中，由于需要考虑各种干扰因素对输出电信号，如非线性、过载、横向灵敏度等的影响，质量块的配置方式往往不单纯地采取悬臂梁式结构，而是根据不同的用途和不同的技术要求设计成不同的形式。图 3-98 给出了多种质量块的悬挂方式。为清晰起见，图 3-98 中的灰色部分代表结构被掏空的部分。

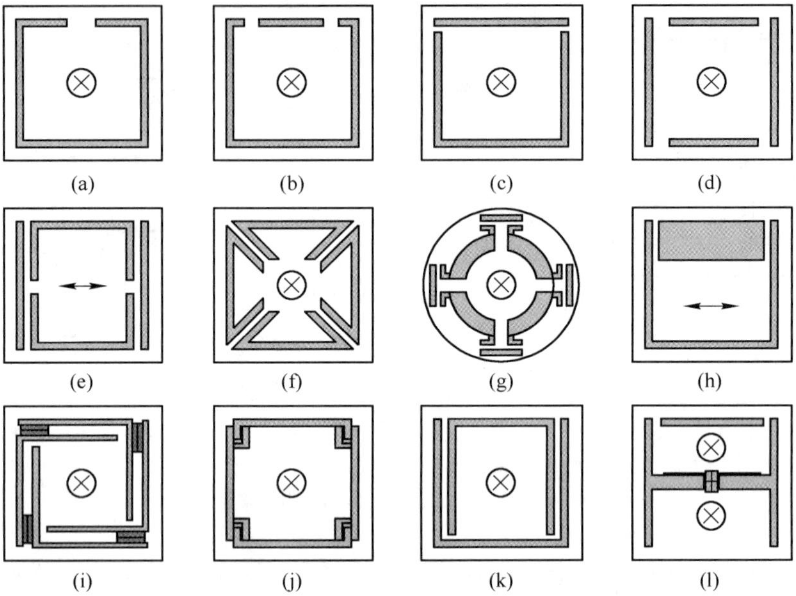

图 3-98　质量块的不同弹性连接方式

(a) 简支梁；(b) 双梁；(c) 扭转梁；(d) 桥式垂直；(e) 桥式水平；(f) 方形桥；(g) 圆摆式桥；(h) 双弯簧式；(i) 双弯簧桥式；(j) 带卷臂的桥式结构；(k) 双弯梁式；(l) 双质量桥式

3.15.2.3　压阻式微型流量传感器

利用半导体材料的压阻效应还可测量流量。所依据的测量原理是：利用流体在流动过程中产生的黏滞力或流体通道进出口之间的压力差，带动传感器中敏感元件运动或产生变形，这种运动或变形引起上面的压敏电阻产生阻值的变化，通过检测这种阻值的变化来测量流体的速度和流量。

图 3-99 所示为一种基于流体黏滞力的微型流量计的结构示意图。图中的主要敏感元件为一配置有压敏电阻的悬臂梁构件。当有流体流入时，流体流经通道所产生的黏滞力将带动悬臂梁运动，从而使压敏电阻受拉伸或压缩，产生阻值变化。

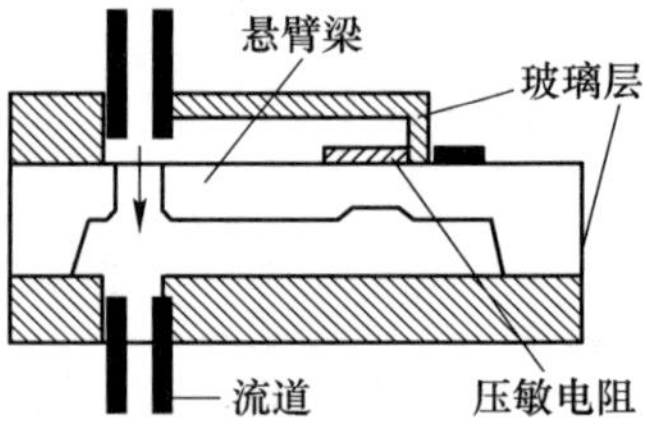

图 3-99　基于黏滞力的微型流量计结构

流体在流动过程中受到障碍物作用时，由流体在流动过程中受到障碍物作用时，由于流体的黏滞作用，会在平行于流动方向上产生黏滞力

$$F_v = K_1 lv\eta \tag{3-111}$$

式中，l 为障碍物长度；v 为流速；η 为流体黏滞度；K_1 为比例系数，与障碍物的形状有关。

悬臂梁在黏滞力 F_v 的作用下发生形变，产生的表面应力

$$\sigma = \frac{6F_v l_b}{bh^2} \tag{3-112}$$

式中，l_b 为悬臂梁长度；b 为梁的根部宽度；h 为梁的根部厚度。

由此引起梁的压敏电阻阻值的相对变化为

$$\frac{\Delta R}{R}=K_2\sigma=K_2\frac{6K_1lv\eta l_b}{bh^2}=Kv \tag{3-113}$$

式中，K_2 为比例系数。

由式（3-113）可知，电阻变化率与流速成正比。

3.15.3　电容式微型传感器

采用蚀刻法制成的电容式硅传感器的主要优点是耗能少、灵敏度高以及输出信号受温度影响小。

3.15.3.1　电容式压力传感器

在 3.15.2 节讲到，压阻式压力传感器主要利用了机械应力改变的效应，而电容式压力传感器则主要利用膜片产生的位移使电容量发生变化的效应。由于结构、连接技术以及安装等方面的特点，和压阻式传感器相比，电容式传感器对机械应力的敏感性差。此外，由于电容式微型传感器所产生的电容量和电容变化量很小，一般为皮法（pF）到飞法（fF）量级，因而常要求用蚀刻法集成与之相连的信号处理电路。另外的一个特点是，电容传感器的基本特性曲线是非线性的，这是因为电容量与极板间距的倒数 $1/d$ 成比例的关系。

图 3-100 所示为电容式微型传感器的作用原理。对圆形膜片式结构的电容传感器来说，所产生的电容

$$C(x)=C_0\frac{1}{x}\operatorname{artanh}\sqrt{x} \tag{3-114}$$

式中，$x=\frac{P}{P_N}$，$x\leqslant1$；$C_0=\frac{\varepsilon\cdot A}{d_0}=\frac{\varepsilon_0\varepsilon_r\cdot\pi R^2}{d_0}$；$A$ 为膜片面积，m^2；R 为膜片半径，m；d_0 为未受载状态下极板间距，m；ε_r 为相对介电常数，介质为空气时 $\varepsilon_r=1$；ε_0 为绝对介电常数，$\varepsilon_0=8.85\times10^{-12}$F/m。

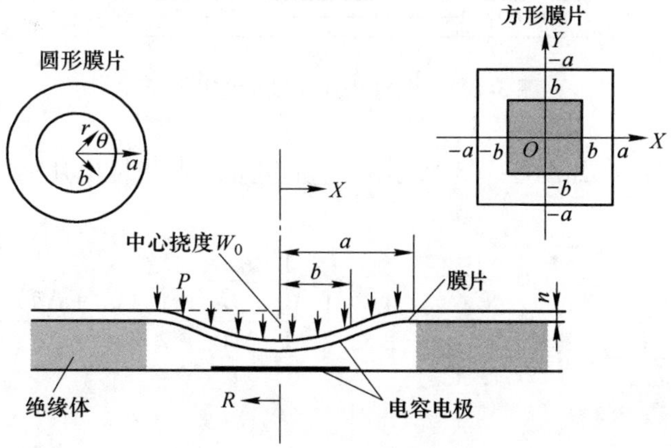

图 3-100　电容传感器原理结构

将式（3-111）展开成泰勒级数，实验证明，不管膜片的形状如何，即不管是圆形还是方形，均可得到近似公式：

$$C(x) \approx C_0 \frac{1-\alpha x}{1-x} = C_0 + \Delta C(x) \tag{3-115}$$

式中

$$\Delta C(x) = C_0 \frac{1-\alpha}{1-x} x \tag{3-116}$$

图 3-101 所示为一种集成的电容式微型压力传感器结构，整个传感器采用体硅工艺制造而成。其中金属化膜片层形成一个活动电极，敏感被测压力，并与金属化固定电极形成一电容器。

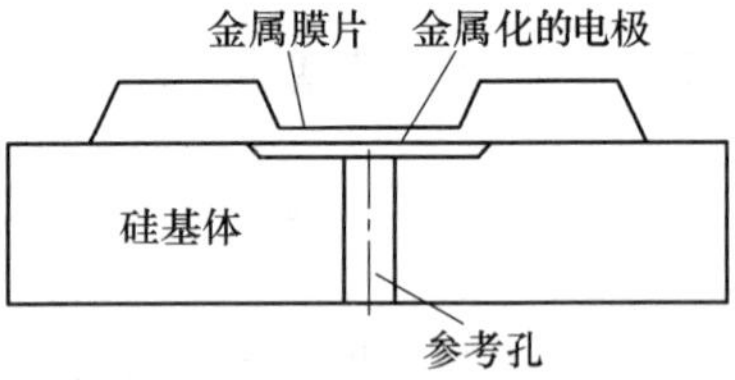

图 3-101　采用体硅工艺制成的电容式微型压力传感器结构

3.15.3.2　电容式加速度传感器

该传感器的作用原理是将质量块所受到的加速度变化转换成电容电极间距的变化，如图 3-102 所示，通常为了增加灵敏度常采用差动式结构。如图所示，当质量块敏感加速度作用时，由于质量块的运动会使质量块上的电容电极与上、下两固定极板间的距离发生变化，从而改变电容量的输出。上、下两电容器所形成的电容

$$C = \frac{\varepsilon_0 \varepsilon A}{d_0 \pm \Delta d} \tag{3-117}$$

式中，ε_0 为真空介电常数；ε 为电容器介质介电常数；d_0 为静态时电容器两极板间距；Δd 为电容器极板间距变化量。

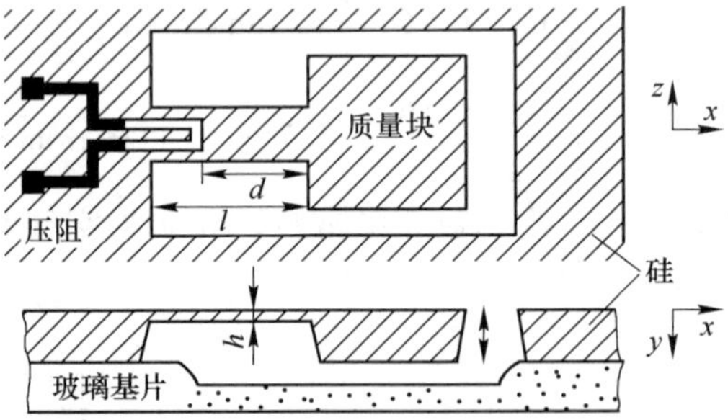

图 3-102　电容式加速度计作用原理

若将电容传感器接成如图 3-103 所示的电桥电路，则测量电压 e_m 与电桥电源电压 e_s 间的关系为

$$\frac{e_m}{e_s} = \frac{\dfrac{1}{j\omega C_1}}{\dfrac{1}{j\omega C_1}+\dfrac{1}{j\omega C_2}} - \frac{1}{2} = \frac{\dfrac{1}{C_1}}{\dfrac{1}{C_1}+\dfrac{1}{C_2}} - \frac{1}{2} = \frac{1}{2}\,\frac{\dfrac{1}{C_1}-\dfrac{1}{C_2}}{\dfrac{1}{C_1}+\dfrac{1}{C_2}} = \frac{1}{2}\,\frac{(d_0+\Delta d)-(d_0-\Delta d)}{(d_0+\Delta d)+(d_0-\Delta d)}$$

$$= \frac{1}{2}\,\frac{\Delta d}{d_0} \tag{3-118}$$

可见电桥的输出电压与质量块的移动量 Δd 成正比。

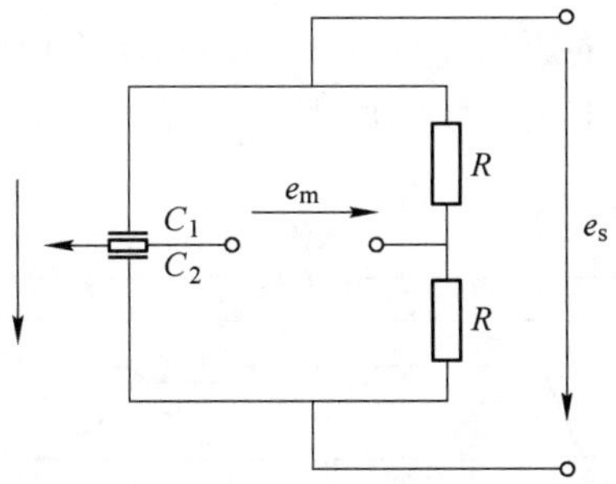

图3-103　电容式加速度传感器电桥电路

电容式微型加速度计通常采用体硅和表面硅工艺制作。图3-104所示为一种美国AD公司生产的加速度计。电容式加速度计的电容极板也常做成梳齿式的结构。

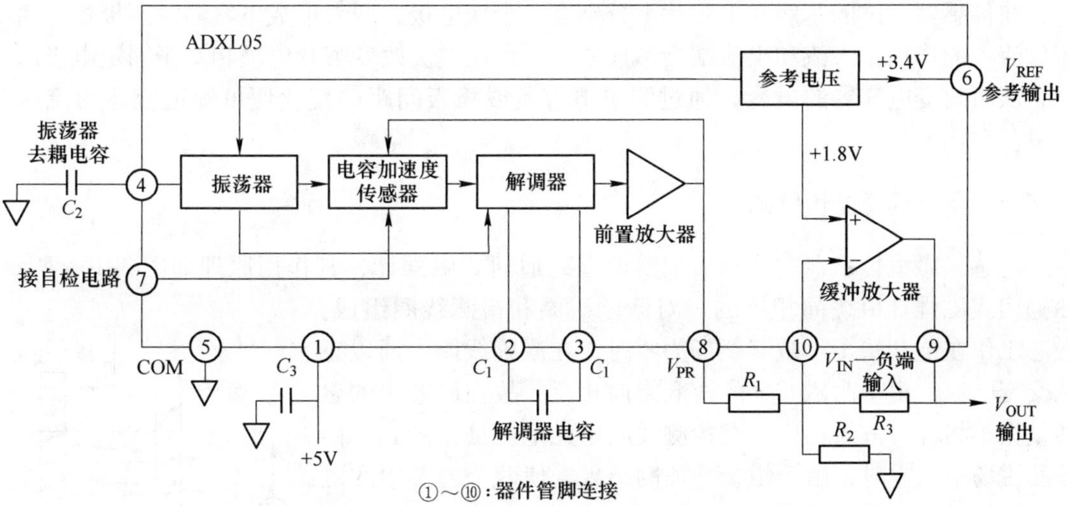

(a)

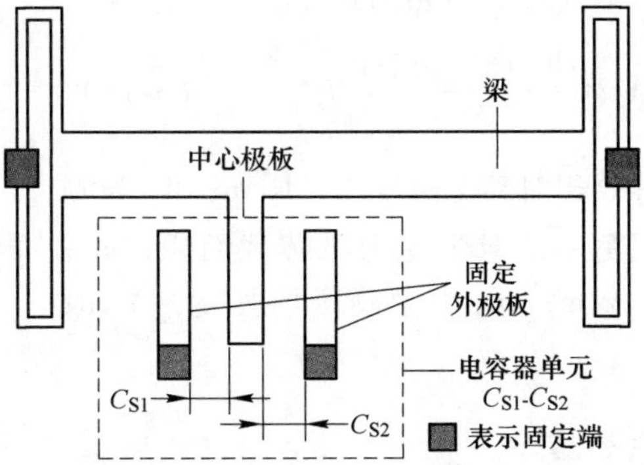

(b)

图3-104　电容式微型加速度计（AD公司）

（a）测量原理；（b）传感器结构

3.15.3.3　电容式微型流量传感器

利用流体流动过程中形成的压力差促使电容传感器极板间距的改变来达到测量流量的目的。图 3-105 所示为一种基于压差作用原理的电容式微型流量计。

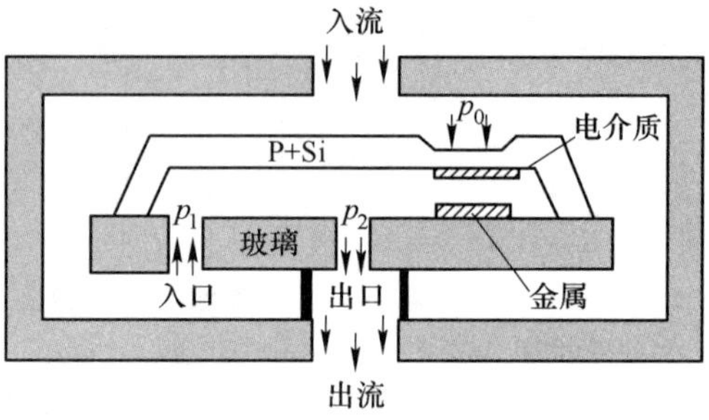

图 3-105　基于压差作用的电容式微型流量计

在传感器壳体的基底和上膜片上分别有一金属电极，两者形成电容器的两极板。由于流体流入的作用，入流和出流端会形成压差，该压差会改变膜片电极相对于固定电极的位置，从而改变电容器的电容。通过测量电容量或极板间距的变化便可知道流体的流速和流量。

3.15.4　电感式微型传感器

电感式微型传感器的典型应用是微型磁通门式磁强计，其作用原理如图 3-106 所示。磁通门式磁强计由绕向相反的一对激励线圈和检测线圈组成，磁芯工作在饱和状态。被测磁场为零时，在激励线圈中通以正弦交变电流，由于两磁芯上的线圈绕向相反，故在磁芯中的磁通量大小相等、方向相反，在检测线圈中无电压被检测到。而被测磁场不为零时，由于磁场叠加的结果，使两个磁芯中的磁场对称性受到破坏，从而在检测线圈中检测到产生的感应电动势。对这一信号的二次谐波分量进行分析可得：

$$E_s = 16 \times 10^{-8} \frac{\mu W_s f S H_s \sin 2\omega t}{H_m} H_e \qquad (3\text{-}119)$$

式中，μ 为传感器磁芯的有效相对动态磁导率，H/m；W_s 为测量线圈匝数；f 为激励磁场频率，Hz；S 为磁芯截面积，m^2；H_s 为磁芯饱和磁场强度，A/m；H_m 为激励磁场强度，A/m；H_e 为被测磁场强度，A/m。

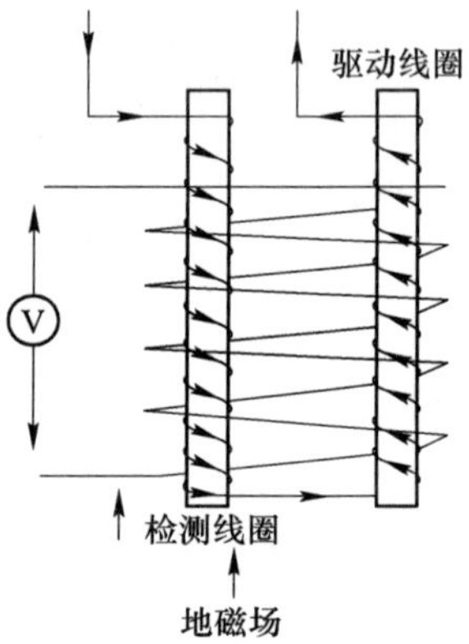

图 3-106　磁通门式磁强计作用原理

3.15.5　热敏电阻式微型传感器

用热敏电阻式微型传感器可测量气体的流量和流速。图 3-107 所示为这种传感器的作用原理和结构。其中的薄膜片用导热性能差的材料（如氮化硅或二氧化硅）所组成，在膜片上配置有两个加热电阻和两个（热敏）测量电阻。流经膜片的被测气体介质在流过测量电阻时，会给两个电阻带来热量（加热）或带走热量（冷却），测量电阻上的温度差即是气体流速或流量的一个度量。

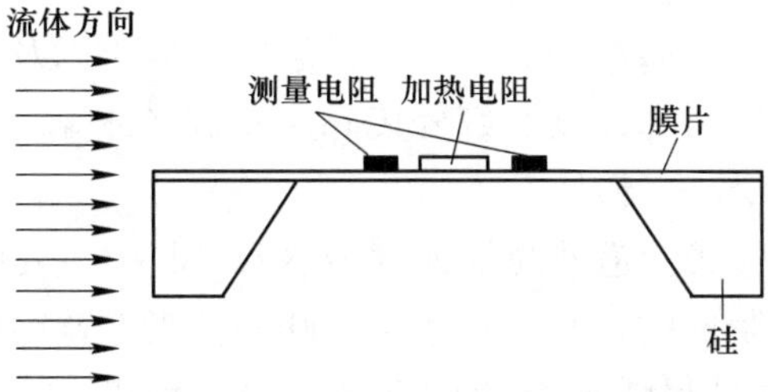

图 3-107　微型流量计结构截面图

图 3-108 为一种测量气体热导率的微型传感器。该传感器由热源、沉热槽和温度探头所组成。图中的热源由绝热材料膜片（比如 Si_3N_4）所形成。沉热槽则用 MEMS 工艺制成的微结构硅片组成。操作时可加恒定的加热电压或加热功率，也可使膜片具有恒定的温度。在后者的情况下，加热功率随热导率的增加而增加，这样加热功率便是热导率的一个度量。在硅片上开有多个孔形成沉热槽，基片上则设有通道让被分析气体进入。

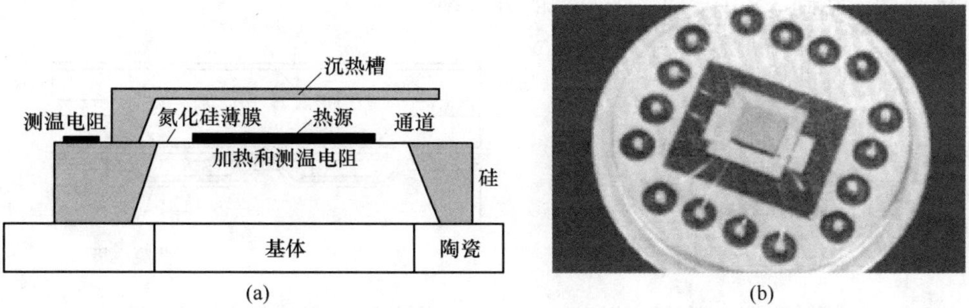

图 3-108　微型热导率测量传感器

（a）原理结构；（b）实际传感器外形

3.15.6　隧道效应式传感器

隧道效应式传感器是一种高灵敏度的微型传感器，目前对位移变化的灵敏度在 500Hz 频率下可达 $4.7\times10^{-5}\text{nm}\cdot\text{Hz}^{\frac{1}{2}}$。其基本的工作原理与扫描隧道显微镜相同，在探针电极与检测电极间施加一偏置电压，而探针与检测电极间距离接近于纳米量级时，电子便会穿过两电极间的势垒，形成隧道电流。通常隧道针尖的曲率半径只有 1μm，因此从隧道效应本身的原理来讲，传感器尺寸的缩小不会带来性能上的下降。图 3-109 为隧道效应原理图。所产生的隧道电流与电极间距 S 之间有如下关系：

$$I_{\text{tun}} = I_0 e^{-\alpha\sqrt{\Phi}S} \tag{3-120}$$

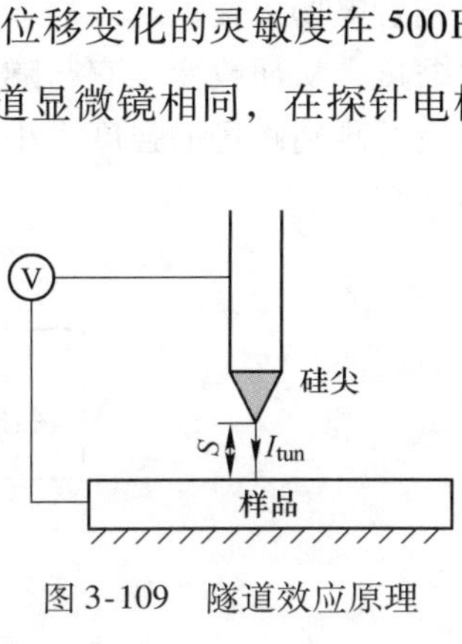

图 3-109　隧道效应原理

式中，$\alpha = 10.25\text{eV}^{-1/2}\text{nm}^{-1}$；$\Phi$ 为针尖与电极表面间的势

垒，对于空气中的金电极，其值在0.05～0.5eV之间；S为针尖与电极间距离，nm。

对于典型的Φ和S($\Phi = 0.5$eV，$S = 1$nm)，所形成的I_{tun}约为1nA。间距若增大1Å，隧道电流将减小近一个数量级。

隧道效应式传感器具有灵敏度高、噪声小、温度系数小以及动态性能好等特点。利用隧道效应做成的传感器目前有加速度、红外传感器和磁强计等。

3.15.6.1 隧道效应加速度计

图3-110为一种悬臂梁式隧道效应加速度传感器。其中主要的结构是一个悬臂梁，硅尖是采用聚焦离子束光刻制成的，其直径小于100nm。当悬臂梁的位置变化时，与针尖间的距离将发生变化，从而引起隧道电流的变化，该电流变化量便反映了所受加速度的大小。

3.15.6.2 隧道效应红外传感器

图3-111所示为美国斯坦福大学设计的一种利用隧道效应的红外传感器。主要结构有三层，相邻两层间采用金－金键合结合在一起，上下两层硅片形成一个红外吸收腔。其作用原理是：上层的红外吸收层吸收红外辐射后使得吸收腔内部的气体膨胀，在压力作用下使薄膜变形，从而使下层硅片上的针尖与薄膜电极间的隧道电流发生变化，通过检测该电流的变化量便可获得薄膜的变形情况，进而测得红外辐射的程度。在25Hz的工作频率下，该传感器能达到3×10^{-10}W·$Hz^{-0.5}$的分辨率。

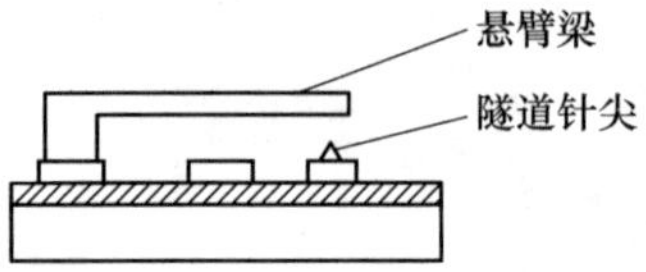

图3-110 悬臂梁式隧道效应加速度计

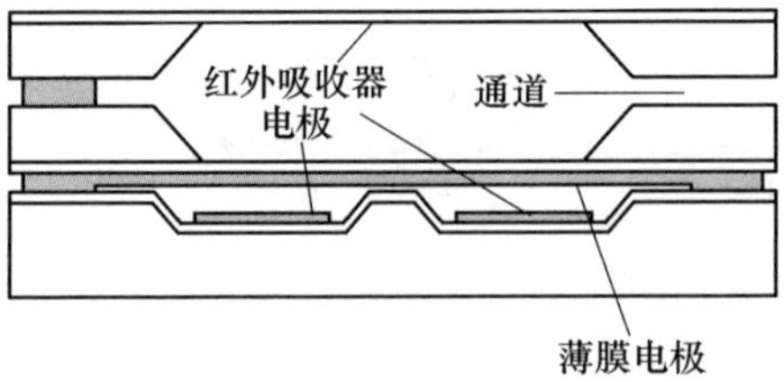

图3-111 隧道效应红外传感器

3.15.6.3 隧道效应式磁强计

利用隧道效应也可用来测磁强。图3-112所示为一种利用磁致伸缩原理的隧道效应磁强计。其中的磁芯为磁致伸缩材料（$Fe_{81}B_{13.5}Si_{3.5}C_2$）制成。外部的螺管线圈给磁芯提供一偏置电场，使铁芯工作在磁场灵敏度最大区域。被测的外部磁场促使铁芯产生一附加的伸缩量，从而改变了它与隧道探针针尖间的距离，引起隧道电流的变化。通过检测隧道电流便可测到磁场的强度大小。这种类型的传感器最大分辨率约为10^{-8}T，灵敏度可达3×10^{5}V/T。

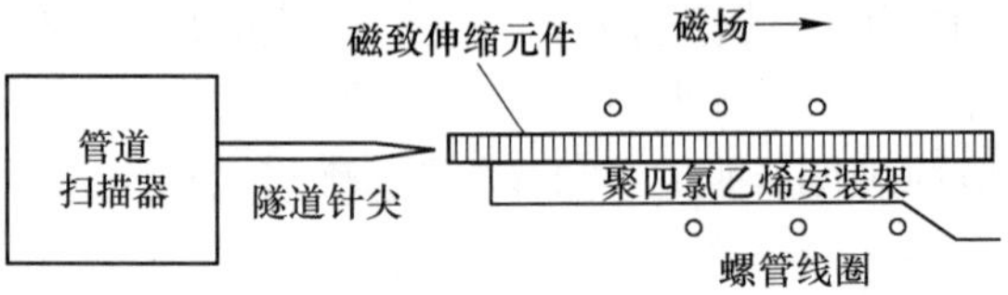

图3-112 磁致伸缩型隧道效应磁强计

图3-113所示为另一种形式的隧道效应式磁强计，用于搭接在小卫星上来测量地球磁场。其中两片硅片通过金-金键合结合在一起，在下硅片上制作有隧道针尖。上硅片使用自停止腐蚀技术制作了一层薄膜，薄膜之下制作有驱动电极。上表面上制作了平面线圈。传感器工作时，在驱动电极上施加电压，在静电力作用下，薄膜产生变形。针尖与薄膜间距离达到1nm时，就会产生隧道电流。在线圈内通以交变电流，薄膜在洛伦兹力作用下产生振动，测量薄膜振动便可测出磁场强度。

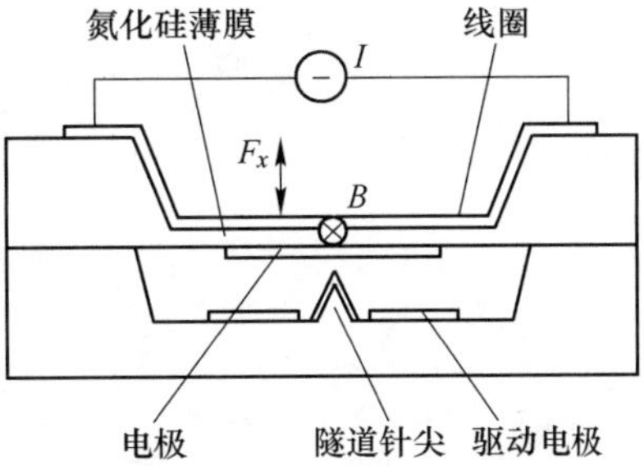

图3-113　微型隧道效应磁强计

思考与练习

3-1　什么叫传感器，什么叫敏感元件，二者有何异同？

3-2　用应变片测量时，为什么必须采取温度补偿？

3-3　试比较差动自感式传感器与差动变压器式传感器的异同。

3-4　涡流式传感器的主要优点是什么，它可以应用在哪些方面？

3-5　收集一个电冰箱温控电路实例，剖析其工作原理。

3-6　用压电式传感器能测量静态和缓变的信号吗，为什么？

3-7　为什么压电式传感器多采用电荷放大器而不采用电压放大器？

3-8　某霍尔元件的$l \times b \times d$（长×宽×高）为1.0cm×0.35cm×0.1cm，沿l方向通以电流$I = 1.0$mA，在垂直lb方向有均匀磁场$B = 0.3$T，传感器灵敏度为22V/（A·T），试求其霍尔电动势及载流子浓度。

3-9　试说明光纤传光的原理与条件。

3-10　分别为变气隙式自感传感器和变极距型电容器设计一个纸页厚度测量电路，使输出电流或电压与纸厚呈线性关系。

3-11　将两只相同的金属应变片粘贴到题3-11图所示筒式压力传感器外壁的圆周上，一个应变片R_1作工作片，另一个应变片R_2作补偿片，请将这两只应变片连入电桥，导出电桥输出电压与压力P的关系式，并说明R_2的作用原理。

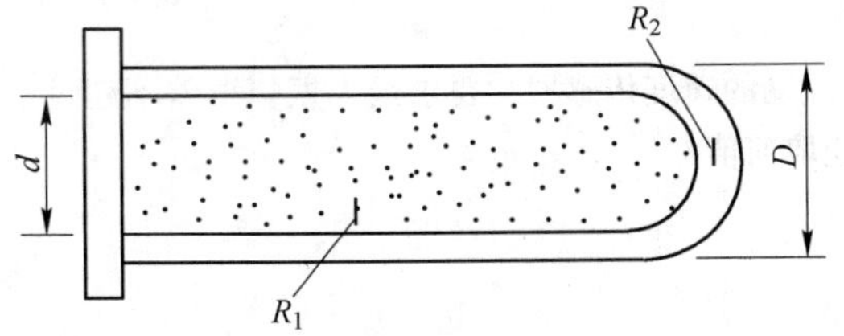

题3-11图

3-12　有一电阻应变片，其灵敏度$S = 2$，$R = 120\Omega$。设工作时其应变为$1000\mu\varepsilon$，问其$\Delta R = ?$若将此应变片接成如题3-12图所示电路，试求：

（1）无应变时的电流表示值；

（2）有应变时的电流表示值；

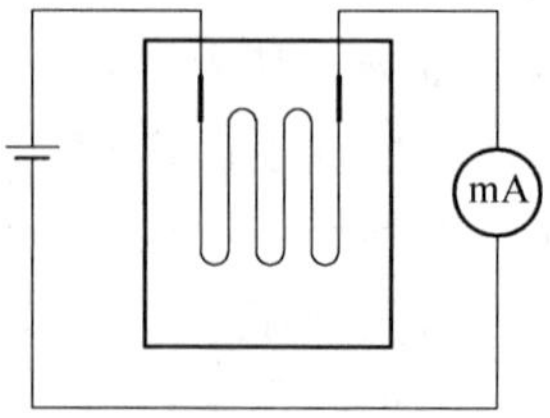

题 3-12 图

（3）电流表的示值相对变化量；

（4）这一变化量能否从表中读出。

3-13 如题 3-13 图所示，有一钢板原长 $L=1\text{m}$，钢板的弹性模量 $E=2.1\times10^6\text{kg}\cdot\text{f/cm}^2$，在力 P 作用下，使用 BP-3 型箔式应变片（其 $R=120\Omega$，灵敏度系数 $K=2$）。测出拉伸应变为 $300\mu\varepsilon$。求钢板的伸长 ΔL；σ 应变片的 $\Delta R/R$。如果要测出 $1\mu\varepsilon$，则相应的 $\Delta R/R$ 是多少？

3-14 如题 3-14 图所示为一电容测微仪，共传感器的圆形极板半径为 $r=4\text{mm}$，工作初始间隙 $d_0=0.3\text{mm}$，空气介质。

（1）如果传感器的工作间隙由初始间隙变化 $\Delta d=\pm1\mu\text{m}$ 时，电容的变化量是多少？

（2）如果测量电路的放大系数 $K_2=1\text{mV/pF}$，计数仪表的灵敏度 $K_0=5$ 格/毫伏，$\Delta d=\pm1\mu\text{m}$ 时，计数仪表的指示值变化多少格？

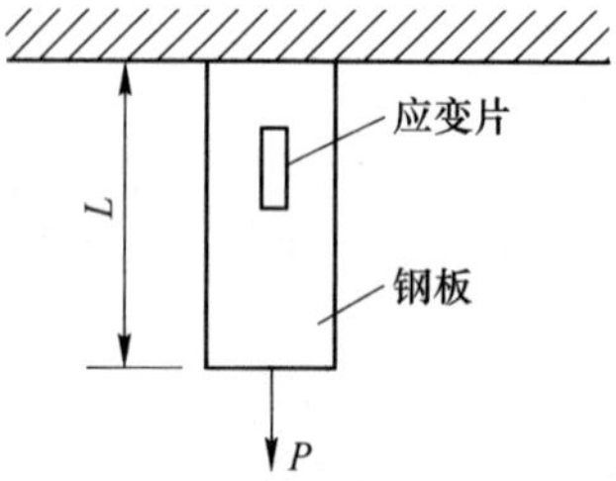

题 3-13 图

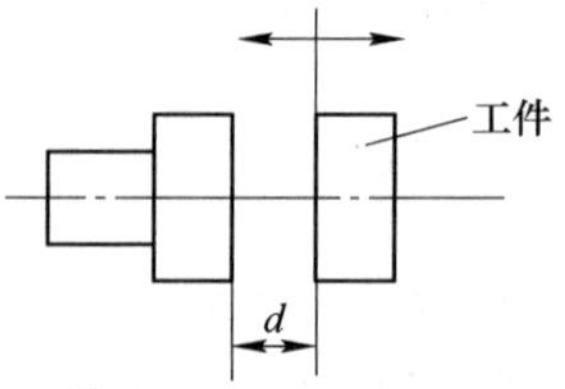

题 3-14 图

3-15 用固有频率 $f_n=15\text{Hz}$、阻尼率 $\zeta=0.7$ 的惯性速度传感器，测量下列两种振动：$x_1(t)=5a\sin(2\pi f_1 t)$，$x_s(t)=a\sin(2\pi f_2 t)$

其中，$f_1=10\text{Hz}$，$f_2=100\text{Hz}$。试求此传感器的输出信号。如果用压电加速度传感器，其输出信号又如何？

3-16 设计一测量 30Hz 以上振动的速度传感器，要求最大振幅误差不超过 ±5%。若阻尼率 $\zeta=0.6$，问机械系统的固有频率应取何值？

第 4 章　测试信号的转换与调理

测试系统的第二个环节是信号的转换与调理。被测物理量经传感环节已转换为电阻、电容、电感或电压、电流、电荷等电参量。由于在测量过程中不可避免地会受到各种内、外干扰因素的影响，且被测信号最终被用于驱动显示、记录和控制等仪器或进一步将信号输入计算机进行数据处理，因此经传感后的信号尚需经过调理、放大、滤波、运算分析等一系列加工处理，以抑制干扰噪声，提高信噪比，便于进一步传输和后续环节中的处理。信号的转换与调理涉及的范围很广，本章将集中讨论一些常用的环节，如电桥、调制与解调、信号的滤波及 A/D、D/A 转换等。

4.1　电桥

电桥是将电阻、电容、电感等参数的变化转换为电压或电流输出的一种测量电路。电桥电路简单可靠，且具有很高的精度和灵敏度，因此被广泛用作仪器测量电路。

电桥按其所采用的激励电源类型可分为直流电桥和交流电桥两类，按其工作原理又可分为归零法和偏值法两种，其中偏值法的应用更为广泛。

4.1.1　直流电桥

图 4-1 所示为直流电桥的基本结构形式，其中电阻 R_1、R_2、R_3、R_4 组成电桥的四个桥臂，在电桥的一条对角线两端 a 和 c 接入直流电源 e_x 作为电桥的激励电源。而在电桥的另一对角线两端 b 和 d 上输出电压值 e_o，该输出可直接用于驱动指示仪表，也可接入后续放大电路。

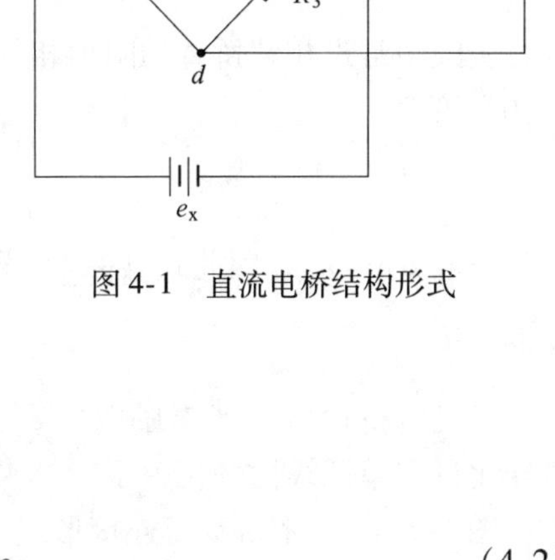

图 4-1　直流电桥结构形式

作为测量电路的直流电桥，其工作原理是利用四个桥臂中的一个或数个的阻值变化而引起电桥输出电压的变化，因此桥臂可采用电阻式敏感元件组成并接入测量系统。

图 4-1 所示为直流电桥，当输出端后接输入阻抗较大的仪表或放大电路时，可视为开路，其输出电流为零，此时有：

$$I_1 = \frac{e_x}{R_1 + R_2}$$
$$I_2 = \frac{e_x}{R_3 + R_4} \qquad (4\text{-}1)$$

a 和 b 之间与 a 和 d 之间的电位差分别为

$$U_{ab} = I_1 R_1 = \frac{R_1}{R_1 + R_2} e_x \qquad (4\text{-}2)$$

$$U_{cd} = I_2 R_4 = \frac{R_4}{R_3 + R_4} e_x \tag{4-3}$$

由此可得输出电压

$$e_o = U_{ab} - U_{cd} = \frac{R_1}{R_1 + R_2} e_x - \frac{R_4}{R_3 + R_4} e_x = \frac{R_1 R_3 - R_2 R_4}{(R_1 + R_2)(R_3 + R_4)} e_x \tag{4-4}$$

由式（4-4）可知，若要使输出为零，亦即当电桥平衡时，则应有：

$$R_1 R_3 = R_2 R_4 \tag{4-5}$$

式（4-5）即为直流电桥的平衡公式。由式（4-5）可知，公式中四个电阻的任何一个或数个阻值发生变化而使电桥的平衡不成立时，均可引起电桥输出电压的变化，因此适当选取各桥臂电阻值，可使输出电压仅与被测量引起的电阻值变化有关。

常用的电桥连接形式有半桥单臂、半桥双臂和全桥连接，如图 4-2 所示。图 4-2(a) 为半桥单臂连接形式，在工作时仅有一个桥臂电阻值随被测量变化，设该电阻为 R_1，其变化量为 ΔR，则由式（4-4）可得：

$$e_o = \left(\frac{R_1 + \Delta R}{R_1 + R_2 + \Delta R} - \frac{R_4}{R_3 + R_4} \right) e_x \tag{4-6}$$

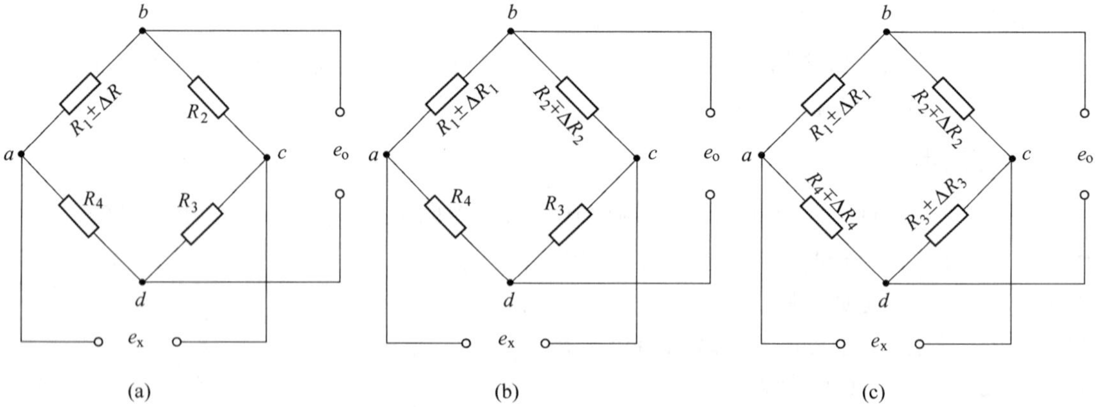

图 4-2　直流电桥的连接方式

（a）半桥单臂；（b）半桥双臂；（c）全桥

实践中常设相邻桥臂的阻值相等，即 $R_1 = R_2 = R_0$，$R_3 = R_4 = R_0'$，又若 $R_0 = R_0'$，则式（4-6）变为

$$e_o = \frac{\Delta R}{4R_0 + 2\Delta R} e_x \tag{4-7}$$

一般 $\Delta R \ll R_0$，因此式（4-7）简化为

$$e_o = \frac{\Delta R}{4R_0} e_x \tag{4-8}$$

可见电桥输出 e_o 与激励电压 e_x 成正比，且在 e_x 和 R_0 固定条件下，与变化桥臂的阻值变化量成单调线性变化关系。

图 4-2(b) 为半桥双臂连接形式，工作时有两个桥臂（一般为相邻桥臂）随被测量变化，图中为 $R_1 \pm \Delta R_1$，$R_2 \mp \Delta R_2$。同样由式（4-4）可知，当 $R_1 = R_2 = R_0$，$R_3 = R_4 = R_0'$，

$\Delta R_1=\Delta R_2=\Delta R$ 且 $R_0=R_0'$ 时，可得电桥输出电压

$$e_o=\frac{\Delta R}{2R_0}e_x \tag{4-9}$$

图 4-2(c)所示为全桥连接法中四个桥臂的阻值均随被测量变化，即 $R_1\pm\Delta R_1$，$R_2\mp\Delta R_2$，$R_3\pm\Delta R_4$，$R_4\mp\Delta R_4$，同样，当 $R_1=R_2=R_3=R_4=R_0$，且 $\Delta R_1=\Delta R_2=\Delta R_3=\Delta R_4=\Delta R$ 时，由式（4-4）计算得输出：

$$e_o=\frac{\Delta R}{R_0}e_x \tag{4-10}$$

又当四个桥臂的阻值变化同号时，即为：$R_1+\Delta R_1$，$R_2+\Delta R_2$，$R_3+\Delta R_3$，$R_4+\Delta R_4$，而当 $R_1=R_2=R_3=R_4=R_0$，阻值变化相对各阻值本身为小量时，可得此时的输出电压近似为

$$e_o=\frac{1}{4}\left(\frac{\Delta R_1}{R}-\frac{\Delta R_2}{R}+\frac{\Delta R_3}{R}-\frac{\Delta R_4}{R}\right)e_x \tag{4-11}$$

由式（4-11）可看出桥臂阻值变化对输出电压的影响规律：

（1）相邻两桥臂（如图 4-2 中的 R_1 和 R_2）电阻的变化所产生的输出电压为该两桥臂各阻值变化产生的输出电压之差；

（2）相对两桥臂（如图 4-2 中的 R_1 和 R_3）电阻的变化所产生的输出电压为该两桥臂各阻值变化产生的输出电压之和。

这便是电桥的和差特性。这一特性可应用于实际的测量电路中。例如测量一悬臂梁结构的应变仪（见图 4-3），为提高灵敏度，常在梁的上、下表面各贴一个应变片，并将上述两应变片接入电桥的相邻两桥臂。这样，当梁受载时，上、下两应变片将各自产生 $+\Delta R$ 和 $-\Delta R$ 的阻值变化，它们各自产生的电压输出将相减，由式（4-11）可知，此时电桥的输出为最大。电桥的和差特性也可用来作温度误差的自动补偿。

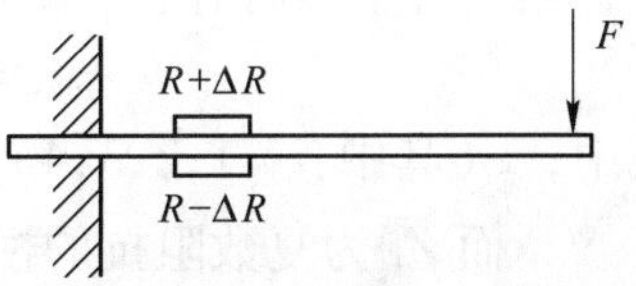

图 4-3　悬臂梁应变仪结构

电桥的灵敏度定义为

$$S=\frac{\Delta e_o}{\Delta R} \tag{4-12}$$

也有的将电桥的灵敏度定义为 $S=\dfrac{\Delta e_o}{\dfrac{\Delta R}{R'}}$，其中将 $\Delta R/R'$ 作为输入量。

直流电桥的优点是采用直流电源作激励电源，而直流电源稳定性高。电桥的输出 e_o 是直流量，可用直流仪表测量，精度高。电桥与后接仪表间的连接导线不会形成分布参数，因此对导线连接的方式要求较低。另外，电桥的平衡电路简单，仅需对纯电阻的桥臂调整即可。图 4-4 所示为直流电桥平衡调节的几种配置方式，可以看出，无论是串联、并联、差动的还是非差动的，实质都是调节桥臂的电阻值来达到电桥的平衡，实现起来比较容易。直流电桥的缺点是易引入工频干扰。由于输出为直流量，故需对其作直流放大，而直流放大器一般都比较复杂，易受零漂和接地电位的影响。因此，直流电桥适合于静态量的测量。

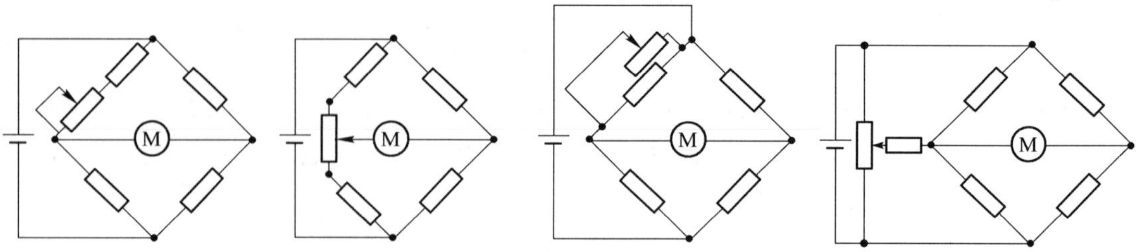

(a)　　(b)　　(c)　　(d)

图 4-4　直流电桥平衡调节的配置方式

(a) 串联平衡；(b) 差动串联平衡；(c) 并联平衡；(d) 差动并联平衡

4.1.2　交流电桥

交流电桥电路结构与直流电桥相似，不同的是：交流电桥的激励电源为交流电源，电桥的桥臂可以是电阻、电感或电容（如图 4-5 中的 z_1 ~ z_4 表示四桥臂的交流阻抗）。

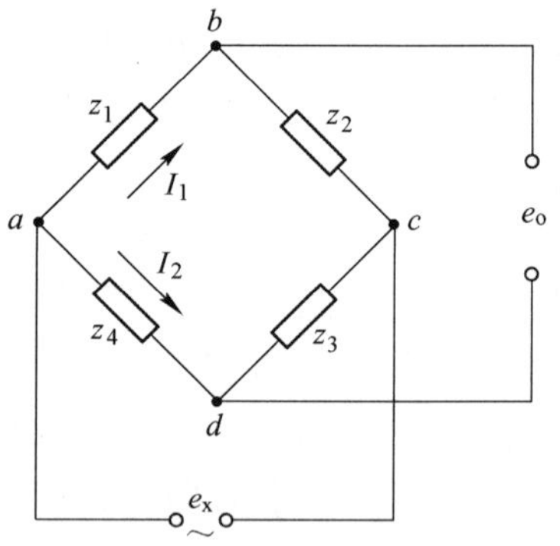

图 4-5　交流电桥结构

若将交流电桥的阻抗、电流及电压用复数表示，则直流电桥的平衡关系式也可用于交流电桥。由图 4-5 可知，当电桥平衡时有：

$$z_1 z_3 = z_2 z_4 \tag{4-13}$$

式中，z_i(其中:$i=1,2,3,4$) 为各桥臂的复数阻抗，$z_i = Z_i e^{j\phi_i}$，而 Z_i 为复数阻抗的模，ϕ_i 为复数阻抗的阻抗角。

将 $z_i = Z_i e^{j\phi_i}$代入式（4-13）得：

$$Z_1 Z_3 e^{j(\phi_1+\phi_3)} = Z_2 Z_4 e^{j(\phi_2+\phi_4)} \tag{4-14}$$

式（4-14）成立的条件是：

$$\begin{aligned} Z_1 Z_3 &= Z_2 Z_4 \\ \phi_1 + \phi_3 &= \phi_2 + \phi_4 \end{aligned} \tag{4-15}$$

式（4-15）表明，交流电桥平衡要满足两个条件，即两相对桥臂的阻抗模的乘积相等；其阻抗角的和相等。

由于阻抗角表示桥臂电流与电压之间的相位差，而当桥臂为纯电阻时，$\phi=0$，即电流与电压同相位；若为电感性阻抗，$\phi>0$；电容性阻抗时，$\phi<0$。由于交流电桥平衡必须同时满足模及阻抗角的两个条件，因此桥臂结构可采取不同的组合方式，以满足相对桥臂阻抗角之和相等这一条件。

图 4-6 所示为两种常见的交流电桥形式，其中图 4-6(a)为电容式电桥，电桥中两相邻桥臂为纯电阻 R_2、R_3，而另两相邻桥臂为电容 C_1、C_4，其中 R_1、R_4 可视为电容介质损耗的等效电阻，由此根据式（4-15）的平衡条件有：

$$\left(R_1 + \frac{1}{j\omega C_1}\right) R_3 = \left(R_4 + \frac{1}{j\omega C_4}\right) R_2 \tag{4-16}$$

将式（4-16）展开有：

$$R_1R_3+\frac{R_3}{\mathrm{j}\omega C_1}=R_2R_4+\frac{R_2}{\mathrm{j}\omega C_4}$$

根据实部、虚部分别相等的原理可得

$$\left.\begin{aligned}R_1R_3&=R_2R_4\\ \frac{R_3}{C_1}&=\frac{R_2}{C_4}\end{aligned}\right\}\tag{4-17}$$

由式（4-17）可知，为达到电桥平衡，必须同时调节电容与电阻两个参数，使之分别取得电阻和电容的平衡。

图 4-6(b)为电感式电桥，两相邻桥臂分别为 L_1、L_4 和 R_2、R_3。同样由式（4-15）的平衡条件可最终得：

$$\left.\begin{aligned}R_1R_3&=R_2R_4\\ L_1R_3&=L_4R_2\end{aligned}\right\}\tag{4-18}$$

调平衡也就是分别调节电阻和电感两参数使之各自达到平衡。

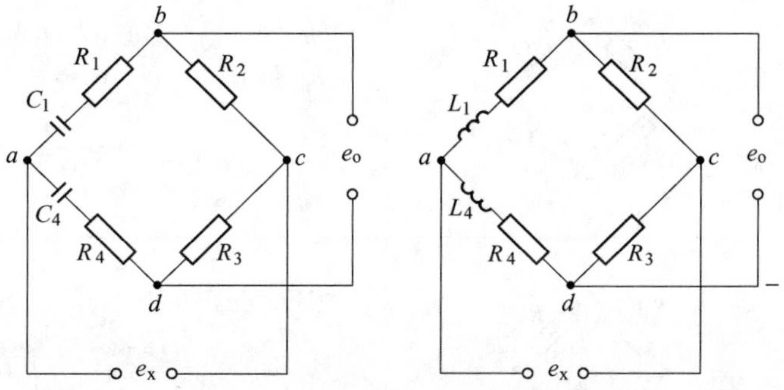

(a)　(b)

图 4-6　常见交流电桥结构形式

（a）电容式电桥；（b）电感式电桥

表 4-1 列出了由不同的组合方式所构成的交流电桥形式。

表 4-1　测量用交流电桥形式

电桥形式	示　例	说　明
与串联常数相比较	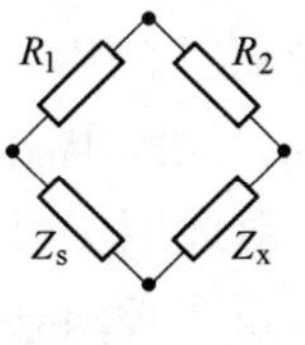	测量 L 或 C 的平衡方程： $Z_x=Z_s\frac{R_2}{R_1}$ 电感：$L_x=L_s\frac{R_2}{R_1}$ 电容：$C_x=C_s\frac{R_2}{R_1}$
麦克斯韦尔电路	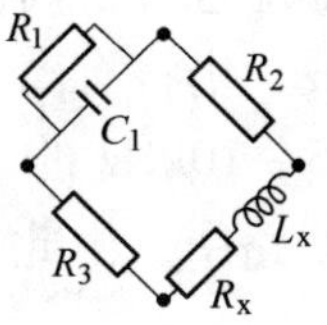	测量 L 的平衡方程（最好 $\omega L_x/R_x<10$）： $L_x=R_2R_3C_1$ $R_x=\frac{R_2R_3}{R_1}$

续表 4-1

电桥形式	示　例	说　明
Hay 电路	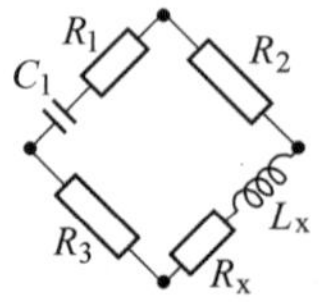	测量 L 的平衡方程（最好 $\omega L_x/R_x<10$）： $L_x=\frac{R_2R_3C_1}{1+\omega^2C_1^2R_1^2}$ $R_x=\frac{\omega^2C_1^2R_1R_2C_3}{1+\omega^2C_1^2R_1^2}$
Schering 电路	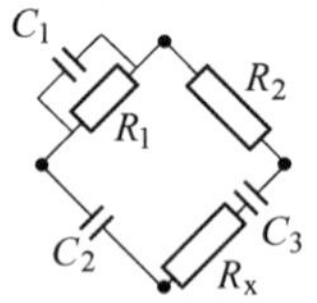	测量 C 的平衡方程： $C_x=C_3\frac{R_1}{R_2}$ $R_x=R_2\frac{C_1}{C_3}$
谐振电路	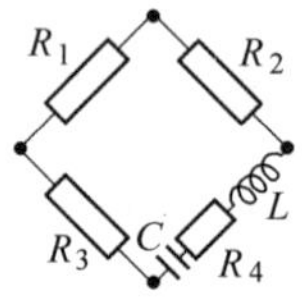	测量 L 或 C（f 已知），f（L 和 C 已知）的平衡方程： $X_L=X_C$ 或 $LC=\frac{1}{\omega^2}$ $f=\frac{1}{2\pi\sqrt{LC}}$
文氏电桥	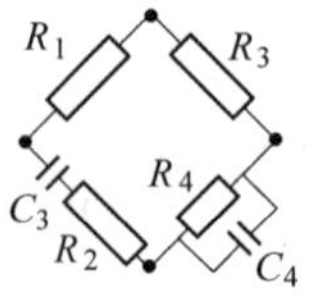	测量 f 的平衡方程： $f=\frac{1}{2\pi\sqrt{R_3R_4C_3C_4}}$ $\frac{R_1}{R_2}=\frac{R_3}{R_4}+\frac{C_4}{C_3}$

由于交流电桥的平衡必须同时满足幅值与阻抗角两个条件，因此较之直流电桥其平衡调节要复杂得多。即使是纯电阻交流电桥，电桥导线之间形成的分布电容也会影响桥臂阻抗值，相当于在各桥臂的电阻上并联了一个电容，如图 4-7(a)所示。为此，在调电阻平衡时需进行电容的调平衡。图 4-7(b)所示为一种用于动态应变仪的纯电阻电桥，其中采用差动可变电容器 C_2 来调电容，使并联的电容值得到改变，来实现电桥电容的平衡。

在交流电桥的使用中，影响交流电桥测量精度及误差的因素较之直流电桥要多得多，如电桥各元件之间的互感耦合，无感电阻的残余电抗、泄漏电阻，元件间以及元件对地之间的分布电容，邻近交流电路对电桥的感应影响等，对此应尽可能地采取适当措施加以消除。另外，对交流电桥的激励电源要求其电压波形和频率必须具有很好的稳定性，否则将影响到电桥的平衡。当电源电压波形畸变时，其中亦即包含了高次谐波。即使针对基波频率将电桥调至平衡，由于电源电压波形中有高次谐波，仍将有高次谐波的输出，电桥仍不一定能平衡。作为电桥电源一般多采用频率范围为 5～10kHz 的音频交流电源，此时电桥输出将为调制波，外界工频干扰便不易被引入电桥线路中，由此后接交流放大电路便可采用一般简单的形式，且没有零漂的问题。

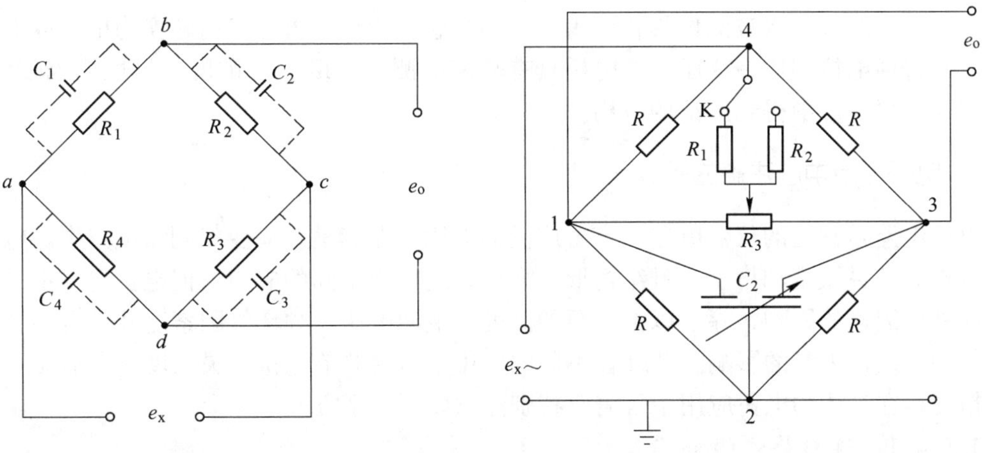

(a)　　(b)

图 4-7　交流电桥平衡调节

（a）电桥的分布电容；（b）采用电阻电容平衡的交流电阻电桥

4.1.3　变压器式电桥

变压器式电桥将变压器中感应耦合的两线圈绕组作为电桥的桥臂，图 4-8 所示为其常用的两种形式。图 4-8(a)所示电桥常用于电感比较仪中，其中感应耦合绕组 W_1、W_2（阻抗 Z_1、Z_2）与阻抗 Z_3、Z_4 组成电桥的四个臂，绕组 W_1、W_2 为变压器副边，平衡时有 $Z_1Z_3 = Z_2Z_4$。如果任一桥臂阻抗有变化，则电桥有电压输出。图 4-8（b）为另一种变压器式电桥形式，其中变压器的原边绕组 W_1、W_2（阻抗 Z_1、Z_2）与阻抗 Z_3、Z_4 构成电桥四个臂，若使阻抗 Z_3、Z_4 相等并保持不变，电桥平衡时，绕组 W_1、W_2 中两磁通大小相等但方向相反，激磁效应互相抵消，因此变压器副边绕组中无感应电势产生，输出为零。反之当移动变压器中铁芯的位置时，电桥失去平衡，促使副边绕组中产生感应电势，从而有电压输出。

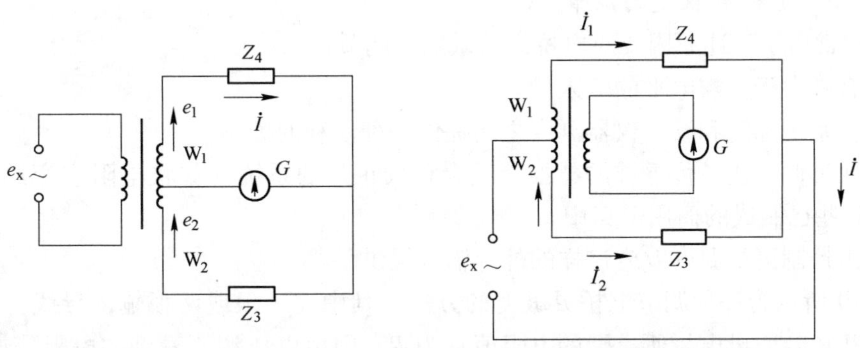

(a)　　(b)

图 4-8　变压器式电桥

上述两种电桥中的变压器结构实际上均为差动变压器式传感器，通过移动其中的敏感元件——铁芯的位置将被测位移转换为绕组间互感的变化，再经电荷转换为电压或电流输出量。与普通电桥相比，变压器式电桥具有较高的测量精度和灵敏度，且性能也较稳定，因此在非电量测量中得到广泛的应用。

4.1.4　电桥使用中应注意的问题

电桥电路是常见的仪器电路，有着广泛的应用，尤其是在应变仪测量电路中。电桥电路有着很高的灵敏度和精度，且结构形式多样，适合于不同的应用。但电桥电路也易受各种不同外界因素的影响，除了以上介绍的温度、电源电压及频率等因素之外，也会受到传感元件的连线等因素的影响。此外在不同的应用中需要调节电桥的灵敏度，以适应不同的测量精度。在具体的电桥应用中常需要特别注意以下几个方面。

4.1.4.1　连接导线的补偿

在实际应用中，所用的传感器与所接入的桥式仪表常常相隔一定的距离，如图 4-9 (a)所示，这样连接导线会给电桥的一臂引入附加的阻抗，由此会带来测量误差。这种情况类似于温度误差，沿着导线上的温度梯度变化，也会给电桥带来误差。若采取图 4-9 (b)所示的三导线结构形式，由于其中附加的补偿导线与传感器的连接电线处在相邻桥臂上，因此它平衡了整个导线的长度，也消除了由此所引起的任何不平衡。

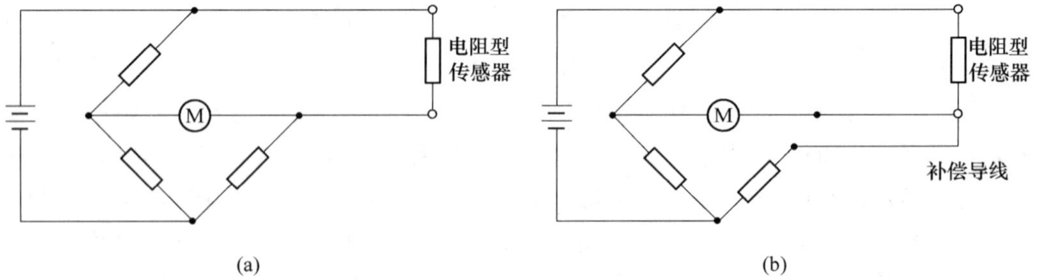

图 4-9　电桥接线的补偿方法

(*a*) 具有远距离连接传感器的电桥；(*b*) 带补偿电缆的电桥

4.1.4.2　电桥灵敏度的调节

使用中常由于下述原因要对电桥的灵敏度作调节：

(1) 衰减大于所需电平的输入量。

(2) 在系统标定和读出仪器刻度之间提供一种便利的关系。

(3) 通过调节使各传感器的特性能适合预校正过的系统（如将电阻应变片的应变系数插入到某些已制成的商用电路中）。

(4) 为控制诸如温度效应这样的外部输入提供手段。

图 4-10 所示为一种调节电桥灵敏度的方法，其中在一根或两根输入导线上加入一可变串联电阻 R_s。假设电桥所有臂的电阻值均为 R，则由电压源所看到的电阻值亦将为 R。因此若如图 4-10 所示串联一电阻 R_s，那么根据分压电路原理，电桥的输入将减小一个因子

$$n = \frac{R}{R + R_s} = \frac{1}{1 + R_s/R} \tag{4-19}$$

式中，n 为电桥因子。

4.1.4.3　电桥的并联校正法

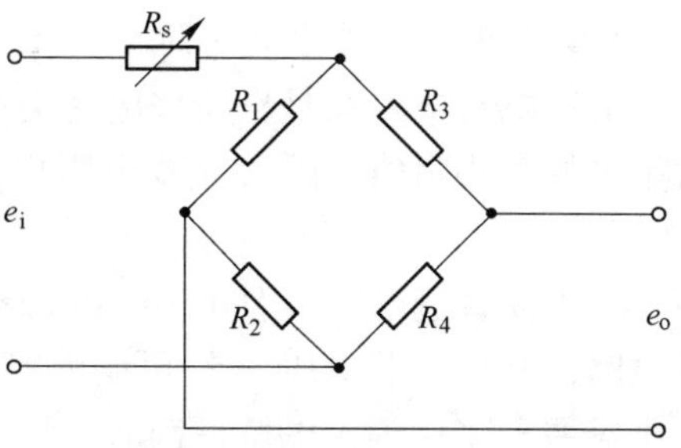

图 4-10　电桥灵敏度调节方法

实际应用中常常需要对电桥进行标定或校正，所采用的方法是在电桥直接引入一个已知的电阻变化来观察其对电桥输出的效果。图 4-11 所示为一种电桥的并联校正法，图中的标定电阻 R_c 的阻值已知。若开始电桥在图中开关打开时是平衡的，则当开关闭合时，臂 AB 上的电阻改变导致整个电桥失去平衡。从电压表上可读出输出电压 e_{AC}，引起该电压输出的电阻改变值 ΔR 可由式（4-20）计算：

$$\Delta R = R_1 - \frac{R_1 R_c}{R_1 + R_c} \tag{4-20}$$

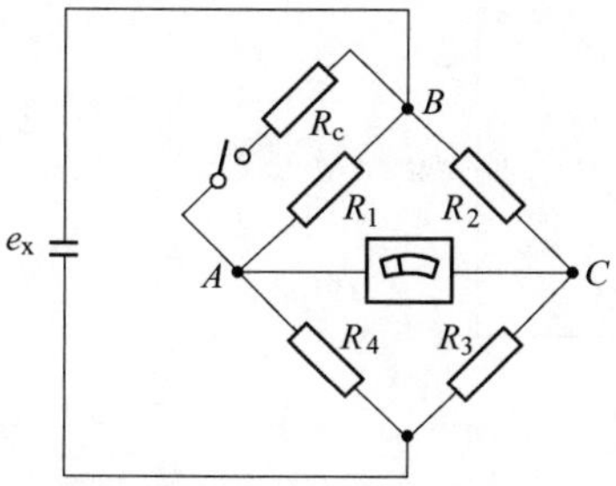

图 4-11　电桥并联校正方法

电桥灵敏度 S(V/Ω）为：

$$S = \frac{e_{AC}}{\Delta R} \tag{4-21}$$

上述过程能够实现电桥的一种整体标定，因为其中考虑了所有的电阻值和电源电压。

有时为了使用方便，常常对基本的电桥电路附加其他一些特性或功能。图 4-12 所示为一种具有灵敏度调节、标定和调平衡多种功能的电桥，若 $R_1 \approx R_2 \approx R_3 \approx R_4 < 1000\Omega$（普通应变传感器），则 $R_{z2} \approx 100R_1$、$R_{z1} \approx 25000\Omega$。该电桥具有如下功能：

（1）不改变电源电压 e_x 而改变整个灵敏度。

（2）即使在桥臂并非完全匹配的情况下，当被测物理量为零时仍能将输出电压精确地调为零。

（3）并联电阻标定。

一些商用的传感器同样也用附加的温度灵敏电阻来达到温度补偿目的。

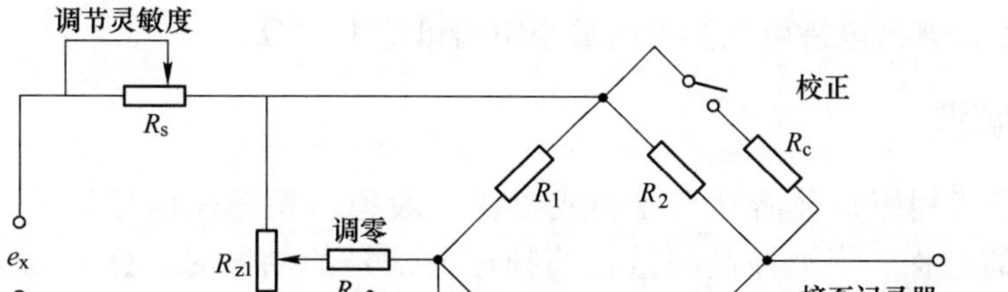

图 4-12　具有多种功能的电桥电路

4.1.4.4　能测量小电阻值的电桥

上述电桥电路均是惠斯登电桥类型的电桥电路，这种电路一般不能用来测量毫欧或微欧量级的微小阻值，因为导线电阻以及内部的电缆及接点电阻均会增加测量电阻的数值量级。

采用汤普逊电路（Thomson bridge）能够解决这一问题。图 4-13 所示为一种汤普逊电桥电路，其中电源电压 e_x 经可调前置电阻 R_V 给测量电阻 R 和标准电阻 R_N 供电，R 和 R_N 大小应差不多相等。电桥平衡时，R 和 R_N 中流过的电流大小相等。图中的级联十进位方式用于使两个 R_1 的阻值始终相等，通过这样的配置形式能够容易地达到电桥平衡。

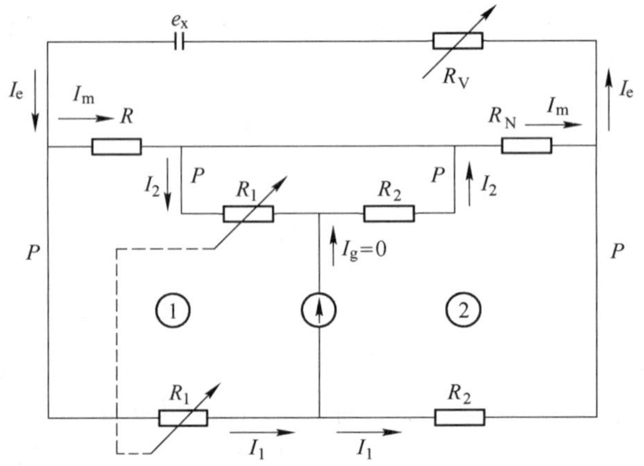

图 4-13　汤普逊电桥

为导出平衡条件，分别得出回路①和②的电压平衡方程式：

回路①：
$$I_m R = I_1 R_1 - I_2 R_1 \tag{4-22}$$

回路②：
$$I_m R_N = I_1 R_2 - I_2 R_2 \tag{4-23}$$

式（4-22）与式（4-23）相除可得：

$$\frac{R}{R_N} = \frac{R_1}{R_2} \tag{4-24}$$

由式（4-24）可知，导线电阻 P 以及电路中接头电阻均不再影响到测量结果，这一点与常规的电桥电路不一样，因为此处可将电阻 R_1 和 R_2 选得较高。电路中的损耗电阻也不再起作用。用汤普逊电桥可以测量的最小阻值可达 $10^{-7}\Omega$。

4.2　调制与解调

所谓调制是指利用某种信号来控制或改变一般为高频振荡信号的某个参数（幅值、频率或相位）的过程。当被控制的量是高频振荡信号的幅值时，称为幅值调制或调幅；当被控制的量为高频振荡信号的频率时，称为频率调制或调频；而当被控制的量为高频振荡信号的相位时，则称为相位调制或调相。

在调制解调技术中，将控制高频振荡的低频信号称为调制波，将载送低频信号的高频振荡信号称为载波，将经过调制过程所得的高频振荡波称为已调制波。根据被控制参数（如幅值、频率）的不同分别有调幅波、调频波等不同的称谓。从时域上讲，调制过程即是使载波的某一参量随调制波的变化而变化；而在频域上，调制过程则是一个移频的过程。

解调是从已调制波信号中恢复出原有低频调制信号的过程。调制与解调（MODEM）是一对信号变换过程，在工程上常常结合在一起使用。

调制与解调在工程上有着广泛的应用。测量过程中常常会碰到比如力、位移等一些变化缓慢的量，经传感器变换后所得的信号也是一些低频的电信号。如果直接采取直流放大常会带来零漂和级间耦合等问题，造成信号的失真。因此常常设法先将这些低频信号通过调制的手段变成为高频信号，然后再采取简单的交流放大器进行放大，从而可避免前述直流放大中所遇到的问题。对该放大的已调制信号再采取解调的手段便可最终获取原来的缓变被测量。又如在无线电技术中，为了防止所发射的信号（例如各电台发射的无线电信号）间的相互串扰，常常要将发送的声频信号的频率移到各自被分配的高频、超高频频段上进行传输与接收，其中同样要使用调制解调技术。一般来说，调制一个载波信号幅值的信号可能具有任何的形式，如正、余弦信号，一般周期信号，瞬态信号，随机信号等，而载波信号也可具有不同的形式，例如正弦信号、方波信号等。为便于叙述和理解，本小节将着重介绍军事装备测试技术中常用的以正（余）弦波为载波信号的调制与解调。

4.2.1　幅值调制与解调

4.2.1.1　幅值调制

幅值调制或调幅是将一个高频载波信号同被测信号（调制信号）相乘，使载波信号的幅值随着被测信号的变化而变化。如图 4-14 所示，$x(t)$为被测信号，$y(t)$为高频载波信号，此处选择余弦信号：$y(t)=\cos 2\pi f_0 t$，则调制器的输出即已调制信号$x_m(t)$为$x(t)$与$y(t)$的乘积：$x_m(t)=x(t)\cos 2\pi f_0 t$(见图 4-14(a))。由傅里叶变换性质知：两信号在时域中的相乘对应于其在频域中的傅里叶变换的卷积，即

$$x(t)y(t) \Leftrightarrow X(f) * Y(f)$$

则有

$$x(t)\cos 2\pi f_0 t \Leftrightarrow \frac{1}{2}X(f) * \delta(f+f_0) + \frac{1}{2}X(f) * \delta(f-f_0) \tag{4-25}$$

因此信号$x(t)$与载波信号的乘积在频域上相当于将$x(t)$在原点处的频谱图形移至载波频率f_0处，如图 4-14(b)所示。因此调幅的过程在频域上就相当于一个移频的过程。

调制信号$x(t)$可以有不同的形式，以下就$x(t)$为正（余）弦信号、周期信号和瞬态信号的三种不同形式分析它们各自的调幅过程中幅值与相位的变化情况。

A　调制信号为正弦信号

设调制信号$x(t)=A_s\sin\omega_s t$，载波信号$y(t)=A_c\sin\omega_c t$，则经调制后的已调制波为

$$x_m = x(t)\cdot y(t) = A_s\sin\omega_s t \cdot A_c\sin\omega_c t \tag{4-26}$$

式中，A_s为调制信号幅值；ω_s为调制信号频率；A_c为载波信号幅值；ω_c为载波信号频率。

频率ω_c应远大于频率ω_s，其信号波形如图 4-15(a)所示。其中，调制信号处于正半周时，已调制波与载波信号同相；当调制信号处于负半周时，已调制波与载波信号反相。

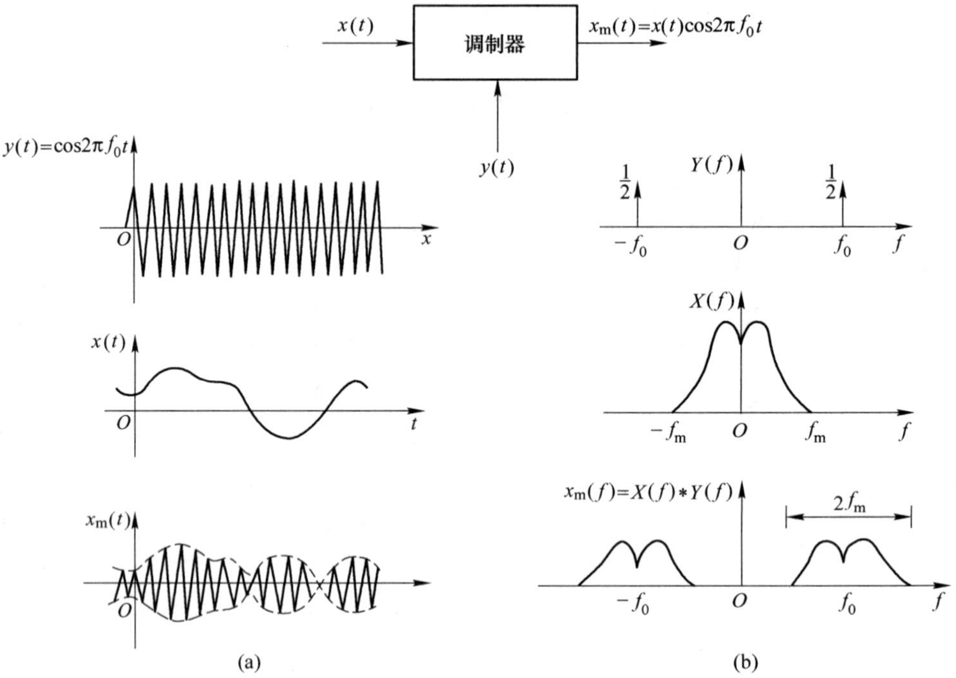

图 4-14 幅值调制原理

（a）时域；（b）频域

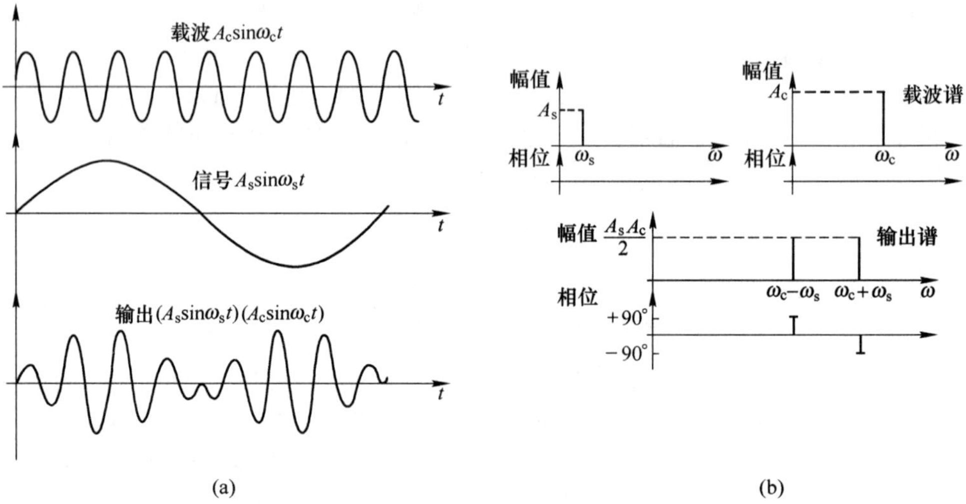

图 4-15 正弦信号的幅值调制

为求出信号的频谱，可采用三角积化和差公式：

$$\sin\alpha\sin\beta = \frac{1}{2}\cos(\alpha-\beta) - \frac{1}{2}\cos(\alpha-\beta) \tag{4-27}$$

将式（4-27）应用于公式（4-26）得

$$x_m = \frac{A_s A_c}{2}[\cos(\omega_c-\omega_s)t - \cos(\omega_c+\omega_s)t] \tag{4-28}$$

或

$$x_m = \frac{A_s A_c}{2}\sin\left[(\omega_c - \omega_s)t + \frac{\pi}{2}\right] + \frac{A_s A_c}{2}\sin\left[(\omega_c + \omega_s)t - \frac{\pi}{2}\right] \tag{4-29}$$

从图 4-15(b) 可见，已调制波信号的频谱是一个离散谱，仅仅位于频率 $\omega_c - \omega_s$ 和 $\omega_c + \omega_s$ 处，即以载波信号 ω_c 为中心，以调制信号 ω_s 为间隔的左右两频率（边频）处。其幅值大小等于 A_s 与 A_c 乘积之半。

幅值调制装置实质上是一个乘法器，在实际应用中经常采用电桥作调制装置，其中以高频振荡电源供给电桥作装置的载波信号，则电桥输出 e_o 便为调幅波。图 4-16 给出一个应变片电桥的调幅实例。众所周知，若想容易地测量并记录来自传感器（比如应变仪）的

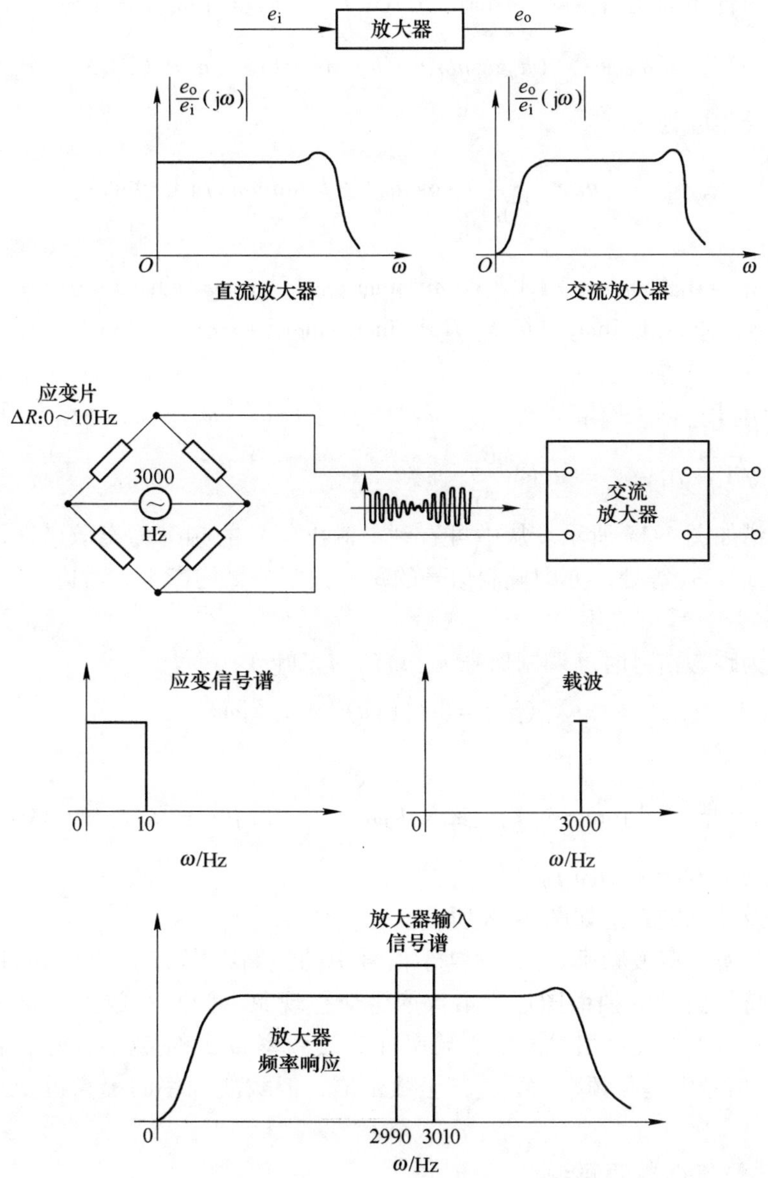

图 4-16　电桥调幅装置应用

很小的输出电压，则要求有一个高增益的放大器。而由于放大器的漂移等问题，构造一个高增益的交流放大器远比构造一个直流放大器来得容易。但交流放大器不能放大静态的或缓变的量，因此不能直接用来测量静态的应变。解决这一问题的方法是采用一个应变片电桥，电桥的激励电源为交流电源，图 4-16 中电桥的电压为 5V，频率为 3000Hz。若所测应变量的频率变化为 0 ~ 10Hz，亦即从静态到缓变的一个范围，那么根据电桥原理，由应变阻抗变化促使电桥产生的输出电压将是载波频率的电压（电源电压），其幅值为应变变化值所调制。本例中电桥输出信号的频谱经计算为 2990 ~ 3010Hz。该范围的频率易为后续交流放大器处理。这种放大器通常亦称载波放大器。

B　调制信号为普通周期信号

调制信号为普通周期信号时，调制信号 $x(t)$ 可用傅里叶级数展开为

$$x(t) = a_0 + \sum_{n=1}^{\infty}(a_n\cos n\omega_0 t + b_n\sin n\omega_0 t) \quad (n = 1,2,3,\cdots) \tag{4-30}$$

则已调制波信号相应为

$$x_m = \left[a_0 + \sum_{n=1}^{\infty}(a_n\cos n\omega_0 t + b_n\sin n\omega_0 t)\right]A_c\sin\omega_c t \tag{4-31}$$

展开得

$$\begin{aligned} x_m = & A_0A_c\sin\omega_c t + (A_1A_c\cos\omega_1 t\sin\omega_c t + A_2A_c\cos\omega_2 t\sin\omega_c t + \cdots) + \\ & (B_1A_c\sin\omega_1 t\sin\omega_c t + B_2A_c\sin\omega_2 t\sin\omega_c t + \cdots) \end{aligned} \tag{4-32}$$

采用积化和差定理可得

$$x_m = A_0A_c\sin\omega_c t + C_1\{\sin[(\omega_c+\omega_1)t-\alpha_1] + \sin[(\omega_c-\omega_1)t+\alpha_1]\} + \cdots \tag{4-33}$$

式中，$C_1 = \frac{A_c}{2}\sqrt{A_1^2 + B_1^2}$；$\alpha_1 = \arctan\frac{B_1}{A_1}$。

上述结果的频谱如图 4-17 所示。从中可看到，输出信号的频谱为离散谱，谱线分别位于 ω_c，$\omega_c \pm \omega_1$，$\omega_c \pm \omega_2$ 等处，亦即调制信号的每一频率分量均产生一对边频。

C　调制信号为瞬态信号

调制信号为瞬态信号时已调制信号 $x_m(t)$ 的傅里叶变换

$$X_m(j\omega) = |X_m(j\omega)|\angle X_m(j\omega) \tag{4-34}$$

其中

$$|X_m(j\omega)| = \frac{A_c}{2}|X_m[j(\omega-\omega_c)]|, \angle X_m(j\omega) = \angle X_m[j(\omega-\omega_c)] - \frac{\pi}{2}(0 \leqslant \omega < \infty)$$

且载波信号仍为 $y(t) = A_c\sin\omega_c t$。

调制过程及结果的频谱如图 4-18 所示。

从调幅原理看，载波频率 ω_c 必须高于信号中的最高频率 $\omega_{s,max}$（见图 4-18）才能使已调制信号保持原信号的频谱图形，不致产生交叠现象。为减小放大电路可能引起的失真，信号的频宽（$2\omega_{s,max}$）相对于中心频率（载波频率 ω_c）应越小越好。通常实际载波频率 ω_c 至少是信号中最高频率的数倍甚至数十倍，但载波频率的提高也受到放大电路截止频率的限制。

4.2.1.2　幅值调制的解调

幅值调制的解调有多种方法，常用的有同步解调、整流检波和相敏解调法。

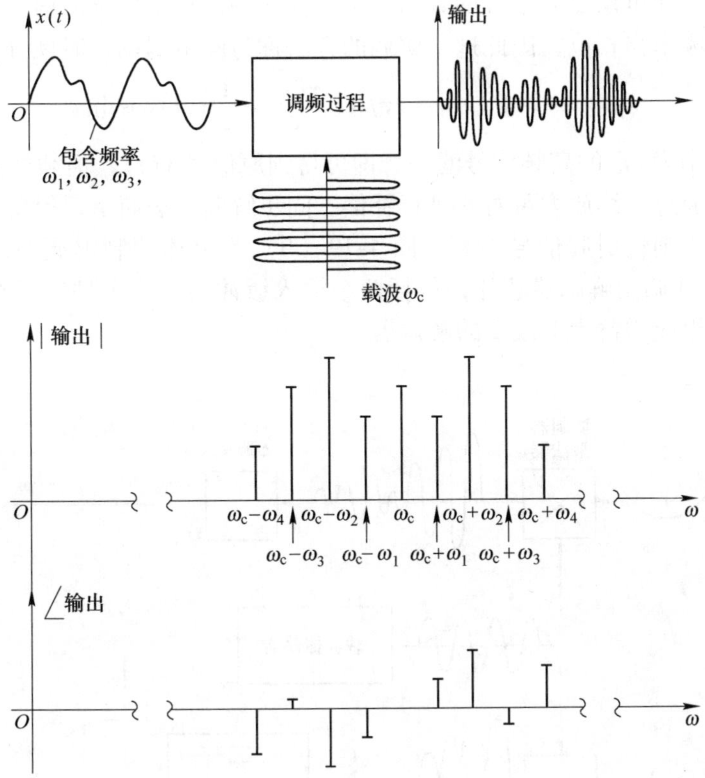

图 4-17　调制信号为周期信号情况下的已调制波信号的频谱

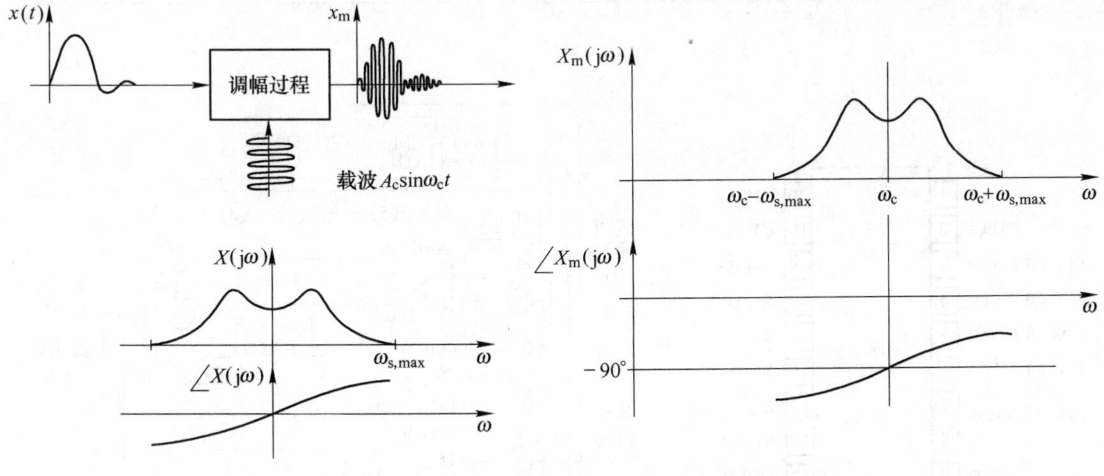

图 4-18　调制信号为瞬态信号时的已调制波信号频谱

A　同步解调法

将图 4-14 所示的调幅波经一乘法器与原载波信号相乘，则调幅波的频谱在频域上被再次移频，结果如图 4-19(a)所示。由于载波信号的频率仍为 f_0，再次移频的结果是使原信号的频谱图形出现在 0 和 $\pm 2f_0$ 的频率处。设计一个低通滤波器将位于中心频率 $\pm 2f_0$ 处的高频成分滤去，便可恢复原信号的频谱。由于在解调过程中所乘的信号与调制时的载波信号具有相同的频率与相位，因此这一解调的方法称为同步解调。时域分析上有：

$$x(t)\cos 2\pi f_0 t \cdot \cos 2\pi f_0 t = \frac{x(t)}{2} + \frac{1}{2}x(t)\cos 4f_0 t \tag{4-35}$$

故只需将频率为 $2f_0$ 的高频信号滤去，即可得到原信号 $x(t)$，但须注意，原信号的幅值减小了一半，通过后续放大可对此进行补偿。同步解调方法简单，但要求有性能良好的线性乘法器件，否则将引起信号失真。图 4-19（b）为上述调制解调原理的具体实现电路，采用了 AD630 调制解调器芯片，包括两个输入缓冲器、一个精密运算放大器和一个相位比较器，可组成增益为 1 或 2 的解调器。

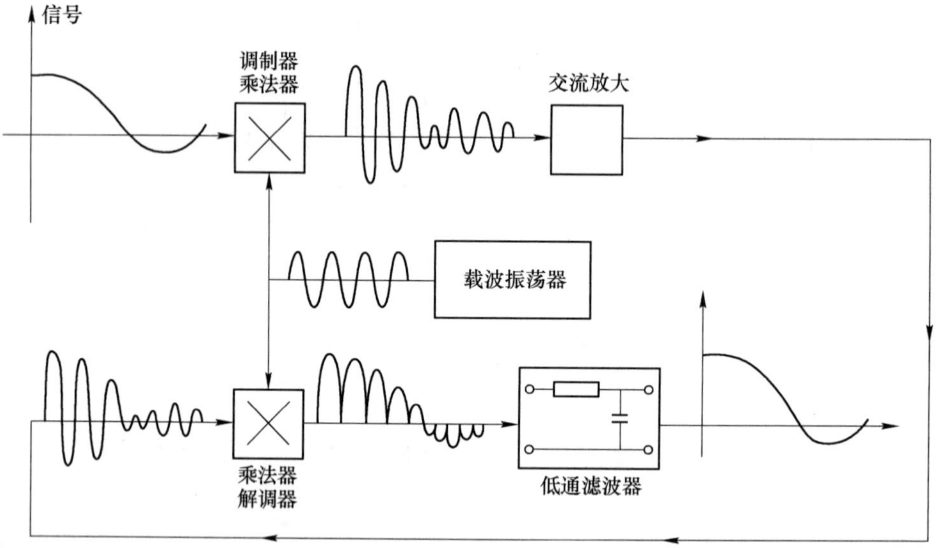

(a)

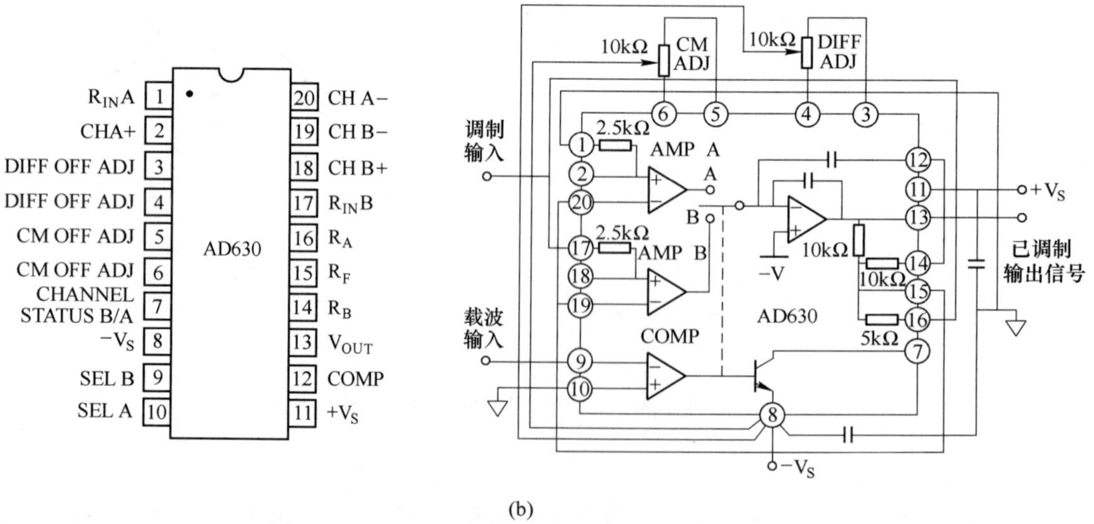

(b)

图 4-19　同步解调原理及电路

（a）同步解调原理；（b）AD630 调制解调芯片

B　整流检波

整流检波是另一种简单的解调方法。其原理是：对调制信号偏置一个直流分量 A，使偏置后的信号具有正电压值（见图 4-20(a)），那么该信号作调幅后得到的已调制波 $x_m(t)$的包络线将具有原信号形状。对调幅波 $x_m(t)$作简单的整流（全波或半波整流）和滤波便可恢复原调制信号，信号在整流滤波之后仍需准确地减去所加的偏置直流电压。

上述方法的关键是准确地加、减偏置电压。若所加偏置电压未能使调制信号电压位于零位的同一侧（见图 4-20(b)），那么在调幅之后便不能简单地通过整流滤波来恢复原信号。而采用相敏解调可解决这一问题。

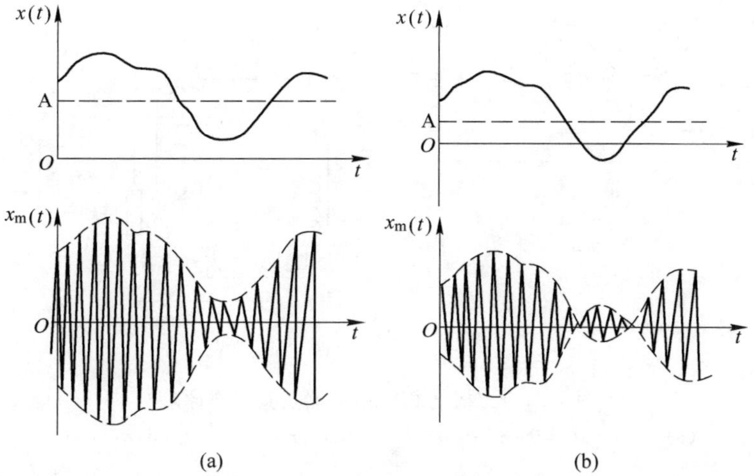

图 4-20　调制信号加偏置的调幅波
(a) 偏置电压足够大；(b) 偏置电压不够大

C　相敏解调

相敏解调或相敏检波用来鉴别调制信号的极性，利用交变信号在过零位时正、负极性发生突变，使调幅波相位与载波信号比较也相应地产生 180° 相位跳变，从而既能反映原信号的幅值又能反映其相位。

图 4-21 所示为一种典型的二极管相敏检波装置及其工作原理。四个特性相同的二极管 $D_1 \sim D_4$ 连接成电桥的形式，四个端点分别接至两个变压器 A 和 B 的副边线圈上。变压器 A 输入有调幅波信号 e_o，变压器 B 接有参考信号 e_x，e_x 与载波信号的相位和频率均相同，用作极性识别的标准。R_1 为负载电阻。

图 4-22 所示为相敏解调器解调的波形转换过程。当调制信号 $R(t)$ 为正时（图 4-22(b)中的 $0 \sim t_1$ 时间内），检波器相应输出为 e_{o1}，此时从图 4-21(a)和(b)中可以看到，无论在 $0 \sim \pi$ 还是在 $\pi \sim 2\pi$ 时间里，电流 i_1 流过负载 R_1 的方向都不变，即此时输出电压 e_{o1} 为正值。

当 $R(t)=0$ 时（图 4-22(b)中的 t_1 点），负载电阻 R_1 两端电位差为零，此时无电流流过，输出电压 $e_{o1}=0$。

当调制信号 $R(t)$ 为负时（图 4-22(b)中的 $t_1 \sim t_2$ 段），此时调幅波 e_o 相对于载波 e_x 的极性正好相差 180°，此时从图 4-21(c)和(d)中可见，电流流过 R_1 的方向与前相反，即此

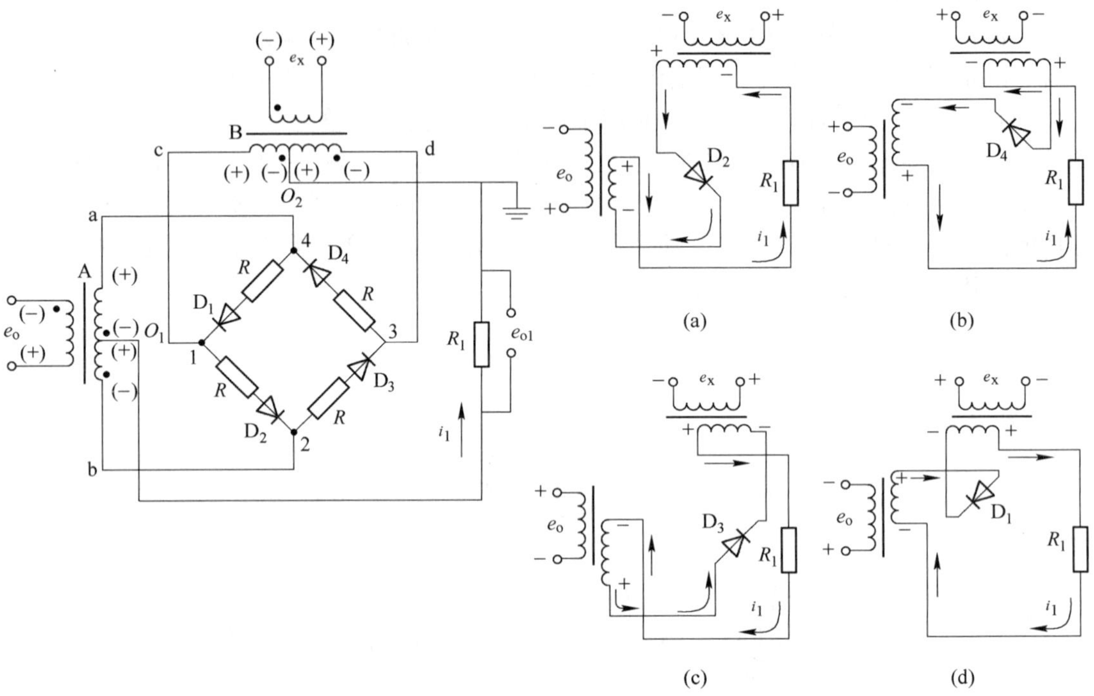

图 4-21　二极管相敏检波器及其工作原理

(a) $R(t)>0(t=0\sim\pi)$；(b) $R(t)>0(t=\pi\sim2\pi)$；(c)，(d) $R(t)<0$

时输出电压 e_{o1} 为负值。

由以上分析可知，通过相敏检波可得到一个幅值和极性均随调制信号的幅值与极性改变的信号，它真正重现了原被测信号。

在电路设计时应注意，变压器 B 副边的输出电压应大于变压器 A 副边的输出电压，这样才能得到以上的结论。

相敏检波由于能够正确地恢复被测信号的幅值与相位，因此得到了广泛的应用，对于信号具有极性或方向性的被测量，经调制之后要想正确地恢复，必须采用相敏检波的方法。这里举一个相敏检波用于线性差动变压器式传感器中的例子。

在学习电感传感器时已介绍了变压器式传感器的作用原理。差动变压器的输出是一个正弦波，其幅值正比于铁芯运动距离。铁芯静止或缓慢移动时，如用直流电压表记录差动变压器的输出，则对于零点两侧的相同位移量电压表将给出相同的读数，因为它对零位处的 180°相移不敏感。对于快变的位移量，它给出的是一个经调制过的信号量，一般用示波器来观察。而对于铁芯零位两侧的不同运动情况，有可能给出相同的已调制波信号（见图 4-23(a)），因此为从调幅波信号中正确地恢复被测信号的幅值与相位，必须采用相敏检波。

图 4-23(c)所示为一种简单的相敏检波器。它由二极管组成两个电桥，两电桥串联在一起。理想情况下，这些二极管仅在一个方向上通过电流。当图中 f 为正 e 为负时，电流在上桥路中的通路是 efgcdhe；而当 f 为负 e 为正时，通路变为 ehcdgfe。故通过中间的负载电阻 R 上的电流方向总是从 c 到 d。下二极管桥路的情况与此类似。因此整个检波装置

输出的波形如图 4-23(c)右半图所示，它随着铁芯在零位上下的位置而具有正或负的极性。该输出再经一低通滤波器之后便可滤去高频成分，留下的则是其包络线，该包络线忠实地反映了铁芯的运动情况（见图 4-23(b)）。

相敏检波的另一典型应用是动态应变仪，图 4-24 为它的结构原理图。其中的电桥为应变仪电桥，用于敏感被测量，它由振荡器供给高频（10 ~ 15kHz）振荡电压，被测量通过电阻应变片控制电桥输出。该输出经放大和相敏检波后再经低通滤波，最后恢复被测的信号。

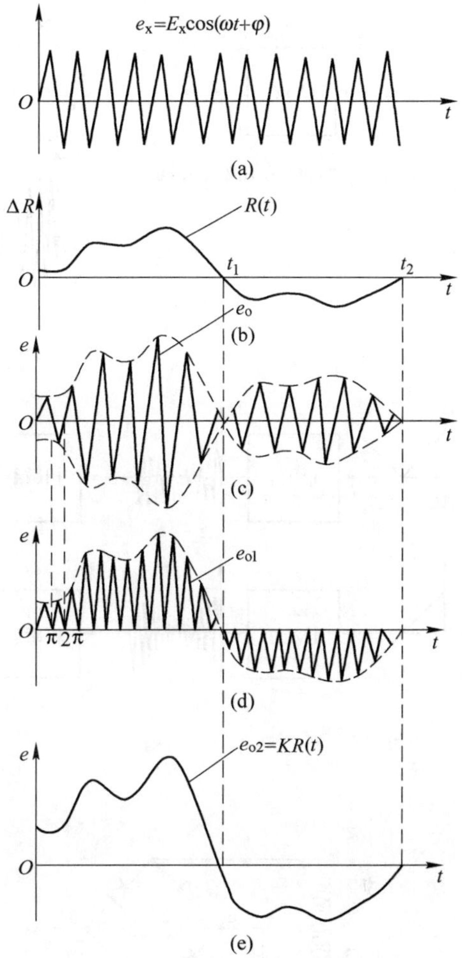

图 4-22　相敏解调过程的波形转换情形

（a）载波；（b）调制信号；（c）放大后的调幅波；（d）相敏检波后的波形；（e）滤波后的波形

4.2.2　频率调制与解调

利用调制信号控制高频载波信号频率变化的过程称频率调制。在频率调制过程中载波幅值保持不变，仅载波的频率随调制信号的幅值成正比地变化，因此调频波的功率也是个常量。频率按照调制信号规律变化的信号称为调频信号或已调频信号。还有一类信号是其相位按调制信号规律作变化的信号，称调相或已调相信号。由于这种高频信号的过程表现出来的是高频信号总相角的变化，故也将它们称为调角信号。这两类调制（调频或调相）过程因此也统称角度调制。本节主要分析调频过程。

4.2.2.1　幅值调制原理

首先研究频率与相位之间的关系。一个等幅高频余弦信号可表达为

$$e(t) = A\cos\theta(t) \tag{4-36}$$

式中，$\theta(t)$为信号的总相角，它是时间 t 的函数。

对频率与相位均为常量（即未调制）的普通信号有

$$e(t) = A\cos(\omega_0 t + \phi_0) \tag{4-37}$$

其总相角

$$\theta(t) = \omega_0 t + \phi_0 \tag{4-38}$$

而其角频率

$$\omega_0 = \frac{\mathrm{d}\theta(t)}{\mathrm{d}t} \tag{4-39}$$

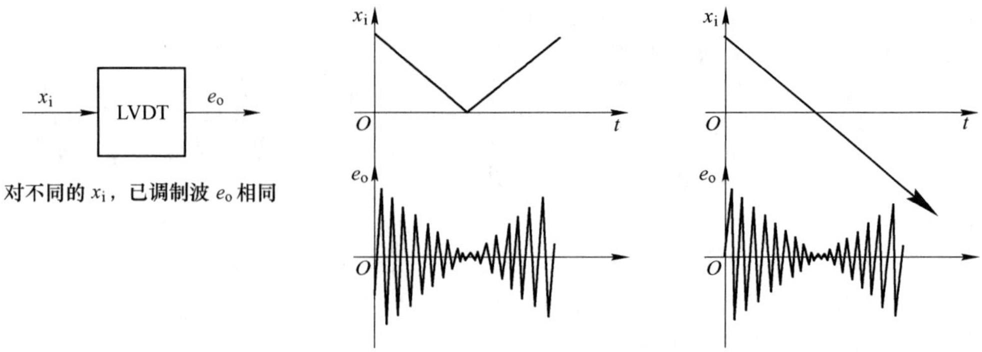

(a)

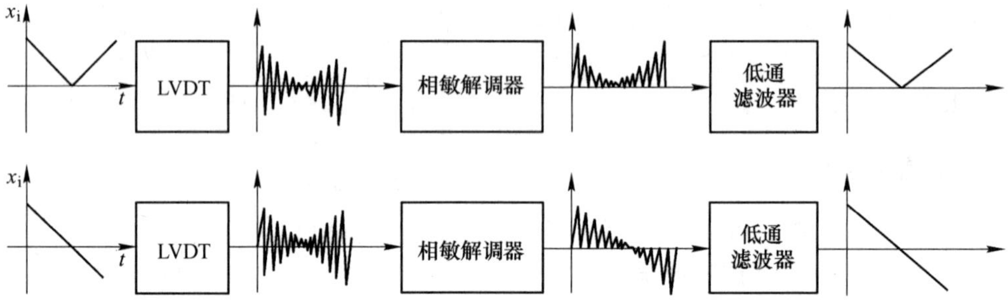

(b)

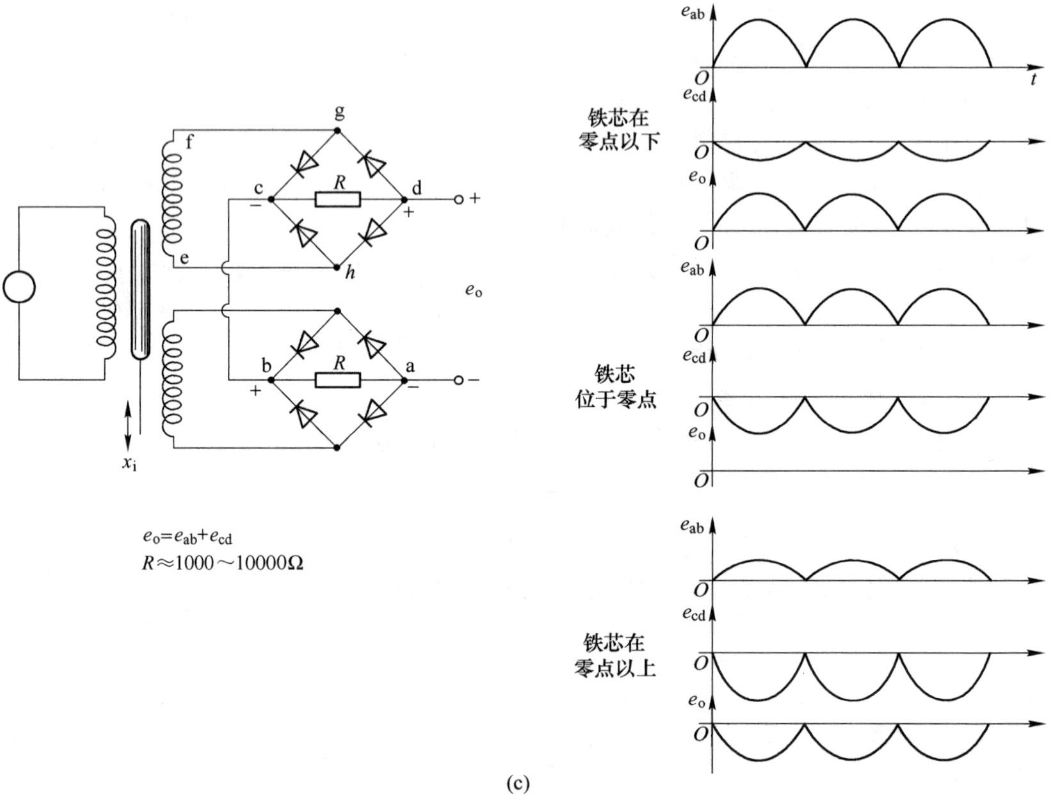

(c)

图 4-23　线性可变差动变压器相敏解调

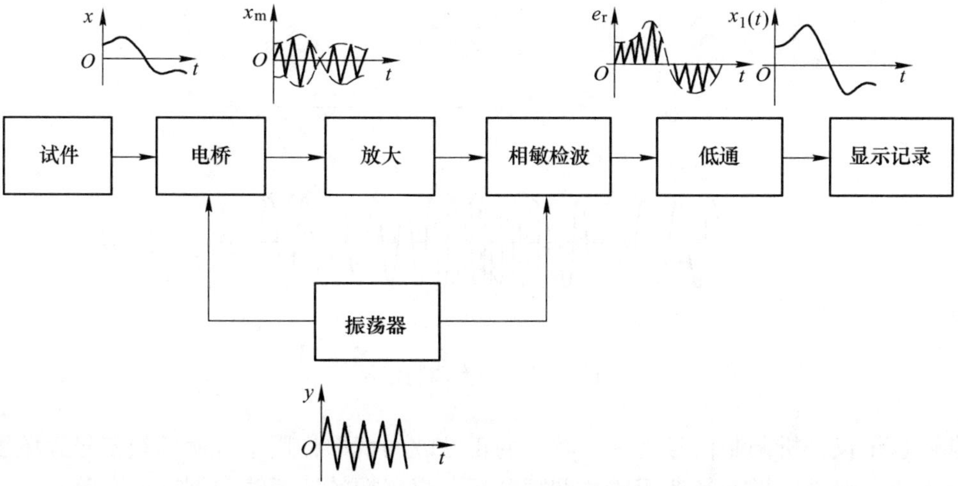

图 4-24　动态应变仪方框图

这里角频率 ω 为一常量，它等于总相角的导数。但在一般情况下，总相角 $\theta(t)$ 的导数可以不是常数。总相角 $\theta(t)$ 的导数定义为瞬时角频率，用 $\omega_i(t)$ 表示，显然，$\omega_i(t)$ 亦是时间的函数。于是可得总相角 $\theta(t)$ 与瞬时角频率 $\omega_i(t)$ 之间的关系为

$$\omega_i(t) = \frac{d\theta(t)}{dt} \tag{4-40}$$

而

$$\theta(t) = \int \omega_i(t)\,dt \tag{4-41}$$

设调制信号为 $f(t)$，由于频率调制信号（调频信号）的高频信号角频率随 $f(t)$ 成线性变化，故有

$$\omega_i(t) = \omega_0 + kf(t) \tag{4-42}$$

式中，k 为比例因子。

于是调频信号的总相角

$$\theta(t) = \int \omega_i(t)\,dt = \omega_0 t + k\int f(t)\,dt + \varphi_0 \tag{4-43}$$

由此可将调频信号表示为

$$\theta(t) = \int \omega_i(t)\,dt = \omega_0 t + k\int f(t)\,dt + \varphi_0 \tag{4-44}$$

图 4-25 所示为调制信号为三角波（见图 4-25(a)）进行调制的调频信号波形（见图 4-25(b)）。

由图 4-25 可知，在 $0 \sim t_1$ 区间，调频波 $e_f(t)$ 的瞬时频率随调制信号 $f(t)$ 的增大而逐渐增高。而在 $t_1 \sim t_2$ 区间内，调频波的瞬时频率则随 $f(t)$ 的减小而逐渐降低。在 $t = t_2$ 时刻，调制信号 $f(t) = 0$，调频信号 $e_f(t)$ 也回复到原来的状况。因此，调频信号的总相角的增量与调制信号 $f(t)$ 的积分成正比（见式(4-43)），而信号相位的任何变化均会引起信号频率的变化，这便是频率调制的原理。对于采用任意信号 $f(t)$ 所调制的调频信号的分析十

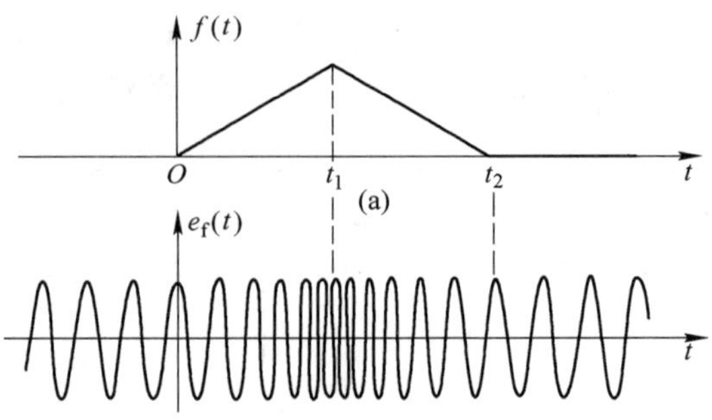

图 4-25　频率调制信号

分复杂。这里仅分析调制信号为单一频率的正弦波的情形，用于说明调频信号频域表达的一般特点。对调制信号为其他形式的调频分析，感兴趣的读者请参阅有关专著。

设调制信号 $f(t)$ 为一角频率 Ω 的正弦信号，即

$$f(t)=a\cos\Omega t \tag{4-45}$$

由此所得的调频信号的瞬时角频率根据式（4-42）应为

$$\omega_i(t)=\omega_0+kf(t)=\omega_0+ak\cos\Omega t \tag{4-46}$$

瞬时角频率 $\omega_i(t)$ 偏离信号中心频率 ω_0 或 $f_0=\omega_0/2\pi$ 的最大值称为频移或频偏 $\Delta\omega$（或 Δf）。由式（4-46）知，调频信号的角频率偏移

$$\Delta\omega=ak \tag{4-47}$$

为了简便，设被调制信号的初相角 $\phi_0=0$，且调制信号是在 $t=0$ 时被接入的，则根据式（4-43）可得信号的总相角

$$\begin{aligned}\theta(t)&=\omega_0t+k\int f(t)\,\mathrm{d}t\\&=\omega_0t+ak\int_0^t\cos\Omega t\,\mathrm{d}t\\&=\omega_0t+\frac{ak}{\Omega}\sin\Omega t\end{aligned} \tag{4-48}$$

定义最大频偏与调制信号 $f(t)$ 的频率之比为调频指数，用 m_f 表示，则

$$m_f=\frac{\Delta f}{F}=\frac{\Delta\omega}{\Omega}=\frac{ak}{\Omega} \tag{4-49}$$

由此可将余弦调制下的调频信号表示为

$$e_f(t)=A\cos[\omega_0t+m_f\sin\Omega t] \tag{4-50}$$

可见 $e_f(t)$ 仍为一周期函数。式（4-50）可用贝塞尔（Bessel）函数展开为

$$e_f(t)=A\sum_{n=-\infty}^{\infty}J_n(m_f)\cdot\cos(\omega_0t+n\Omega)t \tag{4-51}$$

式（4-51）中的 $J_n(m_f)$ 为第一类 n 阶贝塞尔函数，图 4-26 所示为其部分函数的图形。

由式（4-51）可知，用频率为 Ω 的调制信号 $f(t)$ 对高频信号载波进行调制之后，调频信号 $e_f(t)$ 中除载波频率 ω_0 之外，还产生了边带频率（$\omega_0\pm\Omega$）、（$\omega_0\pm2\Omega$）、（$\omega_0\pm3\Omega$）等，如图 4-27 所示。理论上讲，边频的数目为无限多个，但实际上，频率较高的分量其

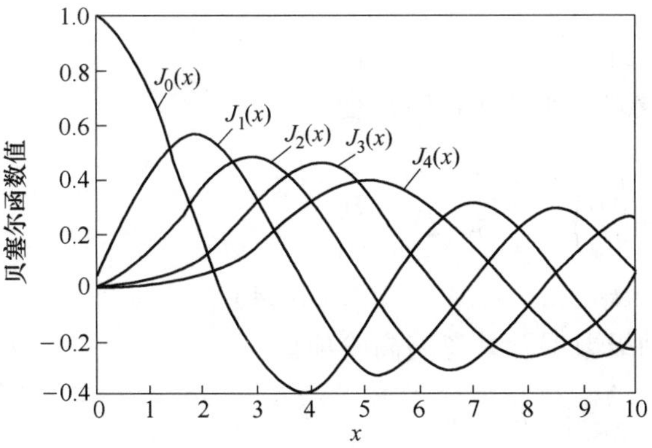

图 4-26　第一类贝塞尔函数

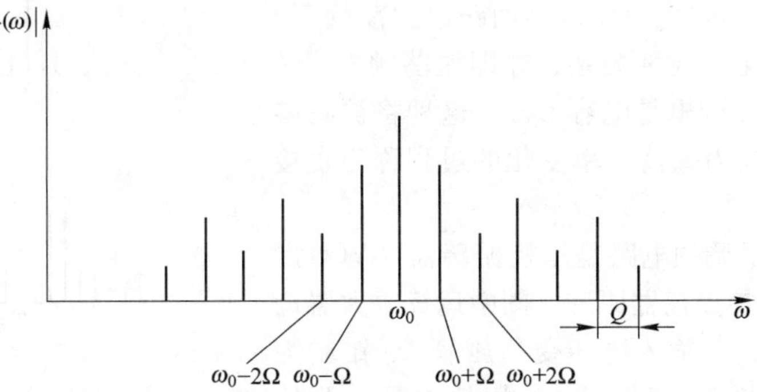

图 4-27　调频波的频谱

幅值很小，可以予以忽略。由图 4-26 可知，当 $m_f \ll 1$ 时，仅 $J_0(m_f)$ 和 $J_1(m_f)$ 的幅值较大，而其余较高阶次的函数值 $J_2(m_f)$、$J_3(m_f)$ 等均可忽略不计。又如当 $m_f=2$ 时，图中的 $J_5(2)$、$J_6(2)$ 等都可略去。由贝塞尔函数的理论可知，当 $n>(m_f+1)$ 时，$J_n(m_f)$ 的值小于 0.1。一般当振幅小于未调载波信号振幅 10% 的边频分量可以忽略不计的话，则调频信号的带宽为

$$B=2(m_f+1)\Omega=2(\Delta+\Omega) \tag{4-52}$$

由式（4-52）可知，调频（调角）信号的带宽比调幅信号的带宽大（m_f+1）倍。

由式（4-49）知，若调制信号 $f(t)$ 的频率 $f=\Omega/2\pi$ 不变，振幅 a 改变时，调频信号的调频指数 m_f 随调制信号的幅值成正比变化，从而也使调频信号的频带正比变化。图 4-28 所示为调制信号 f 不变、m_f 变化时引起的调频信号频谱的变化情况。

又若调制信号幅值 a 不变而频率 f 变化，则调频信号的频偏 Δf 不变，如式（4-47）所示，而调频指数 m_f 与调制频率 f 成反比变化，如式（4-49）所示。这些性质在工程中都有一定的用途。

频率调制一般用振荡电路来实现，如 LC 振荡电路、变容二极管调制器、压控振荡器等。以 LC 振荡回路为例，如图 4-29 所示，该电路常被用于电容、涡流、电感等传感器中作测量电路，将电容（或电感）作为自激振荡器的谐振回路的一调谐参数，则电路的谐振频率为

$$f_0 = \frac{1}{2\pi\sqrt{LC_0}} \tag{4-53}$$

若电容 C_0 的变化量为 ΔC，则式（4-53）变为

$$f = \frac{1}{2\pi\sqrt{LC_0\left(1+\frac{\Delta C}{C_0}\right)}} = f_0\frac{1}{2\pi\sqrt{1+\frac{\Delta C}{C_0}}} \tag{4-54}$$

式（4-54）按泰勒级数展开并忽略高阶项得

$$f = f_0\left(1-\frac{\Delta C}{2C_0}\right) = f_0 - \Delta f \tag{4-55}$$

式中，$\Delta f = f_0\frac{\Delta C}{2C_0}$。

由式（4-55）可知，LC 振荡回路以振荡频率 f 与调谐参数的变化呈线性关系，亦即振荡频率 f 受控于被测物理量（这里是电容 C_0）。这种将被测参数的变化直接转换为振荡频率变化的过程称为直接调频式测量。

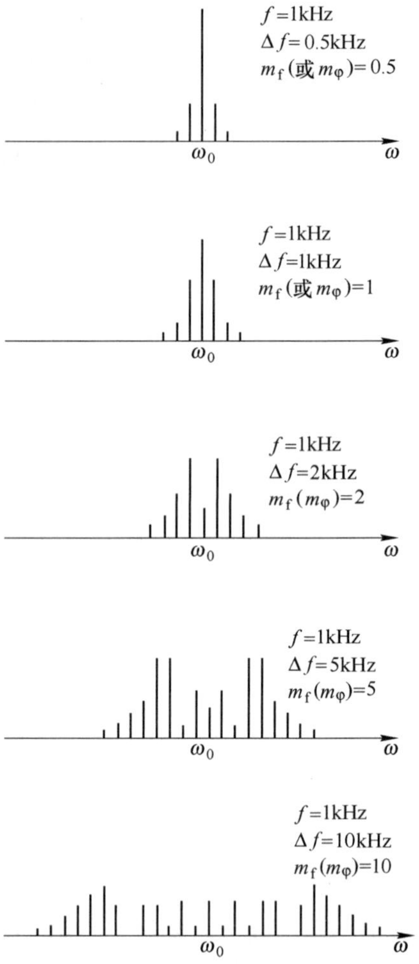

图 4-28　不同调频指数 m_f 下调频信号的频谱

另一种常用的调频电路是压控振荡器（VCO）。图 4-30 所示为压控振荡器原理。图中运算放大器 e_w 为正反馈放大器，其输入电压受稳压管 D_w 钳制为 $+e_w$ 或 $-e_w$。M 为乘法器，e_i 为恒值电压。开始时，设 A_1 输出处于 $+e_w$，则乘法器输出 e_z 也为正，积分器 A_2 的输出电压将线性下降。当该电压降至低于 $-e_w$ 时，A_1 翻转，其输出将变为 $-e_w$。此时乘法器 M 的输出亦即 A_2 的输入也将成负电压，其结果使 A_2 输出电压线性上升。当 A_2 输出上升到 $+e_w$ 时，A_1 又翻转，输出 $+e_w$，如此反复。由此可见，在常值正电压 e_i 作用下，积分器 A_2 将输出频率一定的三角波，而 A_1 输出与之同频率的方波 e_o。由于乘法器 M 的一个输入端电压 e_o 为一定值（$\pm e_w$），因此改变另一输入值 e_i 可线性地改变其输出，促使积分器 A_2 的输入电压也随之改变。这种改变将使 A_2 由 $-e_w$（或 $+e_w$）充电至 $+e_w$（或 $-e_w$）的所需时间发生改变，从而使振荡器的振荡频率与电压 e_i 成正比。改变 e_i 的值便可达到控制振荡器振荡频率的目的。

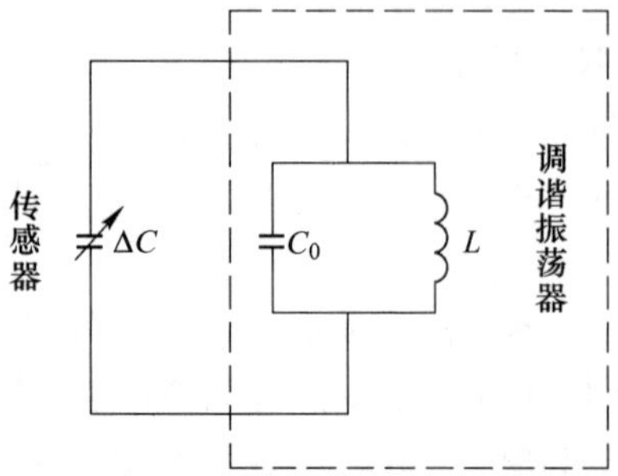

图 4-29　LC 振荡器

上述压控振荡器是基于乘法器的原理，其中 e_z 与 e_o 同号，乘法器应有较好的线性，且 e_i 应有固定的极性，这正是该方案的缺点。压控振荡器技术发展很快，目前已有单片式压控振荡器（如 Maxim 公司推出的 MAX2622 ~ MAX2624），其内部电路包括振荡器和输出缓冲器，其调谐电路的电感器和变容二极管均集成在同一芯片内。振荡器的中心频率与频率范围由工

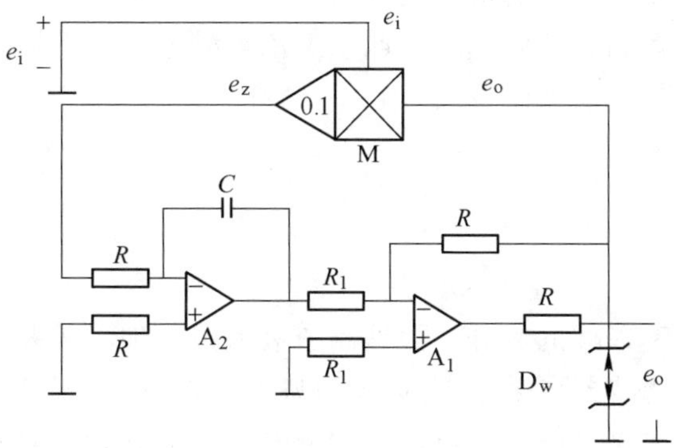

图 4-30　压控振荡器原理

厂预置，频率范围与控制电压对应，由外部调谐电压控制振荡频率，振荡信号经缓冲器缓冲后输出，具有较高的输出功率和隔离度，免受负载变化影响。

4.2.2.2　频率调制的解调

对调频波的解调亦称鉴频，有多种方案可以使用。鉴频原理是将频率的变化相应地复原为原来电压幅值的变化。图 4-31(a)所示为一种测试技术中常用的振幅鉴频电路。图中 L_1、L_2 为变压器耦合的原、副边线圈，它们与电容 C_1、C_2 形成并联谐振回路。回路的输入为等幅调频波 e_f，在回路谐振频率 f_n 处，线圈 L_1、L_2 中的耦合电流为最大，而副边输出电压 e_a 也最大。当 e_f 的频率偏离 f_n 时，e_a 随之下降。尽管 e_a 的频率与 e_f 的频率保持一样，但 e_a 的幅值却改变，其电压的幅值与频率之间的关系如图 4-31(b)所示。通常利用特性曲线中亚谐振区接近于直线的一段工作范围来实现频率 - 电压的转换，将调频的载波频率 f_0 设置在直线工作段中点附近，在有频偏 Δf 时频率范围为 $f_0 \pm \Delta f$。其中频偏 Δf 为正弦波，因此由 $f_0 \pm \Delta f$ 对应的变换所得到的输出信号为同频（$f \pm \Delta f$）的且幅值也随频率变化的振荡信号。随着测量参数的变化，$f_0 \pm \Delta f$ 的幅值也随调频波 e_f 的频率作近似线性的变化，调频波 e_f 的频率则和测量参数保持线性的关系。后续的幅值检波电路是常见的整流滤波电路，它检测出调频调幅波的包络信号 e_o，该包络信号 e_o 反映了被测量参数 ΔC 的信息（见图 4-29）。

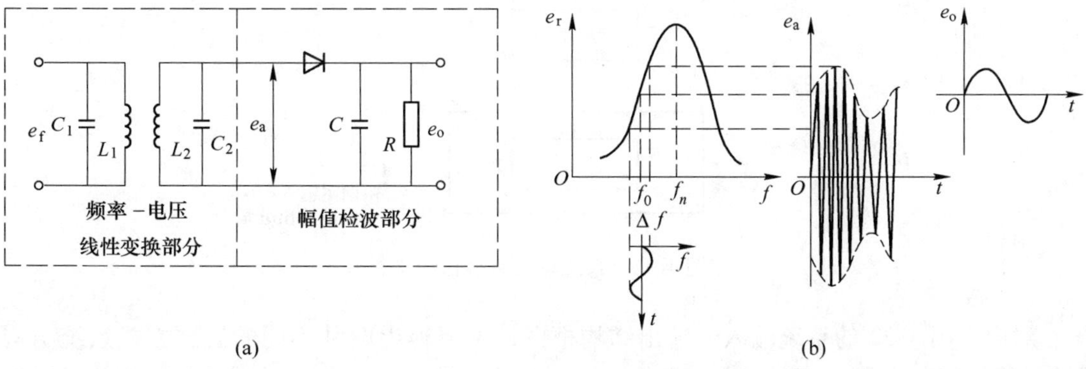

图 4-31　谐振振幅鉴频器原理

频率调制的最大优点在于它的抗干扰能力强。由于噪声干扰极易影响信号的幅值，因此调幅波容易受噪声的影响。与此相反，调频是依据频率变化的原理，对噪声的幅度影响不太敏感，因而调频电路的信噪比较高。

4.3　滤波

4.3.1　概述

滤波是选取信号中感兴趣的成分，而抑制或衰减掉其他不需要的成分。能实施滤波功能的装置称为滤波器，滤波器可采用电的、机械的或数字的方式来实现。

在信号处理中，往往要对信号作时域、频域的分析与处理。对于不同目的的分析与处理，往往需要将信号中相应的频率成分选取出来，而无需对整个的信号频率范围进行处理。此外，在信号的测量与处理过程中，会不断地受到各种干扰的影响。因此在对信号作进一步处理之前，有必要将信号中的干扰成分除掉，以利于信号处理的顺利进行。滤波和滤波器便是实施上述功能的手段和装置。

滤波的方式可分为对输入量滤波（简称输入滤波）和对输出量滤波（简称输出滤波）。一个系统的输入－输出关系可简单地用图 4-32 表示，其中 i_I、i_M 和 i_D 分别代干扰输入、修正输入和期望输入。期望输入 i_D 代表仪器专门要测量的物理量；干扰输入 i_I 则代表仪器无意中所敏感的物理量；而修正输入 i_M 则代表对期望输入和干扰输入的输入－输出关系进行改变的量，即它们引起图中的 F_D 和（或）F_I 发生变化，其中 F_D 和 F_I 分别代表期望输入 i_D 和干扰输入 i_I 以及它们分别产生的输出之间的输入－输出关系。符号 $F_{M,I}$和 $F_{M,D}$分别代表 i_M 影响 F_I 和 F_D 的专门方式，其本身代表的意义与上述 F_I 和 F_D 的意义的解释方式相同。

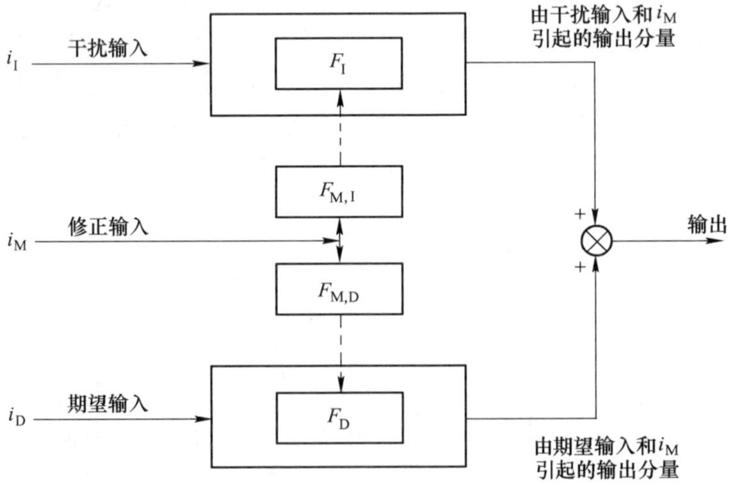

图 4-32　系统输入－输出结构

对应于图 4-32 的系统输入－输出结构框图，可以得出两种不同的滤波方式系统结构图（见图 4-33）。图 4-33(a)中，干扰输入 i_I 和修正输入 i_M 通过一个输入－输出关系理想为零的滤波器，使经过滤波后的输出量 i_I' 和 i_M' 均为零。图 4-33(b)则为输出滤波的一般结构配置方式。其中输出 O 为 O_I（因干扰输入引起的输出）、O_M（因修正输入引起的输出）和 O_D（因期望输入引起的输出）三者的叠加。若能构造滤波器使 O_D 通过而阻断 O_I 和 O_M，那么便可得到仅由 O_D 所产生的输出量 O'_D。

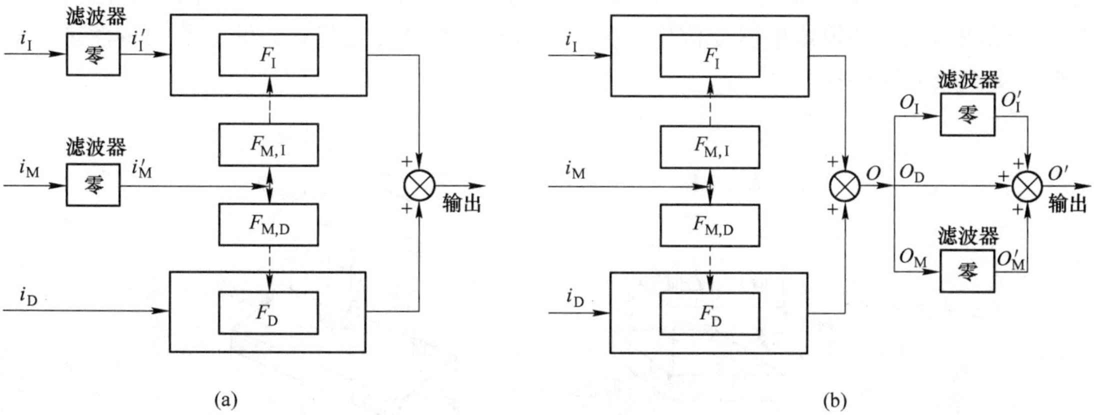

图 4-33　滤波的一般方式

（a）输入滤波；（b）输出滤波

图 4-34 所示为滤波器的几种不同应用情况。图 4-34(a)采用合适的弹簧隔振支撑来去除干扰振动输入，整个质量 - 弹簧系统实际上是一种机械滤波器，仅允许振动结构运动的很小一部分被传递到仪器上。

在图 4-34(b)中，采用万向环支架来滤除对压力计的干扰性倾角输入，若万向环支承轴承基本无摩擦，则转角 θ_1 和 θ_2 便不会对压力计产生影响，从而使它永远保持在垂直位置上。

图 4-34(c)中采用绝热手段来屏蔽环境温度波动对热电偶参考结点的影响。这种类型的滤波器专门用来滤除温度或热流输入。

图 4-34(d)采用将应变仪电路封闭于一种金属盒中使之屏蔽掉 50Hz 工频干扰的方式。这种方式用于滤除干扰输入。图 4-34(e)则是一种对输出作选频过滤的方式，通常的所选（所期望）输出信号的频率范围应远远地与信号中不需要的频率成分的频率范围隔开，这样才利于滤波。在图中所示的例子中，被测应变信号为缓变或稳态信号，频率范围在 0 ~ 2Hz 之内，因此，采用一个简单的 RC 滤波器便可完全抑制掉 50Hz 干扰。

图 4-34(f)为压力计的例子，其中在压力源和活塞室之间加有一流量限制结构。上述结构形式有利于测量由往复式空气压缩机供气的大型气缸的平均气压。因为通过流量限制结构及其产生的气流体积的气动滤波效应便能将气压的高频波动平滑掉。其中输出 - 输入幅值比 p_o/p_i 随频率的变化关系类似于图 4-34(e)中的电气 RC 滤波器的关系。用这种装置能测量稳态或缓变输入气压量，同时可极大地衰减掉快速变化成分。在该结构中，气流限制机构可以是一个针阀，调节它即可调节滤波效果。

图 4-34(g)为辐射计结构示意图。该装置根据发射出的红外辐射能量来敏感某物体的温度 T_s。发射的该能量被聚焦在一个检测器上，使检测器温度变为 T_d，从而改变检测器的输出电压 e_i。这种测量方式的困难在于检测器温度 T_d 也受到环境温度的影响。由于被

测的辐射能引起 T_d 的变化量很少，因此很小的环境温度变化就会完全掩盖所期望的输入量。解决的办法是在辐射源和检测器间放置一个转动快门（斩波器），以一定的转动频率调制所期望的输入信号。该频率选择时应远离于环境温漂的频率。因此检测器的输出 e_i 便是慢变环境温度波动与 T_s 变化的高频波动的叠加。为能从输出中检测出所需信号，需设计一滤波器来抑制恒定或慢变信号成分，并准确保留快变信号。该滤波器的特性是一个典型的交流放大器特性。

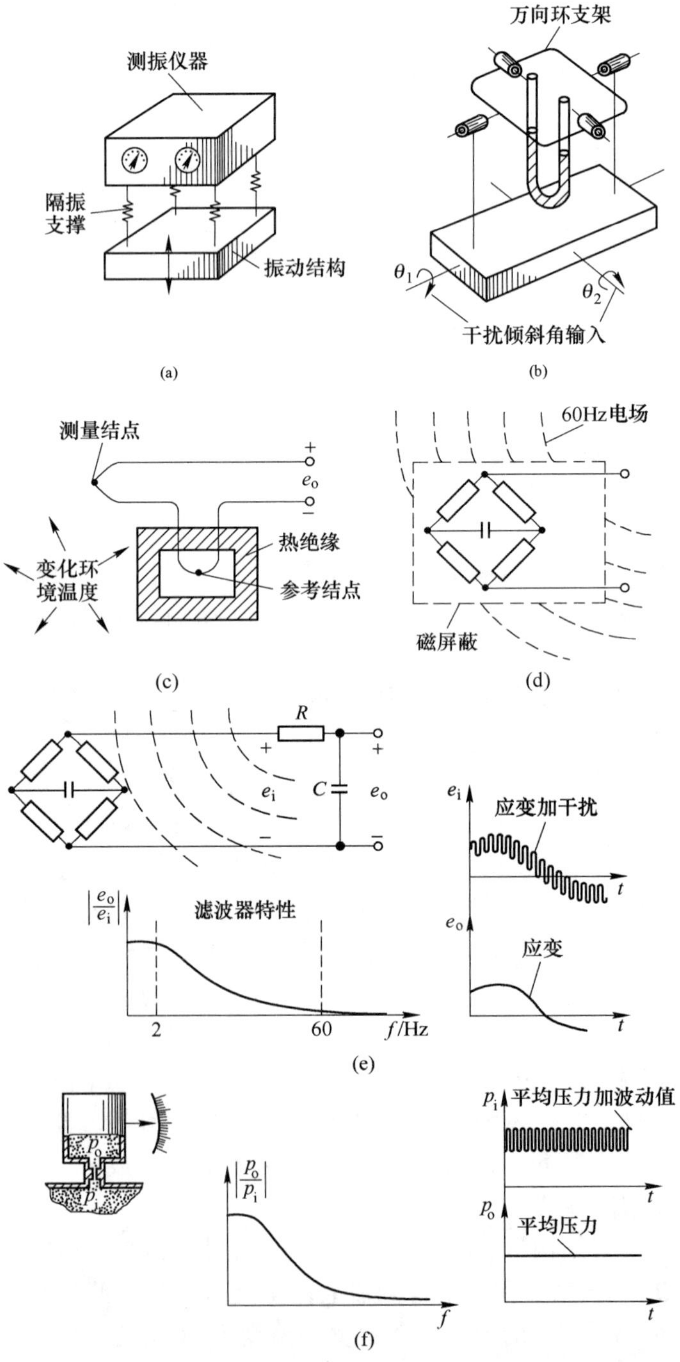

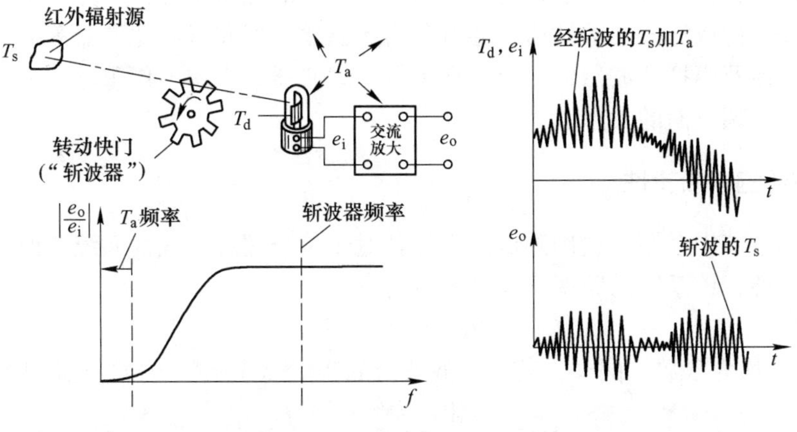

(g)

图 4-34　滤波器的不同应用类型

从上述例子可见，可采用机械的、电气的、热的、气动的以及其他类型的滤波器来进行滤波。

根据滤波器的选频方式一般可将其分为低通滤波器、高通滤波器、带通滤波器和带阻滤波器（见图 4-35），图 4-35 所示为这四种滤波器的幅频特性。

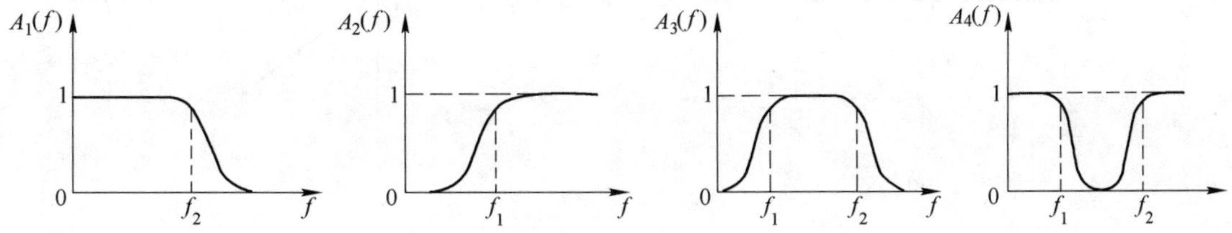

(a)　(b)　(c)　(d)

图 4-35　不同滤波器的幅频特性

（a）低通；（b）高通；（c）带通；（d）带阻

（1）低通滤波器。从 0 到 f_2 频率，幅频特性平直，该段范围称之为通频带，信号中高于 f_2 的频率成分则被衰减。

（2）高通滤波器。滤波器通频带为从频率 $f_1 \sim \infty$，信号中高于 f_1 的频率成分可不受衰减地通过，而低于 f_1 的频率成分被衰减。

（3）带通滤波器。它的通频带在 $f_1 \sim f_2$ 之间，信号中高于 f_1 而低于 f_2 的频带成分可以通过，而其他频率成分被衰减。

（4）带阻滤波器。与带通滤波器相反，其带阻在 $f_1 \sim f_2$ 之间；在该带阻之间的信号频率成分被衰减掉，而其他频率成分则可通过。

上述四种滤波器的特性互相联系。高通滤波器可用低通滤波器作负反馈回路来实现，故其频响函数 $A_2(f) = 1 - A_1(f)$，$A_1(f)$ 为低通的频响函数。带通滤波器为低通和高通的组合，而带阻滤波器可以由带通滤波器作负反馈来获得。

滤波器还有其他的分类方法，比如按照信号处理的性质来分，可分为模拟滤波器和数字滤波器；按照构成滤波器的性质，亦可分为无源滤波器和有源滤波器等。

本节主要涉及模拟滤波器的内容，有关数字滤波器的内容不作重点介绍，读者可参阅有关数字信号处理方面的文献。

4.3.2　滤波器的一般特性

在前面的章节中介绍了精确测试的条件。对于一个理想的线性系统来说，若要满足不失真测试的条件，该系统的频率响应函数应为：

$$H(f)=A_0\mathrm{e}^{-\mathrm{j}2\pi ft_0} \tag{4-56}$$

式中，A_0 和 t_0 均为常数。同样，若一个滤波器的频率响应函数 $H(f)$ 具有如下形式：

$$H(f)=\begin{cases}A_0\mathrm{e}^{-\mathrm{j}2\pi ft_0} & \text{当}\ |f|<f_c\\ 0 & \text{其他}\end{cases} \tag{4-57}$$

则该滤波器称为理想低通滤波器，其幅频与相频特性如图 4-36 所示，相频图中的直线斜率为（$-2\pi t_0$）。

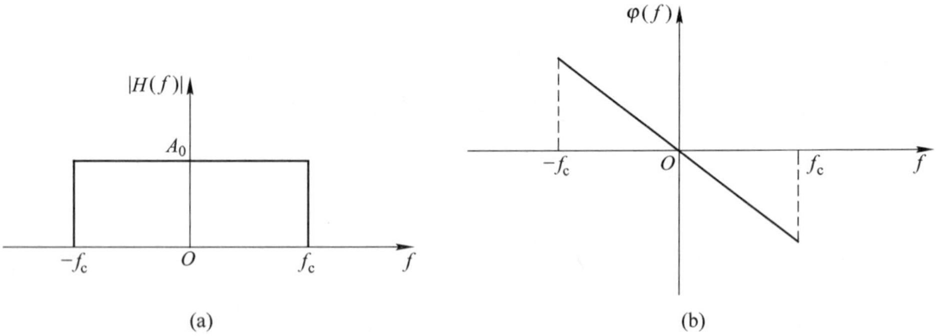

图 4-36　理想低通滤波器的幅频（a）、相频（b）特性

4.3.2.1　理想低通滤波器对单位脉冲的响应

若将单位脉冲输入理想低通滤波器，则它的响应应为一个 sinc 函数（见图 4-37）。如无相角滞后，即 $t_0=0$，则

$$h(t)=2A_0f_c\mathrm{sinc}(2\pi f_ct) \tag{4-58}$$

若考虑 $t_0\neq0$，即有时延时，则公式变为

$$h(t)=2A_0f_c\mathrm{sinc}[2\pi f_c(t-t_0)] \tag{4-59}$$

从图 4-37 可看出，理想低通滤波器的脉冲响应函数的波形在整个时间轴上延伸，且其输出在输入 $\delta(t)$ 到来之前，亦即 $t<0$ 时便已经出现，对于实际的物理系统来说，在信号被输入之前是不可能有任何输出的，出现上述结果是由于采取了实际中不可能实现的理想化传输特性的缘故。因此理想低通滤波器（推而广之也包括理想高通、带通在内的一切理想化滤波器）在物理上是不可实现的。

4.3.2.2　滤波器的特征参数

图 4-38 表示理想滤波器（虚线）和实际滤波器的幅频特性，从图中可看出两者间的差别。对于理想滤波器来说，在两截止频率 f_{c1} 和 f_{c2} 之间的幅频特性为常数 A_0，截止频率

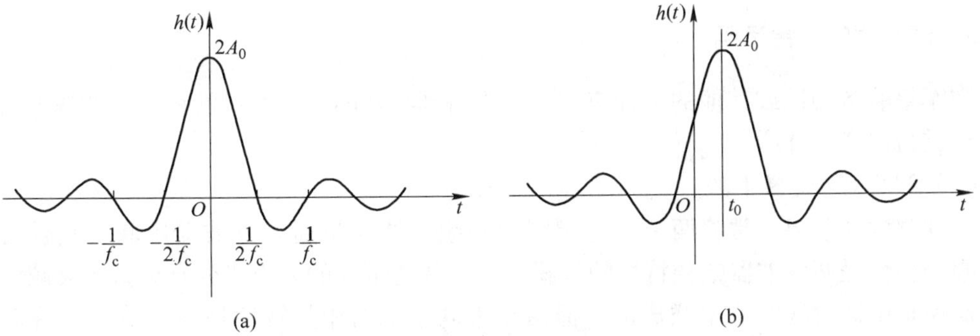

图 4-37　理想低通滤波器的脉冲响应

（a）$t_0=0$；（b）$t_0\neq 0$

之外的幅频特性均为零。对于实际滤波器，其特性曲线无明显转折点，通带中幅频特性也并非常数。因此对它的描述要求有更多的参数，主要的有截止频率、带宽、纹波幅度、品质因子（Q 值）以及倍频程选择性等。

（1）截止频率。幅频特性值等于 $\frac{A_0}{2}$（-3dB）所对应的频率点（图 4-38 中的 f_{c1} 和 f_{c2}）。若以信号的幅值平方表示信号功率，该频率对应的点为半功率点。

（2）带宽。滤波器带宽定义为上下两截止频率之间的频率范围 $B=f_{c2}-f_{c1}$，又称 -3dB 带宽，单位为 Hz。带宽表示滤波器的分辨能力，即滤波器分离信号中相邻频率成分的能力。

（3）纹波幅度。通带中幅频特性值的起伏变化值，图 4-38 中以 ± 表示，δ 值应越小越好。

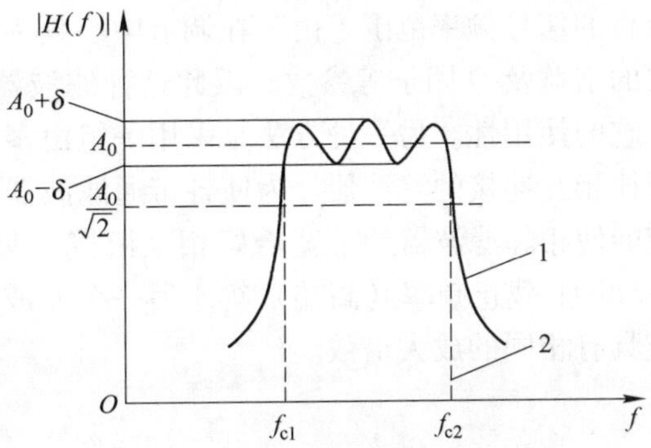

图 4-38　理想的和实际的带通滤波器的幅频特性

1—实际滤波器；2—理想滤波器

（4）品质因子（Q 值）。电工学中以 Q 表示谐振回路的品质因子，而在二阶振荡环节中，Q 值相当于谐振点的幅值增益系数，$Q=\frac{1}{2\xi}$。对于一个带通滤波器来说，其品质因子 Q 定义为中心频率 f_0 与带宽 B 之比，即 $Q=\frac{f_0}{B}$。

（5）倍频程选择性。从带阻到带通，实际滤波器还有一个过渡带，过渡带的曲线倾斜度代表着幅频特性衰减的快慢程度。通常用倍频程选择性来表征。倍频程选择性是指上截止频率 f_{c2} 与 $2f_{c2}$ 之间或下截止频率 f_{c1} 与 $2f_{c1}$ 间幅频特性的衰减值，即频率变化一个倍频程的衰减量，以 dB 表示。显然，衰减越快，选择性越好。

（6）滤波器因数（矩形系数）。滤波器因数 λ 定义为滤波器幅频特性的 -60dB 带宽与 -3dB 带宽的比，即

$$\lambda=\frac{B_{-60\text{dB}}}{B_{-3\text{dB}}} \tag{4-60}$$

4.3.3 滤波器的综合运用

在军事装备测试或其他的工程应用中，为得到特殊的滤波效果常将不同的滤波器或滤波器组进行串联和并联。

4.3.3.1 滤波器串联

为加强滤波效果，常将两个具有相同中心频率的（带通）滤波器串联，其合成系统的总幅频特性是两滤波器幅频特性的乘积，从而使通带外的频率成分有更大的衰减。高阶滤波器便是由低阶滤波器串联成的。但由于串联系统的相频特性是各环节相频特性的相加，因此将增加相位的变化，在使用中应加以注意。

4.3.3.2 滤波器并联

滤波器并联常用于信号的频谱分析和信号中特定频率成分的提取。使用时常将被分析信号通入一组具有相同增益但中心频率不同的滤波器，从而各滤波器的输出便反映了信号中所含的各个频率成分。实现这样一组带通滤波器组可以有两种不同的方式：一是采用中心频率可调的带通滤波器，通过改变滤波器的 RC 参数来改变其中心频率，使之追随所要分析的信号频率范围。由于在调节中心频率过程中一般总希望不改变或不影响到诸如滤波器的增益及 Q 因子等参数，因此这种滤波器中心频率的调节范围是有限的，从而也限制了它的使用性。另一种方法是采用一组由多个各自中心频率确定的、其频率范围遵循一定规律相互连接的滤波器。为使各带通滤波器的带宽覆盖整个分析的频带，它们的中心频率应能使相邻滤波器的带宽恰好相互衔接（见图 4-39）。通常的做法是使前一个滤波器的 -3dB 上截止频率（高端）等于后一个滤波器的 -3dB 下截止频率（低端），滤波器组还应具有相同的放大倍数。

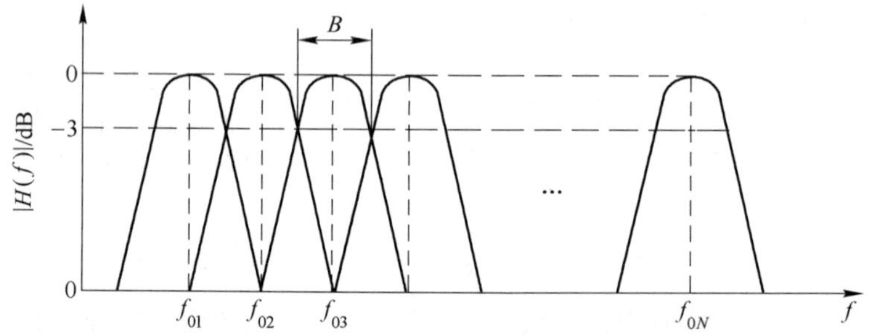

图 4-39 信号分析频带上带通滤波器的带宽分布

带通滤波器的中心频率 f_0 依滤波器的性质分别定义为上、下截止频率 f_{c2} 和 f_{c1} 的算术平均值或几何平均值。对恒带宽带通滤波器，采取算术平均的定义法，即

$$f_0 = \frac{1}{2}(f_{c1} + f_{c2}) \tag{4-61}$$

对恒带宽比带通滤波器，则采取几何平均的定义法，即

$$f_0 = \sqrt{f_{c1} \cdot f_{c2}} \tag{4-62}$$

带通滤波器的带宽如前所述为上、下截止频率之差，即

$$B = f_{c2} - f_{c1} \tag{4-63}$$

且称其为 -3dB 带宽，也称半功率带宽。

带宽 B 与中心频率 f_0 的比值称相对带宽或百分比带宽

$$b=\frac{B}{f_0}\times 100\% \tag{4-64}$$

由前面对品质因子 Q 的定义可知，相对带宽等于品质因子的倒数，即

$$b=\frac{1}{Q_0} \tag{4-65}$$

在作信号频谱分析时，要用一组中心频率逐级可变的带通滤波器，当中心频率变化时，各滤波器带宽遵循一定的规则取值，通常用两种方法构成两种不同的带通滤波器：恒带宽比滤波器和恒带宽滤波器。

4.4　模拟/数字转换器

4.4.1　量化

为对模拟测量信号作数字编码以进行计算机处理，要使用模拟/数字（A/D）转换器。

A/D 转换器将一个输入电压 U_e 转换成相应的编码输出信号 D_a。一个二进制编码输出信号（见图 4-40）可表示为下列形式：

$$D_a=a_1\cdot 2^{-1}+a_2\cdot 2^{-2}+\cdots+a_n\cdot 2^{-n}=\frac{U_e}{U_{ref}}+\varepsilon,\ -2^{-(n+1)}\leqslant\varepsilon\leqslant 2^{-(n+1)} \tag{4-66}$$

式中，n 为 A/D 转换器位数；U_{ref} 为参考电压，亦即输入信号的范围；a_i 为各位的值（0 或 1）；ε 为量化误差，$|\varepsilon|\leqslant\frac{1}{2}$LSB；$a_n$ 为最低有效位（LSB）。

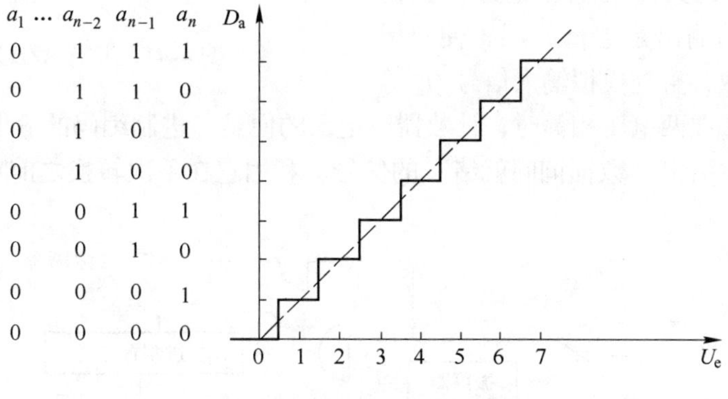

图 4-40　二进制 A/D 转换

最大量化误差值为：

$$\frac{U_{ref}}{2^n-1}\approx\frac{U_{ref}}{2^n} \tag{4-67}$$

式中，n 为一较大的数。

一般选择 A/D 转换的分辨率时应使量化误差的大小与输入信号 U_e 的绝对误差处于同一数量级上。

需要特别注意的是：模拟输入信号的幅值应尽量与 A/D 转换器的输入量范围相匹配。

4.4.2　A/D 转换器

根据功能原理将 A/D 转换器分为并行转换器和串行转换器两种。并行转换器同时确定所有系数 a_i。而串行转换器则是依次确定各个系数。因而串行转换法比并行转换法要慢；但它的电路造价却小得多。此外还有其他一些方法，无非是将上述两种方法组合起来使用或是采用中间变量来进行工作。

一般来说可以自由选择 A/D 转换器数字输出信号编码的形式。但最常用的一种是二进制码，它与下面所运用的一些关系有关。

对于许多类型的 A/D 转换器均用 D/A 转换器反过来产生比较电压。本章 4.4.4 节将介绍 D/A 转换器构造和功能的基本情况。

4.4.2.1　并行 A/D 转换器

并行 A/D 转换器中输入信号直接与 2^{n-1} 个参考电压作比较（见图 4-41）。从逻辑输出信号中确定系数 a_i 的工作是在一个专门的译码网络中进行的。由于电路造价高，因而这种方法只适用于小位数的转换器（$n=4\sim8$ 位）。但是同时确定所有系数只需很短的转换时间（<100ns），因此也称这种转换器为闪烁转换器。

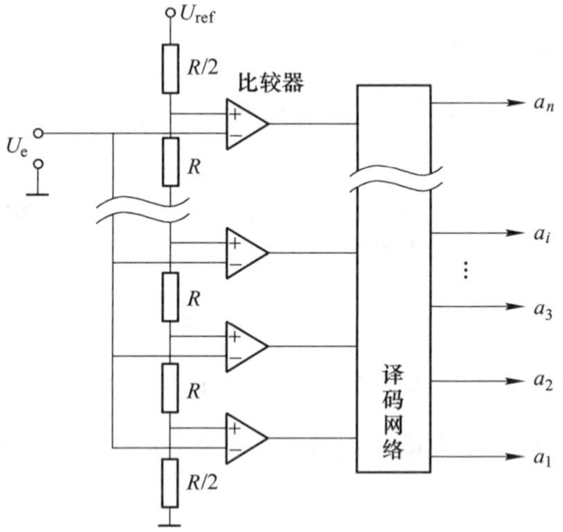

图 4-41　并行 A/D 转换器

4.4.2.2　串行 A/D 转换器

在增量式转换器中只设置一个比较器（见图 4-42），因此其比较电压是逐步提高的。只要比较器的输出是逻辑“1”，便对增量的次数进行计数，直到模拟输入信号 U_e 等于比较电压为止。在两电压相等时，计数器中记录的便是二进制编码的输出信号。从比较器输出信号中可同时引出“数据询问就绪”的信号。利用它在下次转换之前将计数器置零。

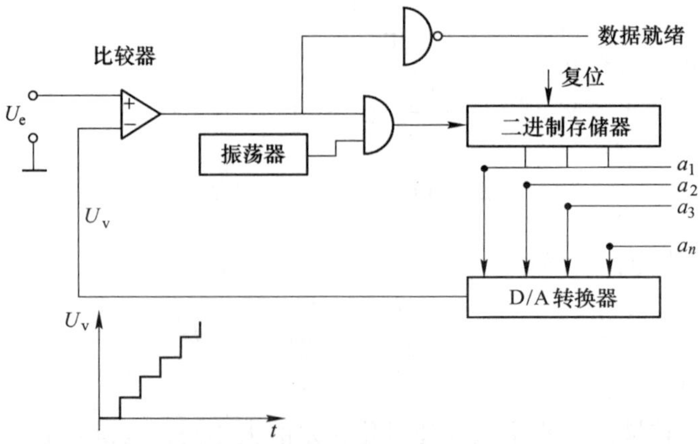

图 4-42　增量式 A/D 转换器

与并行 A/D 转换器相比，这种方式速度很慢；转换时间极大地依赖于二进制位数和信号的绝对值。采用一种直接跟随输入电压的可逆计数器可以大大缩短转换时间，尤其是在信号变化小的区域里，因为省去了复位和更新指数的工作。

图 4-43 为一种采用逐次逼近法工作的 A/D 转换器，其中在每一步都要把一个分电压 $U_{ref}/2^k$（$k=1, 2, 3, \cdots, n$）加到电压 U_v 去直至 U_v 大于 U_e，则相应的系数 a_k 置为 0，并接着再把电压 $U_{ref}/2^k$ 减去。下一步将 k 加 1 并重复同样过程直至确定 a_n 为止。这样便能直接将 D_a 的系数放到二进制寄存器中去。

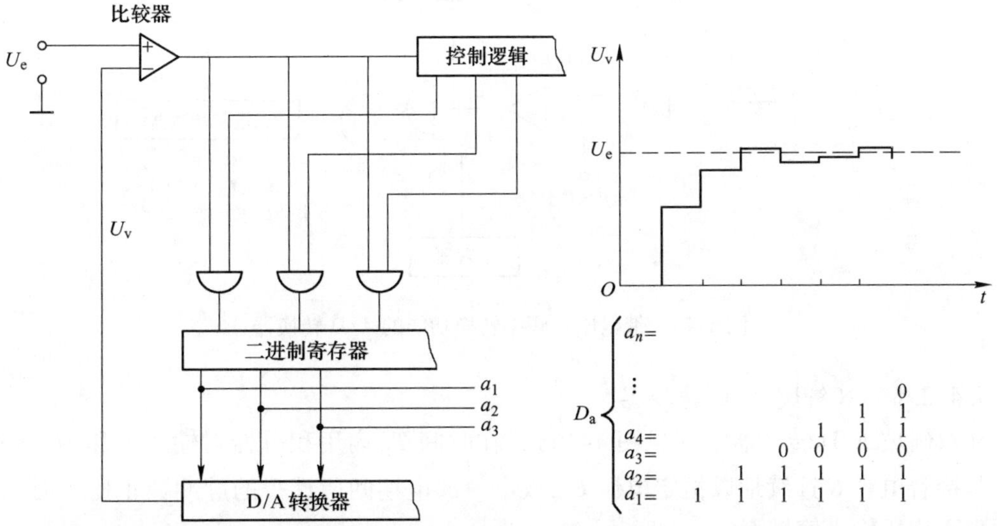

图 4-43　逐次逼近法原理工作的 A/D 转换器

这种方法的速度很大程度上取决于所用的 D/A 转换器，这就是经常采用并行转换的原因。采用并行转换可使一个 10 位的 A/D 转换器每秒进行高达 10 万次的转换。

锯齿波转换器、双斜坡转换器和电压 - 频率转换器采用中间变量来工作。这些方法都是对电压进行积分直至达到一定值为止，然后用脉冲计数来测量过程所需的时间。

4.4.2.3　锯齿波 A/D 转换器

锯齿波 A/D 转换器（见图 4-44）带有一个斜坡信号发生器。只要发生器的输出信号

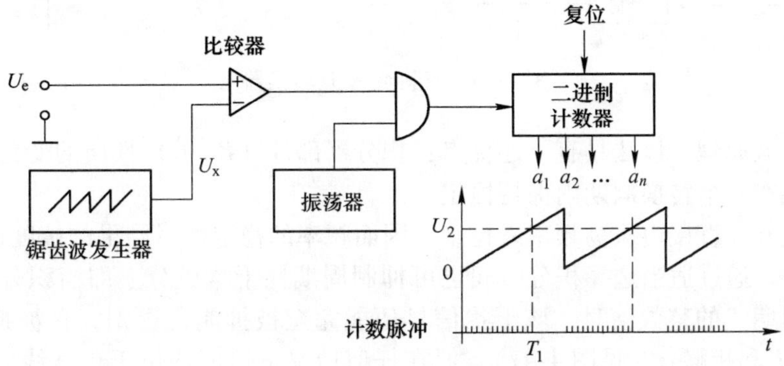

图 4-44　锯齿波 A/D 转换器

小于输入电压 U_e，计数器便对振荡器脉冲进行计数。由此所得的时间 T_1 正比于输入信号 U_e。该法的前提条件是：振荡器频率与斜坡信号发生器所产生的信号都要很稳定。

4.4.2.4　电压－频率转换器

电压－频率转换器（见图4-45）工作原理与锯齿波A/D转换器相同，只是不采用常值参考电压来产生斜坡信号，而是对输入电压 U_e 积分并将电压 U_x 与参考电压 U_{ref} 作比较。

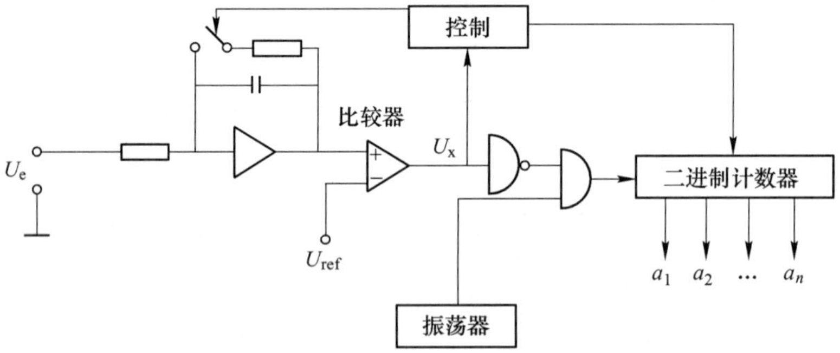

图4-45　带电压－频率转换功能的A/D转换器

4.4.2.5　双斜坡A/D转换器

在双斜坡A/D转换器中（见图4-46），在时间 T_1 内用积分器对输入电压 U_e 进行积分。紧接着电容 C 连续地以恒定电压 U_{ref} 放电。放电期间所计得的脉冲数正比于时间 T_2，因而也正比于输入信号 U_e。

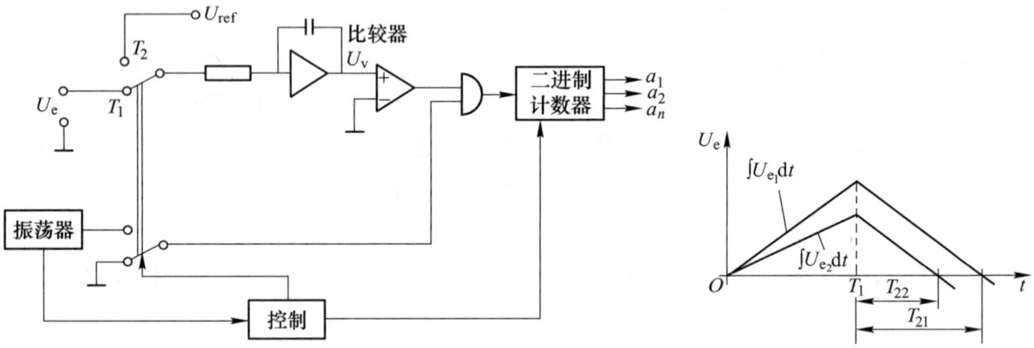

图4-46　双斜坡A/D转换器

比起锯齿波原理，该法具有下述优点：积分器部件（R、C）性质的变化不影响精度，只要这种变化在一个转换周期内保持恒定。

由于转换开关直接由振荡频率来控制，因而频率的稳定性对结果的精度也没有什么影响。除此以外，通过适当选择积分时间也可抑制周期性干扰成分。即当积分时间 T_1 为一个干扰信号周期 T 的整数倍时，该干扰信号便能完全被抑制，否则，它被抑制的程度取决于比值 T_1/T 和相移 φ（见图4-47）。但在任何情况下该值均位于包络线 $\nu = T(\pi \cdot T_1)$ 之下。

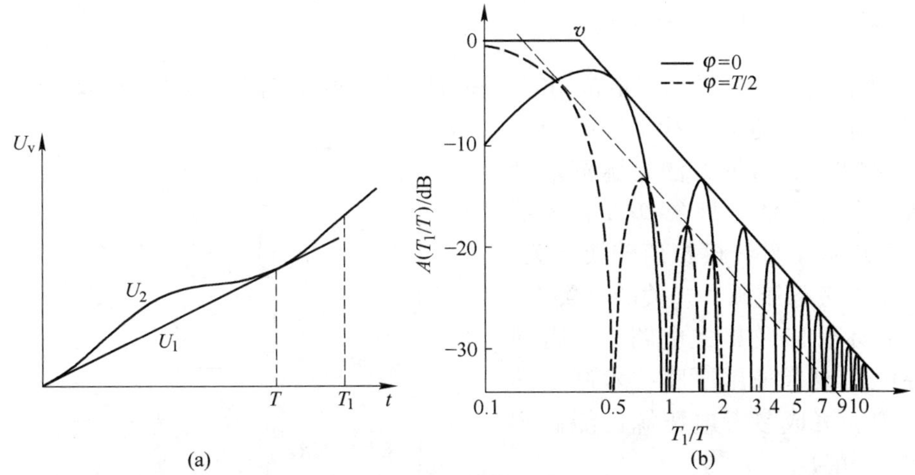

图 4-47　积分时间对 A/D 转换器中干扰频率成分的影响

（a）未受干扰输入电压（U_1）的积分及受周期性干扰叠加的输入电压（U_2）的积分；

（b）双斜坡 A/D 转换器中干扰频率分量的衰减

采用三斜坡 A/D 转换器能获得比用双斜坡 A/D 转换器更高的转换速度。此时电容器的放电分两步来完成。第一步先快速放电至接近于零的一个值，然后从第二步开始电容器慢慢地再放电至零。采用相应的计数器控制能获得比双斜坡 A/D 转换器高 10 倍的转换速度而不损害转换精度。

一般来说，现在所有的转换器均能保证达到转换误差小于 0. 5LSB，但都不可避免地存在着使用电子线路时所能产生的所有误差（如非线性、偏差、温漂等）。

4. 4. 3　抗混滤波器

抗混滤波器一方面要根据被测模拟信号，另一方面要根据 A/D 转换器来调节。如在自动化测量设备中，常用计算机控制的开关通过改变采样频率来调整抗混滤波器的截止频率。

这种滤波器应满足下列条件：

（1）信号中包含的所有 $\omega \geqslant \pi/\tau$（$\tau$ 为采样周期）的频率成分其幅值必须被衰减到小于 A/D 转换器的分辨率（1LSB），以防止边带处的频谱混叠。因此，滤波器应尽量具有理想的低通特性。

（2）由于被采样信号中太高的频率成分实际上并不都是有用的，因此应将抗混叠滤波器放在采样器之前。抗混滤波器类型可根据后面的信号处理来确定。当主要要保持信号的波形时，最好采用近似于贝塞尔型的滤波器，因为这种滤波器能在一定的频带范围内提供与频率大致成比例的相移。相反，切比雪夫型和巴特沃思型能对高于通带的频率成分产生较强的振幅衰减。

经常出现干扰信号频率 ω_n 大于有用信号频率 ω_d 以及干扰信号的幅值较小的情况。此时，选择滤波器类型及其阶数的原则是使干扰信号振幅衰减至 1LSB 之下，并尽可能不让有用信号失真。因而此时的采样率应满足下述条件：

$$T \leqslant \pi/\omega_n$$

4.4.4　数字/模拟（D/A）转换器

数字/模拟（D/A）转换器最常用的几种方法是：多级电阻分压式 D/A 转换，多级分流式 D/A 转换以及电阻式梯形网络 D/A 转换。较少使用的两种方法是脉宽调制法或间接积分转换法。每个 D/A 转换器均包含下述组成部件：模拟值转换开关、电阻网络及参考电压源。开关的种类有：二极管、晶体管以及集成电路。电阻网络由薄膜电阻或者采用厚膜技术制成的电阻器构成。集成参考电压源已能做到 ±0.005% 的精度。

4.4.4.1　多级分压式 D/A 转换器

多级分压式 D/A 转换器的电路原理如图 4-48 所示。为得到参考电压源的恒定载荷，每个数字采用了两个电阻 R_n' 和 R_n 以及两个触点 k_n' 和 k_n。平衡状态时，下面的一个电阻 R_n 接上时，上面的电阻 R_n' 同时被短路。

这种电路有不同的配置方式，例如每个十进位带一个参考电压或是级联式电路（分压器）等。

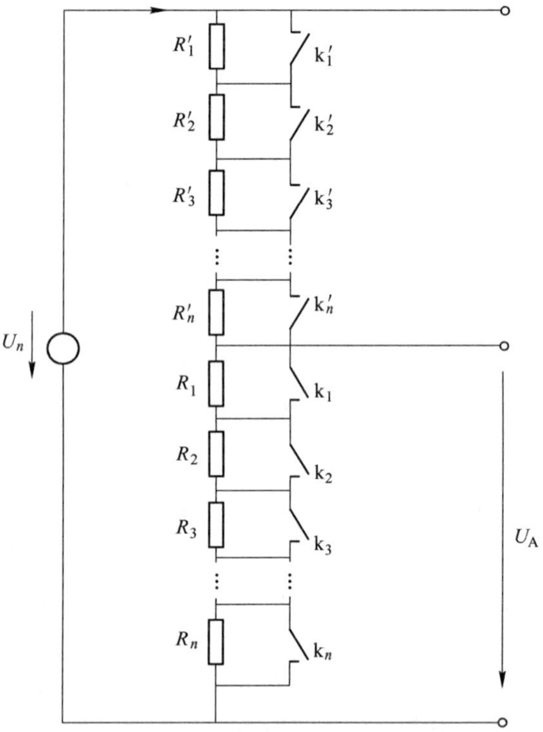

图 4-48　多级分压器式 D/A 转换器

4.4.4.2　多级分流式 D/A 转换器

图 4-49 为多级分流式 D/A 转换器的电路原理。为各个数字设置的触点 $k_1 \sim k_n$ 通过电导 $G_1 \sim G_n$ 产生分流 $I_1 \sim I_n$，这些分电流在加法电阻 R_s 上产生一个对应于数字值的电压值。为达到转换误差小的目的，其条件为：

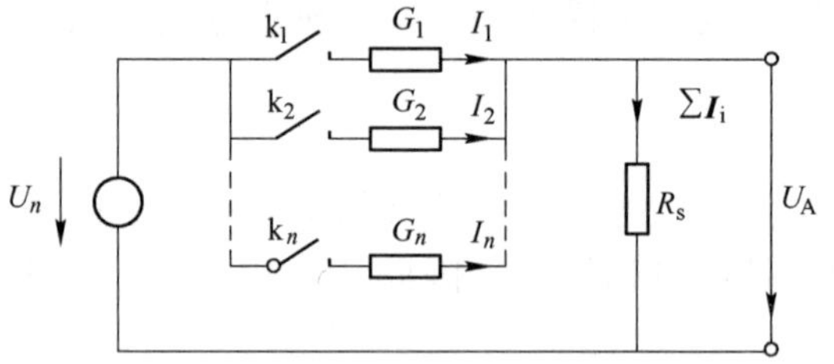

图 4-49　多级分流式 D/A 转换器

$$R_s \leqslant \frac{I}{\sum_{i=0}^{n} G_i} \qquad (4\text{-}68)$$

为避免使用高参考电压，可将加法电阻用一运算放大器代替（见图 4-50）。

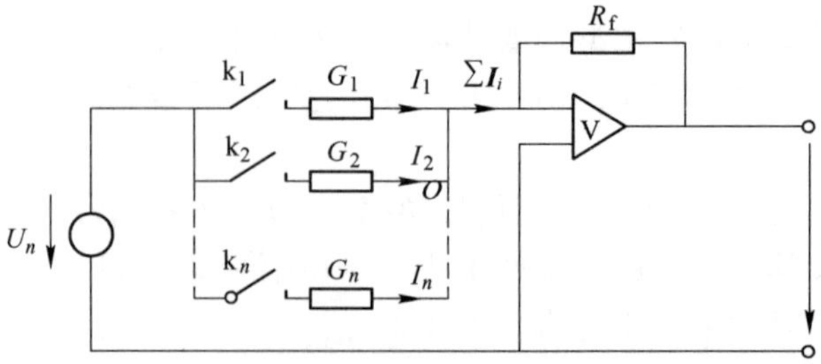

图 4-50　应用运算放大器作为加法电阻的 D/A 转换器

在较好的电路中，分流是用电流发生器产生的。由于电流发生器内阻很大，因而加法电阻的影响可以忽略不计。图 4-51 为一个采用晶体管作电流发生器的 D/A 转换器。若在驱动端 S_1 加一电压，极性与 U_n 一致，此时与 S_1 有关的晶体管截止，电流 I_1 不能流过。如果在 S_1 加 0V 电压，则晶体管导通，分流 I_1 流过加法电阻 R_s。为了得到足够的精度，所允许的最小分流应是其余晶体管剩电流之和的两倍。

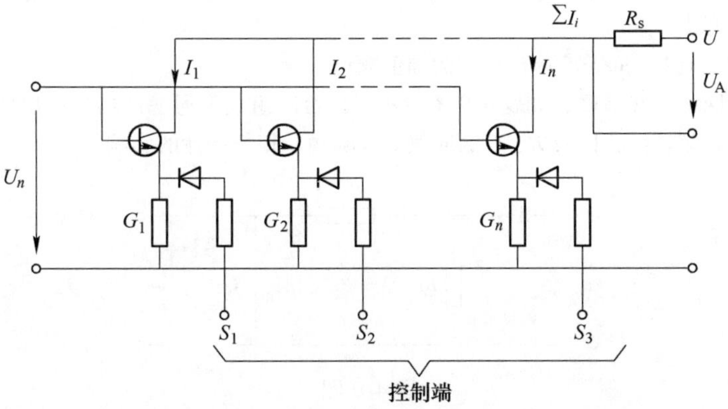

图 4-51　采用晶体管作电流发生器的 D/A 转换器

4.4.4.3　电阻式梯形网络 D/A 转换器

为进行纯二进制数的转换，还经常采用一种电阻式梯形网络的 D/A 转换器，其原理如图 4-52 所示。图中，对应于闭合触点 $k_0 \sim k_n$ 各自在负载电阻 R_1 上流过分级的电流为：$\frac{I_0}{2^n}$，…，$\frac{I_0}{2^2}$，$\frac{I_0}{2^1}$。负载电阻上的电压 U_A 为：

$$U_A = \frac{R_1 U_n \cdot Z}{2^{n+1}(R_1 + R)} \tag{4-69}$$

式中，Z 为要转换的数字。

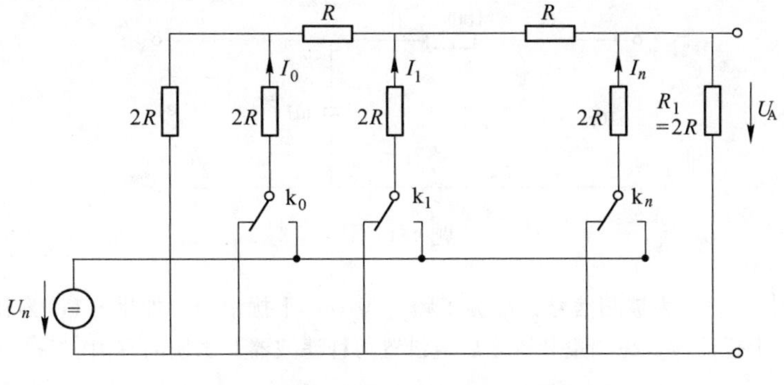

图 4-52　电阻式梯形网络 D/A 转换器

思考与练习

4-1　电桥有哪两种类型？各有什么特点？

4-2　电桥的平衡条件是什么？如何进行平衡？

4-3 调制与解调在时域和频域分别是什么样的运算过程？

4-4 实现幅值调制解调的方法有哪几种？各有何特点？

4-5 试述频率调制和解调的原理。

4-6 在测试装置中为什么经常采用相敏检波器来实现调幅的解调而不是采用普通的二极管包络检波解调？

4-7 用 $x(t)=e^{-at}(a>0,t\geqslant 0)$ 调制载波 $\cos\omega_0 t$，再用此载波作同步解调和相敏检波的参考信号。试求经同步解调和相敏检波后所得的时域波形和幅值频谱图。如果想恢复原波形，所设计的滤波器截止频率应如何考虑？

4-8 求调幅波 $f(t)=A(1+\cos 2\pi ft)\sin 2\pi f_0 t$ 的幅值频谱。

4-9 若将高、低通网络直接串联，如题 4-9 图所示，是否能组成带通滤波器？写出此线路的频响函数，分析其幅频、相频特性，以及 R、C 的取值对其幅频、相频特性的影响。

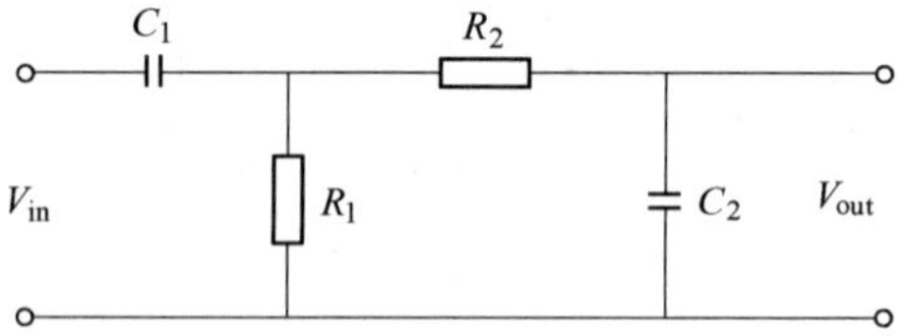

题 4-9 图

4-10 如何分辨两种调制信号（见题 4-10 图）经幅值调制和解调后的时频域波形？

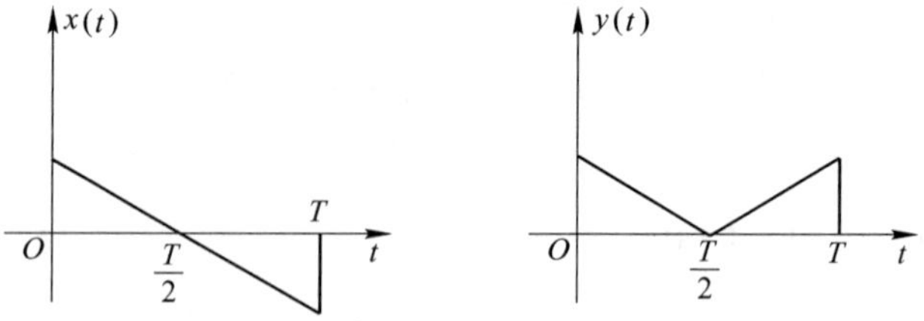

题 4-10 图

4-11 求 $\sin 10t$ 输入题 4-11 图所示线路后的输出信号。

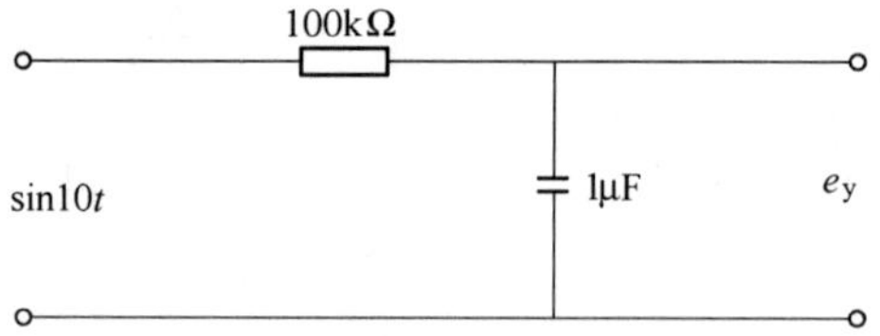

题 4-11 图

4-12 在题 4-12 图中，$e_1(t)$ 为被测信号，x_0 为工频（50Hz）干扰信号。如果 $e_1(t)$ 为较高频率的正弦信号，为了滤掉干扰信号，在测量装置之后应设置何种滤波器？试说明理由。

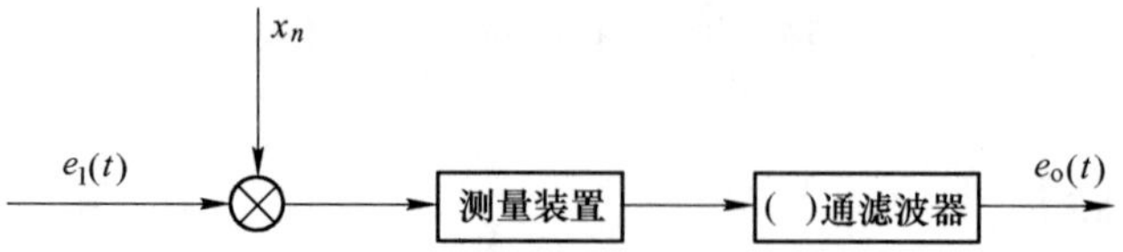

题 4-12 图

第二部分

军事装备测试技术应用案例

第5章 工程装备机械液压系统综合检测试验平台

随着信息技术、人工智能技术和电子科学技术的发展与进步，工程装备的技术复杂程度不断增强，电子设备或机电一体化装置大量应用到工程装备的各个系统中，依靠传统分立、非系统级的测试维修设备很难适应部队快速形成保障力和战斗力的要求。

当前工程装备检测设备多是以专用、分立的设备为主，仅用于保障某型号或某类装备。由于没有综合通用型的检测设备，且检测设备的研制没有统一的技术标准和规范，缺乏统一的设计，使得保障设备尤其是检测设备的结构多种多样，技术水平参差不齐，给部队装备保障人员造成很大的负担。

计算机总线技术与软硬件技术飞速发展，推动 A/D、D/A 转换技术、抗混叠滤波技术和信号处理技术的不断改进，各种总线形式板卡技术的不断成熟为通用测试技术提供了有力的技术支撑。

5.1 总体功能与构成

5.1.1 总体功能

综合平台主要配属于维修保障机构，根据“平战一体、专业综合、结构优化、功能通用”的原则要求，按照“划类分组、一体通用（对象、模式、功能）、功能分层”的设计思想进行综合平台的软硬件设计，以完成现有工程装备机液系统的平时巡检、战前临检、战时维修支援保障任务的要求，实现通用装备机液系统状态检测与评估、部（元）件试验和信息管理的功能，为通用装备机液系统的技术状况评估及其统计分析、动用计划的制定、维修保障提供辅助决策依据。

综合平台的总体功能包括状态检测、部（元）件试验和信息管理（见图 5-1）。其检测与试验对象为主要列装的工程装备，以二代装备为主，涵盖现有的通用工程装备主要机械部件和液压系统。

5.1.1.1 状态检测与评估功能

能够原位采集和存储通用装备发动机、传动箱、离合器、变速箱、转向机、侧减速器

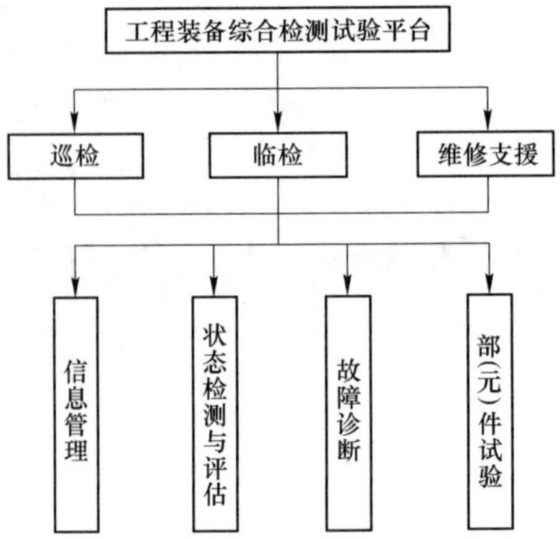

图 5-1 综合平台功能描述

六大部件和液压系统的技术状况参数：转速、振动、噪声、温度、流量、压力、位移、油液污染度等，如表 5-1 所示。

表 5-1 检测部件及参数

序号	部件		参数
1	发动机		振动加速度、振动、转速、压力、扭矩、流量、噪声、水温、油温、油液污染度、扭矩、电压、电流
2	分动箱（传动箱）		振动加速度、转速、噪声、温度
3	离合器		温度、转速、振动、扭矩
4	机械式变速箱		振动加速度、转速、噪声、表面温度、油液污染度
5	综合传动箱		噪声、温度、压力、流量、转速、扭矩、油液分析
6	行星转向机		振动、温度
7	侧减速器		振动、温度、扭矩
8	变矩器		压力、流量
9	液压系统	液压泵	进出油口的压力、流量、转速
		控制阀	进出油口、控制油口、泄油口的压力、流量
		油缸	压力、流量（泄漏量）
		马达	压力、流量（泄漏量）
		辅助元件	压力、流量
		液压油	污染度

平时采取定期检测或随机抽检，采集通用装备六大机械部件和液压系统的技术状况参数，建立通用装备的技术状况档案，实现装备技术状况的跟踪检测和状态变化趋势的分级评估，及时掌握装备的技术状况。战前配合使用分队进行临检，检查装备的技术状况是否能够满足作战需要，确保参战装备具有完好的技术状况。

通用装备机械系统的技术状况评估结果分为“良好”、“堪用”和“禁用”三个等级；液压系统的技术状况评估结果分为“正常”和“异常”两个等级。

状态检测与评估功能面向的部（元）件对象包括：发动机、传动箱（分动箱）、离合器、变速箱、转向机、侧减速器和液压动力元件、执行元件及控制元件等典型部（元）件，扩展的机械部件涉及车辆刹车、转向装置等。

检测方式：空载、原位、不解体。

5.1.1.2 故障诊断功能

对于技术状况评估结果为“禁用”的机械部件，综合平台软件系统能够进行组件级故障隔离和诊断。通过分析采集得到的技术状况数据，提取有效特征参数，结合收集的历史技术状况数据，应用智能诊断方法给出可能的故障原因及维修建议。

液压系统故障诊断，应用故障树逻辑推理方法，通过建立具有人机交互功能的故障诊断专家系统，实现液压系统故障元件定位。

5.1.1.3 部（元）件试验功能

综合平台能够按照修理级别和试验规范，完成机液部（元）件的修后试验。通过采集部（元）件试验过程中的转速、噪声、温度、压力、流量等参数，结合目测观察，检验修理质量。综合平台能够对部（元）件试验的条件和过程进行控制，采集和显示试验过程参数，并对异常状况进行报警，还可对试验过程的常见故障进行分析提示，给出故障排除措施，生成试验报告。

试验对象包括：变速箱（变速器）、传动箱、离合器、分动箱（分动器）、转向机、制动阀、水泵、液压控制阀、液压缸等。

5.1.1.4 信息管理功能

综合平台信息管理系统能够对单位、专业、装备、部件等基础信息进行综合管理，实现检测试验内容、数据及结果的集中存储；完成检测试验结果的统计分析，形成辅助决策数据信息，并实现与战役级维修保障综合信息平台的信息传输。

5.1.2 总体构成

综合平台由硬件和软件两部分构成。硬件部分主要包括地面固定平台、NI测试系统硬件、机械部件试验台、液压元件试验台；软件部分主要包括信息管理系统、综合检测与故障诊断软件系统（IMADS）。综合平台总体构成如图5-2所示。

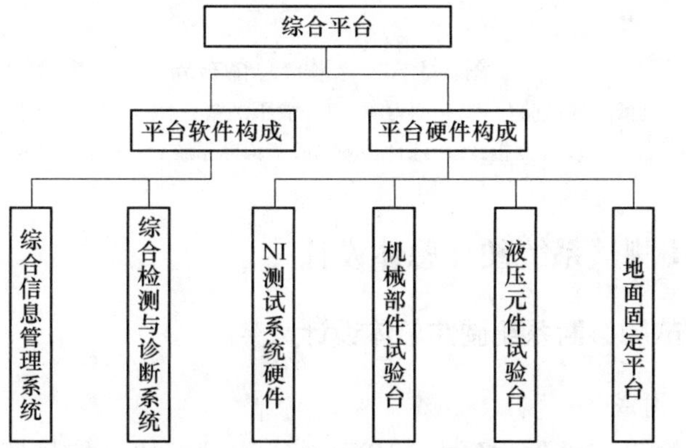

图5-2 综合平台总体构成

（1）综合检测与诊断系统（IMADS）：由数据采集模块、信号分析处理模块、技术状况评估模块、故障诊断模块、试验条件控制模块、数据库访问模块、系统配置与自检模块、系统帮助模块等构成。

（2）综合信息管理系统：由基础数据管理模块、任务单据管理模块、任务完成的结果统计与分析模块、数据传输模块等构成。

（3）NI 测试系统硬件：由 NIPXI 总线控制器（计算机）、数据采集模块（含信号调理模块、传感器组及卡具模块）、电源模块、输入输出模块、通讯模块等构成。

（4）机械部件试验台：由动力连接装置、柔性支架、部件操纵系统、主控柜及辅助机构等构成。

（5）液压元件试验台：由试验台架、液压系统、被试元件接头等构成。

（6）地面固定平台：由液压动力源、电机控制柜、液压控制箱、台面固定支架等构成。

5.1.3　总体布局

综合平台总体布局如图 5-3 所示，分为机械部件试验区、综合检测与操纵控制区、液压元件试验区三部分。为保证安全试验区与操纵控制区隔开，机械部件试验区位于综合平台的前半部分，综合检测与操纵控制区和液压元件试验区位于综合平台的后半部分，左侧为液压元件试验区，布置有液压试验台；右侧为综合检测与操纵控制区，布置有机械部件试验控制柜和综合检测系统箱。

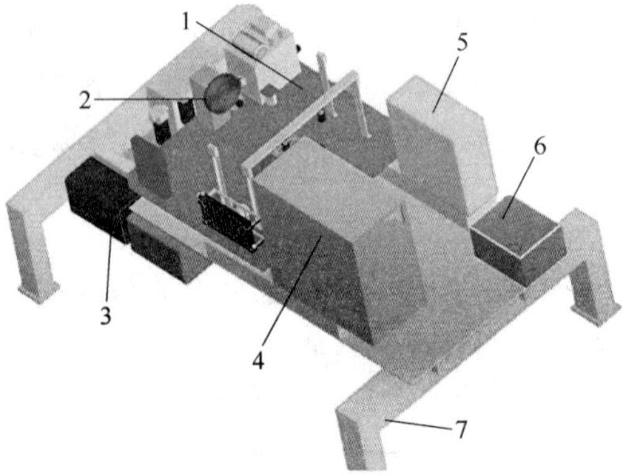

图 5-3　综合平台总体布局

1—机械部件试验台；2—动力源；3—液压油箱；4—液压元件试验台；
5—部件试验控制柜；6—综合检测与故障诊断系统；7—台面固定支架

5.2　综合平台 NI 测试系统硬件总体设计

5.2.1　综合检测与故障诊断系统硬件总体设计

5.2.1.1　总体构成

综合平台 NI 测试系统硬件主要由 NIPXI 总线测试模块、信号调理箱、电源模块、信号线组、传感器组与卡具、其他外设 6 部分组成，测试系统硬件构成如图 5-4 所示。综合检测与故障诊断系统的硬件包括：

（1）传感器组及卡具模块：将各类传感器安装在被试装备指定位置，把被试装备机械量变化转换为电参量，为 NIPXI 总线测试模块提供信号源。经过选择和优化各种传感器，实现最小的传感器数量完成 IMADS 系统的全部功能。传感器卡具安装方便、牢靠、快捷，满足不解体快速检测的特点。

（2）信号线组：按参数分类连接传感器与测试板卡，构成信号通道。

（3）信号调理模块：采用模块化板卡（同类信号整合于同一张板卡）设计，便于集成和扩展。高信噪比、高精度和高稳定性电路设计可以使传感器信号经过放大、隔离、滤波处理后不失真地传输到信号采集与存储模块。

（4）信号采集与存储模块：采用 NI 公司 PXI 总线测试系统（包括：PXI 总线机箱，PXI 总线嵌入式控制器，并行 DAQ 卡等），可以对调理后的信号进行高速、高精度、多通道、海量采集、分析与存储。

（5）电源模块：提供交流（220V）、直流（24V）两种供电方式，为传感器、调理模块和 NIPXI 测试系统提供所需标准电源。

（6）其他外设：负责 IMADS 系统封装和运输，各类数据的输入和输出。

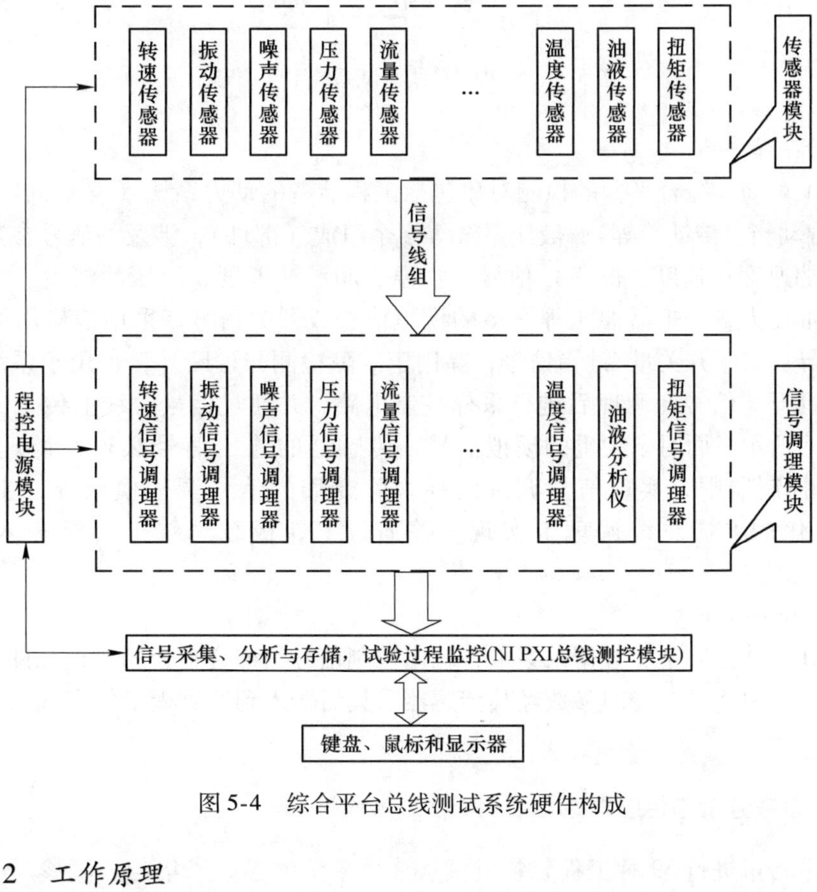

图 5-4　综合平台总线测试系统硬件构成

5.2.1.2　工作原理

综合平台的工作原理图如图 5-5 所示。系统可分为检测对象信号采集与试验系统测试控制两大部分。

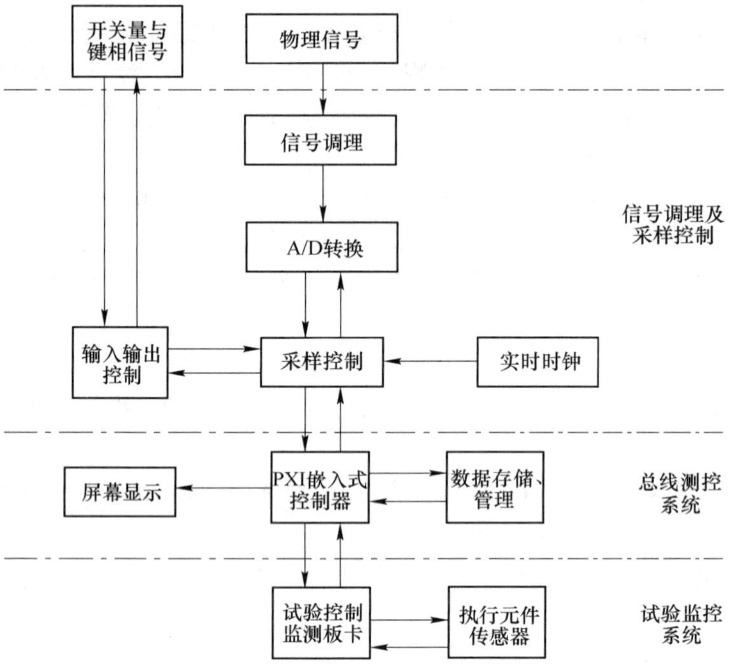

图 5-5　NI PXI 总线测试系统工作原理

A　信号采集

从表 5-1 可知，综合平台的检测对象包括工程装备的动力系统（发动机）、传动系统（变速箱、分动箱、传动箱等）、液压系统等多个组成（部件），涉及的信号参数包括转速信号、振动加速度（速度、位移）信号、水温、润滑油温度、液压油温度、噪声、机油压力、液压油压力、变矩器油压等众多的模拟信号或开关信号，采用信号用的传感器种类、规格各异。对于开关量/键箱信号，除用于故障检测与诊断外，也用于系统的输入输出控制，因此开关信号经调理后进行采样控制电路，并通过信号总线上传至嵌入式控制器，如图 5-5 所示。而对于大量的模拟信号，传感器的输出信号必须经调理和 A/D 转换才能送入控制器中，实现信号调理的模块除专用的信号调理模块外，主要的信号调理由模块化的 PXI 总线调理卡实现，并通过 PXI 板载总线上传至嵌入式 PXI 控制器。

B　试验控制

采用 PXI 总线控制卡和数据采集卡，输出控制信号给综合平台的执行元件，驱动试验平台的运行，同时将试验控制参数经其传感器采集后输入到监测板卡，实现试验平台的闭环控制。

5.2.2　测试参数分析与传感器选型

该综合平台可进行 59 种工程装备机械、液压系统的参数采集与故障诊断，如 5.1 节所述。信号采集所用的传感器包括了温度、压力、流量、振动、转速、噪声、电流、电压、位置（位移）等参数采集传感器，主要有三向 ICP 振动加速度传感器、单向 ICP 振动加速度传感器、噪声传感器、反射式光电转速传感器、磁电转速传感器、压力传感器、流量传感器、温度传感器、液位传感器、污染度传感器、超声波流量计（传感器选型及测试参数见表 5-2）。

表 5-2　传感器选型及测试参数

序号	部件名称	测点位置	传感器类型	安装方式	参数用途
1	发动机	发动机左 1 缸盖	振动传感器	绝缘磁座或胶粘	振动烈度评估
2		发动机前端 V 形排中间	振动传感器	绝缘磁座或胶粘	
3		发动机左 3 缸盖	振动传感器	绝缘磁座或胶粘	
4		发动机左 6 缸盖	振动传感器	绝缘磁座或胶粘	
5		发动机右 1 缸盖	振动传感器	绝缘磁座或胶粘	
6		发动机右 6 缸盖	振动传感器	绝缘磁座或胶粘	
7		进气歧管	温度传感器	专用磁座或胶粘	各缸工作不均匀性评估
8		排气歧管	温度传感器	专用磁座或胶粘	
9		高压油管喷油压力（左右各测 1-3-6 缸）	压力传感器	外卡式	
10		发动机本体噪声	噪声传感器	专业支架	噪声等级评估
11		排气噪声	噪声传感器	专业支架	
12		油液	油液取样器油底壳取油	手持	磨损状况评估
13		发动机进水口水温	温度传感器	胶粘	发动机温升特性
14		发动机出水口水温	温度传感器	胶粘	发动机温升特性
15		机油温度，发动机油底壳	温度传感器	胶粘	发动机润滑状况
16		上止点位置	转速传感器	专用支架	发动机转速
17	变速箱	输入轴轴承座正上方	振动传感器	绝缘磁座或胶粘	振动烈度评估，齿轮磨损或断齿、风扇联动装置磨损的故障诊断
18		箱体中间轴轴承正上方	振动传感器	绝缘磁座或胶粘	
19		输出轴轴承座	振动传感器	绝缘磁座或胶粘	
20		风扇联动装置	振动传感器	绝缘磁座或胶粘	
21		箱体侧面	噪声传感器	专用支架	安装精度或断齿故障诊断
22		油液	油液取样器	手持	变速箱润滑和磨损情况评估
23		变速箱输入轴承座表面温度	温度传感器	胶粘	轴承润滑状况
24		变速箱中间轴承座表面温度	温度传感器	胶粘	轴承润滑状况
25		变速箱输出轴承座表面温度	温度传感器	胶粘	轴承润滑状况
26	离合器	启动齿圈	转速传感器	专用支架	离合器打滑故障
27		温度	红外测温仪	便携式	

续表 5-2

序号	部件名称	测点位置	传感器类型	安装方式	参数用途
28	分动箱	箱体正上方	振动加速度传感器	绝缘磁座或胶粘	振动烈度评估，齿轮磨损或断齿故障诊断
29		轴承支座	振动加速度传感器	绝缘磁座或胶粘	振动烈度评估，轴承磨损情况评估或故障诊断
30		箱体侧面	噪声传感器	专用支架	连接件松动或断齿故障诊断
31		轴承支座上方	温度传感器	胶粘	轴承磨损情况评估或故障诊断
32		油液	油液取样器	手持	分动箱润滑和磨损情况评估
33	侧减速器	输入轴轴承座附近	振动加速度传感器	绝缘磁座或胶粘	振动烈度评估，齿轮磨损或断齿故障诊断
34		箱体侧面	噪声传感器	专用支架	连接件松动或断齿故障诊断
35		温度	红外测温仪	便携式	轴承磨损情况评估或故障诊断
36	其他	各种摩擦副	红外测温仪	便携式	摩擦副润滑情况和磨损情况
37		负重轮轴承外壳	红外测温仪	便携式	根据各负重轮的轴承温度差异，判断负重轮轴承故障

传感器类型和数量确定后，配套的信号调理电路（PXI 信号调理卡）、接口适配器可据此进行选型与设计，由此再进行 PXI 总线机箱、嵌入式控制器和其他附件的选型、设计与加工制作。

传感器的安装方式主要有磁性粘贴、螺栓连接、外卡、串接、专用卡具等。卡具的设计根据不同型号装备可用空间的大小设计，并有良好的可达性。

5.2.3 振动与噪声信号采集卡选型

采用模块化板卡（同类信号整合于同一张板卡）设计，便于集成和扩展。高信噪比、高精度和高稳定性电路设计可以使传感器信号经过放大、隔离、滤波处理后不失真地传输到信号采集与存储模块。

5.2.3.1 噪声信号采集卡的选型

根据表 5-2 可知，典型的工程装备噪声信号包括发动机本体噪声、排气管噪声、变速箱体噪声、分动箱体噪声和侧减速器噪声等，因此选择了 8 路噪声采集卡 PXI-4472（见

图 5-6）。该卡是一款用于声音和振动测量的动态信号采集模块，其采样频率为 102.4kS/dB，信号耦合方式为 3.4Hz 交流/直流耦合。输入通道集成了用于加速度计和麦克风的集成电子压电（IEPE）信号调节功能，并具有内置的抗混叠滤波器，可自动调整采样率。它的 8 个输入通道可同时对输入信号进行数字化。应用时可以同步多个 PXI-4472 模块来满足高通道数应用的需求，也可使用 RTSI 总线将该模块与其他设备同步。

5.2.3.2 振动信号采集卡的选型

同样可从表 5-2 中确定振动信号采集所需的通道数和采集频率的要求，选用 PXI-4472B（见图 5-7）与 PXI-4472 共同完成振动及噪声的测量。

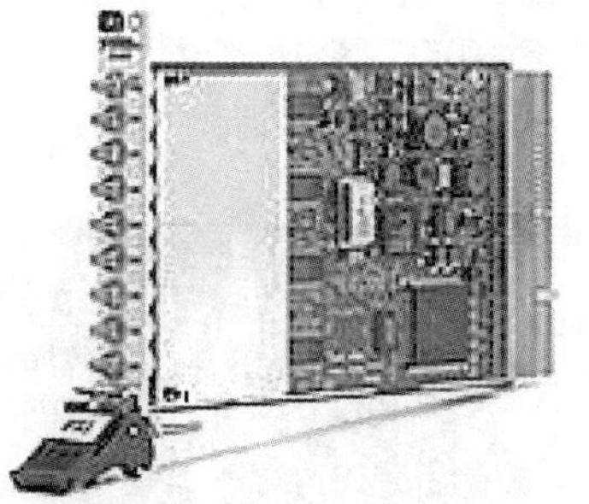

图 5-6 PXI-4472 声音振动采集卡

图 5-7 PXI-4472B 噪声与振动信号通信卡

PXI-4472B 专为振动和低频交流测量而设计。输入通道集成了用于加速度计和麦克风的集成电子压电（IEPE）信号调节功能，并具有内置的抗混叠滤波器，可自动调整采样率。PXI-4472B 的 8 个输入通道可同时对输入信号进行数字化。当设备处于交流耦合状态时，PXI-4472B 的截止频率仅为 0.5Hz，以便进行极低频交流振动测量。可以同步多个 PXI-4472B 模块来满足高通道数应用的需求，也可使用 RTSI 总线将该模块与其他设备同步。

5.2.4 温度信号采集卡选型

表 5-2 列举了工程装备温度信号测试所需传感器及通道资源，据此选用 NI 公司的 PXI-4351 温度与电压信号采集卡进行温度参数的调理与采集。PXI-4351 是高精度的数字化设备，专用于高精度温度测量、电阻值测量、色谱分析测量以及 ±15V 范围以内的低频模块信号测量。该卡所适用的温度传感器包括热电偶、铂热电阻（RTD）和热敏电阻，用于热电偶测量时提供 14 个通道，电压测量时具有 16 个通道。J 型热电偶测量精度 0.42℃，RTD 精度 0.12℃，热电阻精度 0.03℃，采样速率高达 60Hz，24 位 ADC 分辨率，8 条 TTL 数字 I/O 线，并具有自动调零和冷端补偿功能。

5.2.5 电压输出传感器信号采集模块选型

5.2.5.1 多功能通用 I/O 数据采集卡

考虑到综合平台电压输出型传感器数量较多，占用的测试资源范围较大，为保证信号的精确采集，选用了两块 PXI 总线多功能 I/O 模块 PXI-6259 进行电压信号的调理与采集。该模块为 32 路 AI 通道（16 位，1.25MS/s），4 路 AO 通道，48 路 DIO。该卡同时提供模拟 I/O、关联数字 I/O、两个 32 位计数器/定时器以及模拟和数字触发功能。NI PXI-6259 多功能数据采集卡如图 5-8 所示。

5.2.5.2　高精度多功能传感器信号采集卡

对于位移、流量等模拟信号的测量，采用 3 块 PXI 总线多功能 I/O 模块 PXI-6238（见图 5-9），该模块具有 16 路 AI（16 位，1.25MS/s），2 路 AO，6 路 DI，4 路源极 DO，设置有组隔离电路。PXI-6238 是专为电流 I/O 而设计的，提供模拟 I/O、数字输入、源极数字输出、两个 32 位计数器和数字触发。数字输入和输出均可兼容 24V 信号，结合了隔离的安全和性能优势与高性能定时、放大和校准技术，提供了准确的测量和精确的控制。该模块非常适合高电压和高电噪声环境中的测试、测量、控制和设计应用。用户可使用 PXI-6238 来读取编码器、流量计和接近式传感器以及控制阀、泵和继电器。

图 5-8　NI PXI-6259 多功能数据采集卡

图 5-9　NI PXI-6238 多功能数据采集卡

5.2.6　开关量信号采集模块的选型

综合平台采集的信号中包括了大量的开关量信号，如发动机、弯矩器、变速箱、侧减速器等的转速信号，位置传感器的输出信号等，均需由数字信号采集卡采集后上传至嵌入式控制器中。为此选择了 PXI 总线多路数字 I/O 模块 PXI-6528 模块（见图 5-10）。该模块为 48 通道、24 路漏极/源极输入、24 路漏极/源极输出、通道－通道隔离，是一款典型的工业级并行数字 I/O 接口。该卡的可编程上电状态功能使得用户可使用软件来配置初始输出状态，以确保在连接到工业执行器时安全运行。如果发生计算机或应用程序故障，PXI-6528 可以使用数字 I/O 看门狗切换到可配置的安全输出状态，以确保检测到故障状态并进行安全恢复。可编程输入滤波器可消除毛刺/尖峰，并通过软件可选数字滤波器为数字开关/继电器提供去抖动。

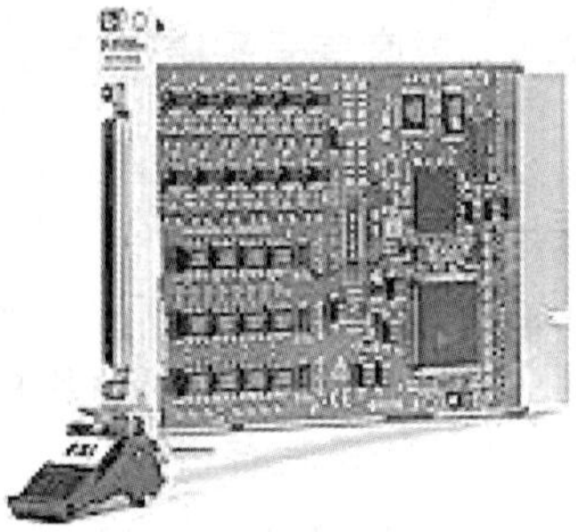

图 5-10　NI PXI-6528 多功能数字 I/O 模块

5.2.7　串口通讯模块的选型

PXI 总线测试系统与适配器之间选择了串行通讯模式，因此需选择合适的串行通讯卡，本文所选择的是 NI PXI-8430 卡，如图 5-11 所示。

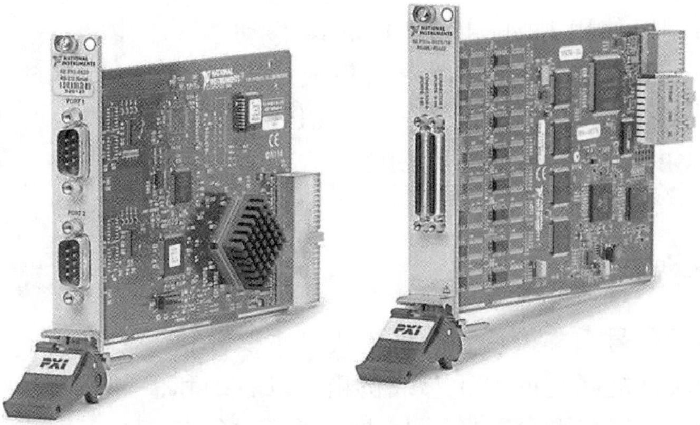

图 5-11　NI PXI-8430 串口通讯卡

NI PXI-8430 是一款用于与 RS-232 设备进行 1Mbit/s 高速通信的高性能 16 端口串行接口。高性能的 RS-232 接口有 2 端口、4 端口和 8 端口可供选择。NI PXI-8430 能以 57 波特至 1000000 波特的可变波特率进行数据传输，对于非标准波特率可达 1% 精度，标准波特率下可达 0.01% 精度。借助高性能 DMA 引擎，不仅能实现高数据处理能力，而且对 CPU 占用最小。使用超线程与多核处理器的强大能力，能利用最先进的 PC 技术，实现更快速更高效的性能。PXI-8430 能够维持全部 16 个端口的满载荷同步工作。NI 还提供了易用且强大的软件，从而极大地缩短了通过 PXI-8430 进行串口通信的系统开发时间。另外，PXI-8430/16 提供的新型集成化分支电缆（breakout cable）可取代传统 PXI-8420 上的中断盒（breakout box）。

PXI-8430 的主要性能如下：

（1）兼容 Windows 和 LabVIEW Real-Time 操作系统。

（2）高速 DMA 接口最大限度地降低了 CPU 开销（overhead）。

（3）57 波特至 1000000 波特可变的标准和非标准波特率。

（4）128B 传输和接收 FIFO；全部 16 个端口上的传输速率高达 1Mbit/s。

（5）完全支持多核处理器与超线程。

（6）2 条电缆（68 针 VHDCI 转 8 个 DB9 公口）。

5.2.8　嵌入式控制器的选型

NI 的嵌入式控制器为用户提供了一个高性能的 PXI 嵌入式计算机（位于槽位 1）。当需要一个紧凑而强大的 PXI 控制器时，可以选择嵌入式控制器，该控制器提供了工业标准的计算机技术，采用创新的 3U PXI 尺寸。同时，PXI 控制器使用了标准的计算机组件，包括硬盘、软驱、USB、串口、并口、鼠标、键盘和显示适配器。此外嵌入式控制器使用了微软的 Windows 操作系统，以确保兼容 NI 的其他硬件和其他 PXI 硬件厂商的产品。为了便于检测系统在恶劣复杂的现场环境下的可靠工作，充分发挥 PXI 嵌入式仪器系统的功能，选用了 NI PXI-8105 嵌入式控制器，如图 5-12 所示。

PXI-8105 是一种双核嵌入式控制器，具有 2.0GHz Intel Core Duo 处理器 T2500，可同

时执行两个计算任务，还可在多线程应用中同时执行两个线程或任务。该控制器使用 Intel 945GM Express 移动芯片组，支持 PCI Express 总线，向控制器提供集成的外围设备。其标准外围设备包括 4 个 USB2.0 插口、GPIB、串口和并口，以及 512MB 双通道 667MHz DDR2 内存标准、模拟和数字 DVI-I 视频等。

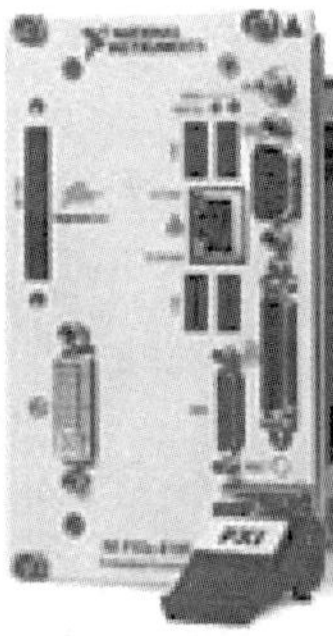

图 5-12 NI PXI-8105 嵌入式控制器

5.2.9 PXI 机箱的选型

在确定了上述的信号采集模块、通讯模块等主要模块后，即可选择与模块性能匹配的 PXI 总线机箱，以容纳和发挥这些模块的功能。综合平台选择了 14 槽、通用 AC 电源的 PXI 机箱 PXI-1044。该机箱在 PXI 背板上的两个桥模块之间提供自动触发路由。具有更宽的工作温度范围、两个外部参考时钟 BNC 连接器以及采用通用交流输入的可移动高性能电源。PXI-1044 机箱如图 5-13 所示。

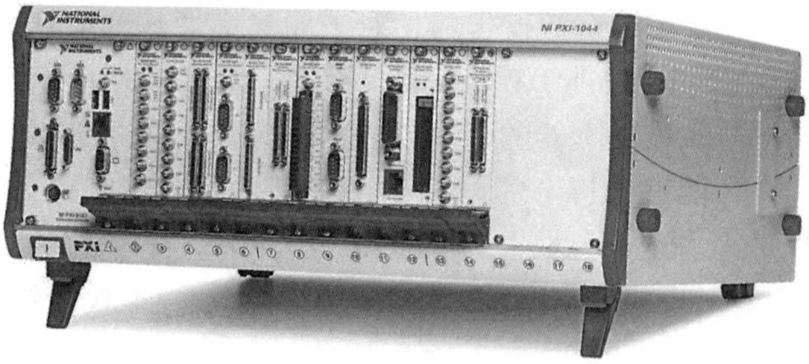

图 5-13 NI PXI-1044 机箱

该机箱的主要技术特性如下：

（1）工作电压范围：交流 90 ~ 240V。

（2）输入电流范围：10 ~ 5A。

（3）过流保护：12A 切断保护。

（4）效率：70%。

（5）可接受 3U PXI 和 CompactPCI 模块。

（6）符合 PXI 和 CompactPCI 规范。

（7）可拆卸的高性能交流电源。

（8）风扇有 AUTO 和 HIGH 两档，优化了冷却和噪声综合性能。

5.2.10 电源模块的设计

电源模块主要用于给调理电路和传感器提供稳定的电压，模块可在交流 220V 或直流 24V 两种供电模式下工作。电源模块具体性能如下：

（1）输出功率：300W。

（2）输出电压：单路/双路，±5V/±9V/±12V/±24V（个别定制）。

（3）软开关技术。

（4）并联均流。

（5）宽范围输入。

（6）过压保护；过流保护；过热保护。

（7）19 英寸标准机箱安装，1U 高度。

5.2.11　适配器（信号调理箱）的设计

信号调理箱由各类传感器的调理电路和接线端子组成，主要包括：ICP 传感器恒流源、发动机上止点信号调理电路、流量信号调理电路、电荷放大与滤波电路、前面板接线端子、后面板接线端子等，外形满足 19 英寸/9U 军用运输箱安装要求。对于通用装备底盘部分的通用适配器，其外形尺寸应满足 19 英寸机箱安装规范，2U 高度。

本文以某工程装备测试适配器为例，阐述适配器的基本结构与工作原理。

该适配器的功能是建立被测设备与测试资源的电气连接通道，完成信号隔离、放大、变换等，使适配器的输入、输出信号标准化，既满足故障检测系统通用性的要求，又满足被测设备接口信号的特殊要求。

适配器由机箱、面板、调理电路、连接插座等组成，如图 5-14 所示。

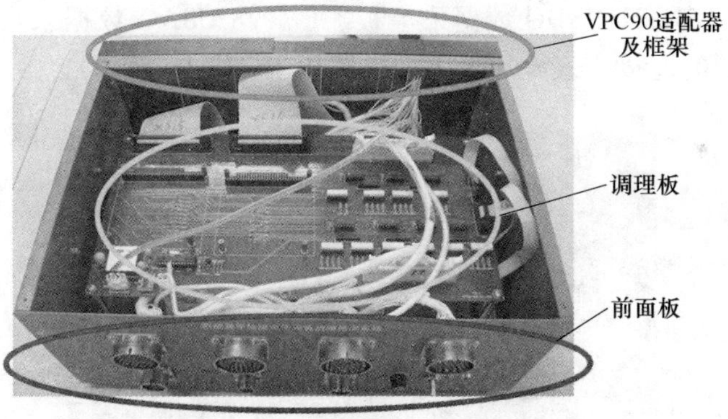

图 5-14　信号调理箱（适配器）

根据适配器使用场合（平台检测或便携式检测）的不同，在适配器内部设计了两套并行的调理电路，两套电路的电源部分、信号调理部分是公共使用的。调理电路板如图 5-15 所示。

当适配器与基于 PXI 计算机系统构建的检测平台相连接时，所有电信号通过面板插座、适配器内部调理电路、VPC90 系列接插件连接到 PXI 计算机系统的各个资源板卡的端口。适配器内部共用 2 块信号调理板进行测试信号调理。下层板主要包括电源控制电路、PLC 箱信号调理电路、控制箱信号调理电路。上层板主要包括随动箱、显控台的信号调理电路以及便携式检测所需的电源、数据通讯电路等。

当适配器与便携式计算机相连接时，便携式计算机作为上位机与适配器内的数据通讯模块进行数据通讯。数据通讯模块负责检测数据的交互，通过串口通讯与上位机进行信息交换，通过 I^2C 总线对各专用处理模块进行控制，从而实现对受测信号的相应处理。

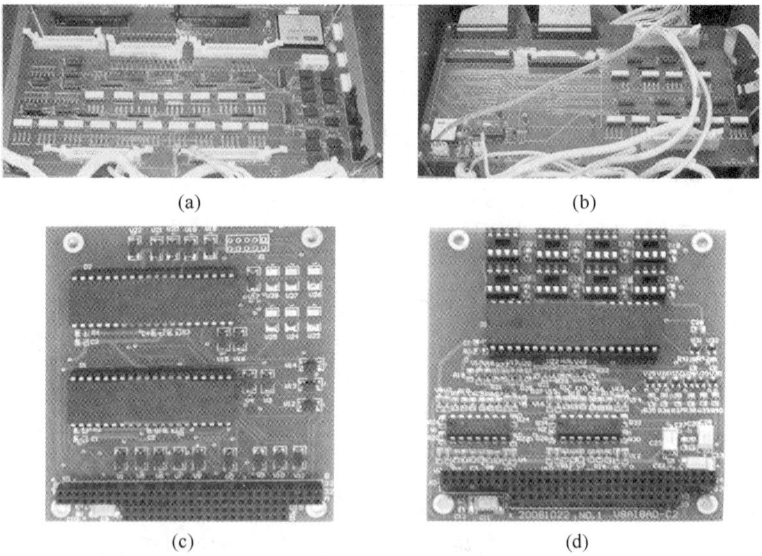

图 5-15　适配器内部信号调理电路板

（a）下层电路板；（b）上层电路板；（c）EM-32DI28DO 数据采集板；（d）EM-V8AI8AO 数据采集板

适配器内共有 EM-32DI28DO 数据采集板、EM-V8AI8AO 数据采集板各 2 块。数据采集板以 PC 104 总线的连接方式叠加于上层电路板上（见图 5-16）。

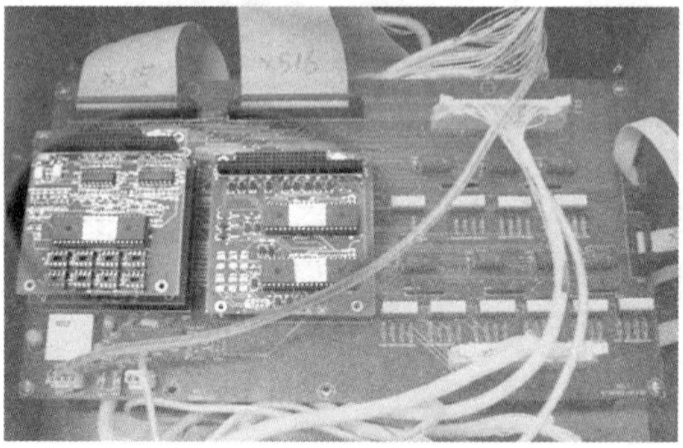

图 5-16　数据采集板叠加于上层电路板

（1）EM-32DI28DO 数据采集板。EM-32DI28DO 数据采集板是一个基于 I^2C 总线的扩展板，其主要功能是开关量 I/O 的数据采集。通过 I^2C 总线与嵌入式系统构成一个高性能的数据采集与控制系统，适用于结构紧凑、高可靠的嵌入式应用。性能参数如下：

1）32 通道开关量输入，输入电压范围为 4.8 ~ 30V。

2）28 通道开关量输出，输出最大电流为 50mA。

3）输入输出实现完全隔离，隔离电压为 2500V。

4）尺寸：90mm × 96mm × 15mm。

5）电源要求：+5V ±5%，150mA(Max)。

6）温度范围：-20 ~ +65℃。

（2）EM-V8AI8AO 数据采集板。EM-V8AI8AO 数据采集板是一个基于 I^2C 总线的扩展板，其主要功能是模拟电压量的输入、输出。通过 I^2C 总线与嵌入式系统构成一个高性能的数据采集与控制系统，适用于结构紧凑、高可靠的嵌入式应用。性能参数如下：

1）8 通道单端模拟输入，8 位分辨率，100kHz 最大 A/D 采样率，双极性或单极性输入量程 0 ~ +10V、+/−5V、+/−10V 可选。

2）8 通道模拟输出，0 ~ 10V 量程可选。

3）通道单独置数或 8 通道同时置数。

4）尺寸：90mm × 96mm × 15mm。

5）电源要求：+5V ±5%，250mA(Max)；±12V ±5%，100mA(Max)。

6）温度范围：−20 ~ +65℃。

（3）信号的主要调理方式。

1）DI 信号调理电路。被测设备在调试或正常运行过程中，从其面板连接插座端口输出的数字量信号一般都是通过光耦隔离输出的电平信号，或者是功率器件输出的驱动信号，经过调理电路再次隔离调理后，转变为能被 PXI-6528 数字 I/O 模块读入的 TTL 电平信号，如图 5-17 所示。

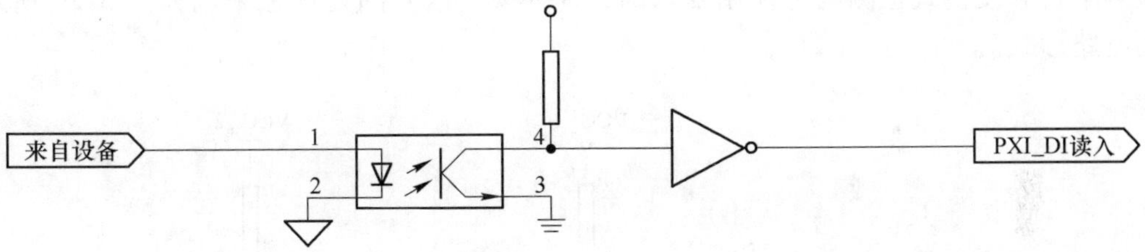

图 5-17　DI 信号调理电路

2）DO 信号调理电路。被测设备的工作电源由适配器提供，通过继电器输出，由 PXI-6528 数字 I/O 模块输出 DO 信号控制继电器的断开与吸合。另外，被测设备在调试或正常运行过程中，需要从其面板连接插座端口输入某些数字电平信号，由 PXI-6528 数字 I/O 模块输出 TTL 电平信号，经调理电路进行驱动放大后，按照适合被测设备内部信号接收电路的形式，输出到被测信号对应连接端口，如图 5-18 所示。

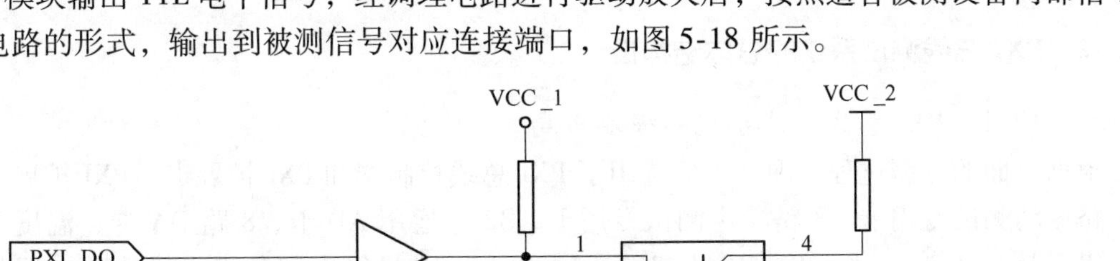

图 5-18　DO 信号调理电路

3）DI 信号复用电路。受 PXI 计算机系统资源限制，DI 信号的端口资源不能满足被测设备相应信号的单独测试需求，因此需要对 DI 信号处理资源进行复用。适配器设计中，对于复用的 DI 信号采用了如图 5-19 所示的电路形式。在适配器调理电路要同时满足检测平台和便携式检测两种使用要求时，对于 DI 信号的处理也采用如图 5-19 所示的复用电路形式。

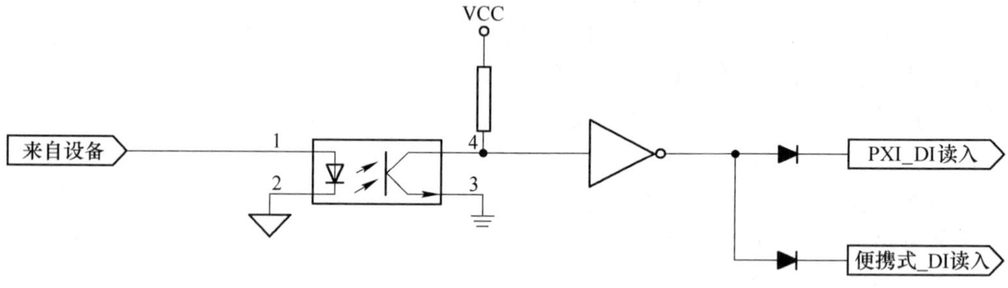

图 5-19　DI 信号复用调理电路

4）DO 信号复用电路。受 PXI 计算机系统资源限制，DO 信号的端口资源不能满足被测设备相应信号的单独测试需求，因此需要对 DO 信号处理资源进行复用。适配器设计中，对于复用的 DO 信号采用了如图 5-20 所示的电路形式。在适配器调理电路要同时满足检测平台和便携式检测两种使用要求时，对于 DO 信号的处理也采用如图 5-20 所示的复用电路形式。

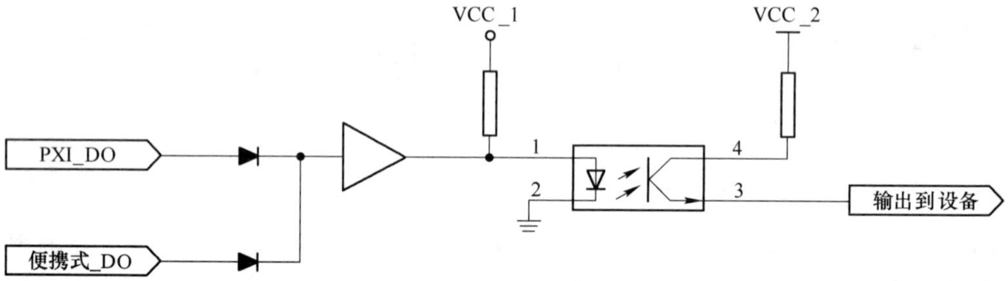

图 5-20　DO 信号复用调理电路

5.2.12　PXI 总线测试系统的总体结构设计

5.2.12.1　PXI 总线测试系统的模块布局

根据上面的选型过程，硬件主要选用了 PXI 总线控制器和 PXI 扩展卡。PXI 扩展卡包括 8 路振动测试专用卡、8 路噪声测试专用卡、32 路通用 AD 卡、8 路 DA 卡、温度采集卡、串行接口卡等，以及 PXI-1044 机箱。NI PXI-1044 机箱内部各板卡模块的布置如图 5-21 所示。

5.2.12.2　总体结构设计

测试系统以 NI PXI 总线测试系统为核心采取模块化设计，其总体结构如图 5-22 所示。

1	2	3	4	5	6	7	8	9	10	11	12	13	14
嵌入式控制器 8105	4472	4472 B	4351	6259 M	6259 M	6238	6238	6238	6528 数字 I/O	备用	备用	备用	R232 串口

图 5-21　NI PXI-1044 机箱内仪器模块布局图

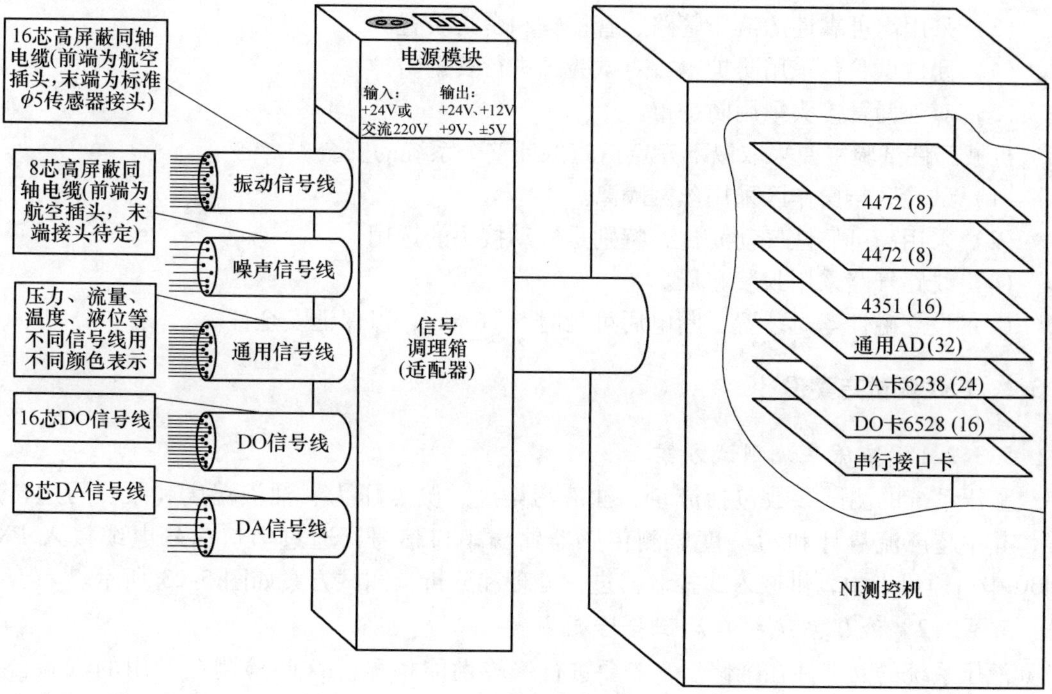

图 5-22　NI PXI 总线测试系统总体结构

5.3　综合平台整体结构设计与测试方案设计

5.3.1　固定台面设计

5.3.1.1　动力源

动力源由电动机、液压泵、液压马达、电机启动柜、液压控制箱构成。详细设计见后面综合平台液压系统的设计。

5.3.1.2　结构形式

结构形式包括以下两点：

（1）结构尺寸：4300mm × 2400mm × 1000mm。

（2）支承形式：四脚支撑。

固定台面的总体结构示意图如图 5-3 所示。其中底部的固定台面支架是其主要的固定支柱部分。

5.3.1.3 管路、线路布局

管路、线路包括液、气管路，控制线路和电源线路，其布置方法为在机械部件试验台底座下，沿平台边缘设立专用线槽。

5.3.1.4 系统安全性

液压系统通过以下几点措施保证整个系统的安全：

（1）采用安全阀，控制系统最高压力。

（2）配置在线实时监控系统，当达到设定最高压力时，比例溢流阀自动卸荷。

（3）采用高可靠性的液压管路、管接头和密封装置。

（4）元件试验台采用防护罩，对试验区进行安全防护。

（5）对外漏管接头采用防护罩。

机械部件试验主要采取以下几点措施保证整个系统的安全：

（1）试验区与操作区采用丝网隔离。

（2）采用高可靠性气动元件，特别是气动接头的选用。

（3）线路气路采用封装布局。

（4）设立磁性延时装置，断电后可延时 5 ~ 6 min，以保证安全性。

5.3.2 PXI 测试方案设计

5.3.2.1 液压系统测试方案

液压系统的测试参数包括流量、油液污染度、测点压力、油液温度和泵、马达转速等，其中超声流量计和污染度监测传感器输出串口信号，通过串口信号电缆接入 PXI-8430 串口通讯卡中，供嵌入式控制器进行处理和分析，测试方案如图 5-23 所示。

5.3.2.2 液压系统维修后试验检测方案

液压系统的元部件在维修后，需要进行修竣性能检测。这些检测在专用的试验台上进行，试验台上通过专用夹具或连接装置安装有油液污染检测传感器、压力传感器和流量传感器等多个传感器，这些传感器的信号通过 PXI-6239 多功能数据采集卡或串口通讯卡将信号传输到 PXI 总线测试系统中，做进一步的分析处理，其检测方案如图 5-24 所示。

5.3.2.3 发动机测试方案

进行发动机性能测试时，所有的传感器通过专用夹具或外卡等装置将传感器与发动机测点进行连接固定，传感器再通过相应的连接电缆与 PXI 总线数据采集卡连接，将信号进行调理转换后输入到嵌入式控制器中，进行数据的处理、分析与显示。测试方案如图 5-25 所示。

5.3.2.4 试验条件控制方案

试验条件控制方案主要对试验台进行闭环控制，以完成工程装备发动机、侧减速箱、

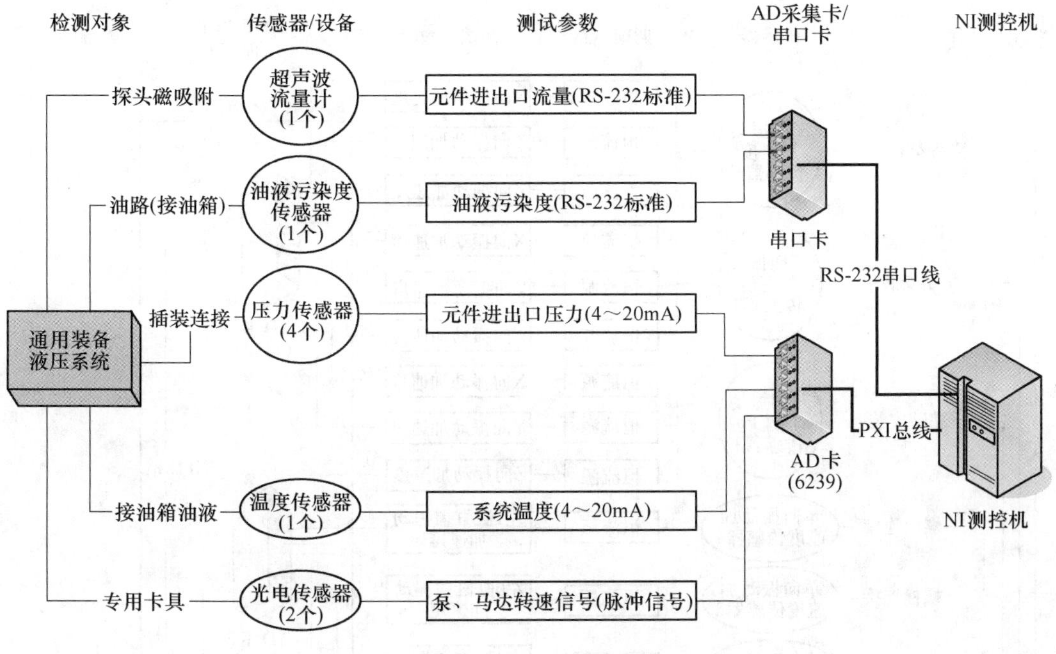

图 5-23　液压系统测试方案

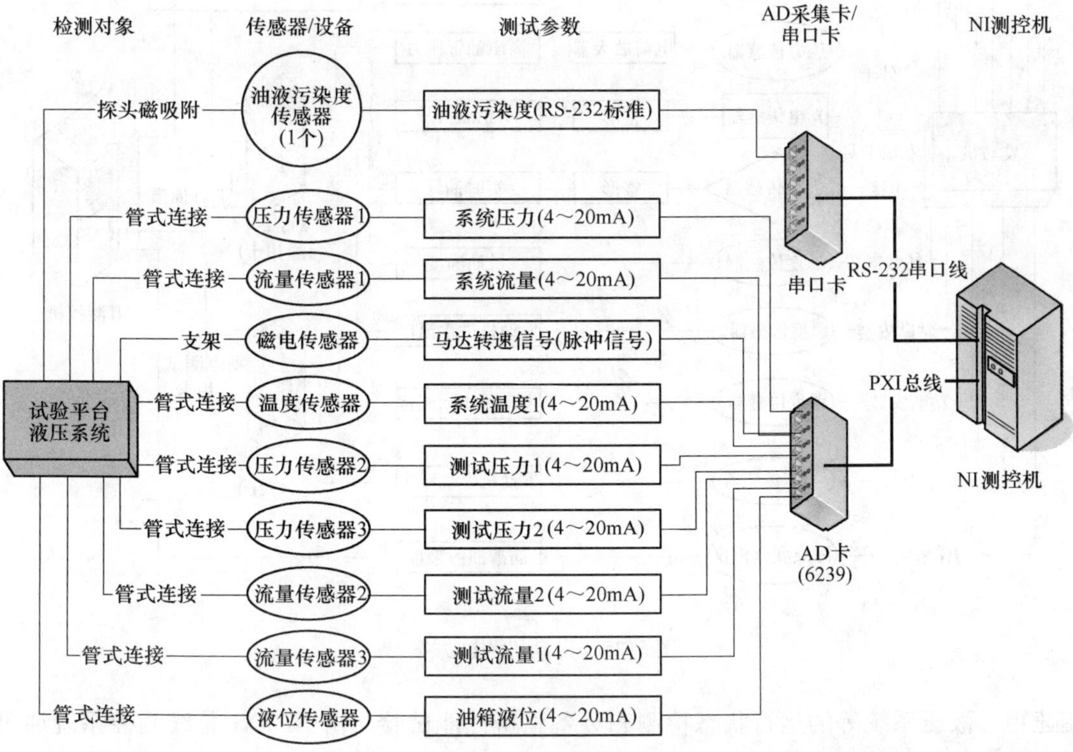

图 5-24　液压元件修后试验检测方案

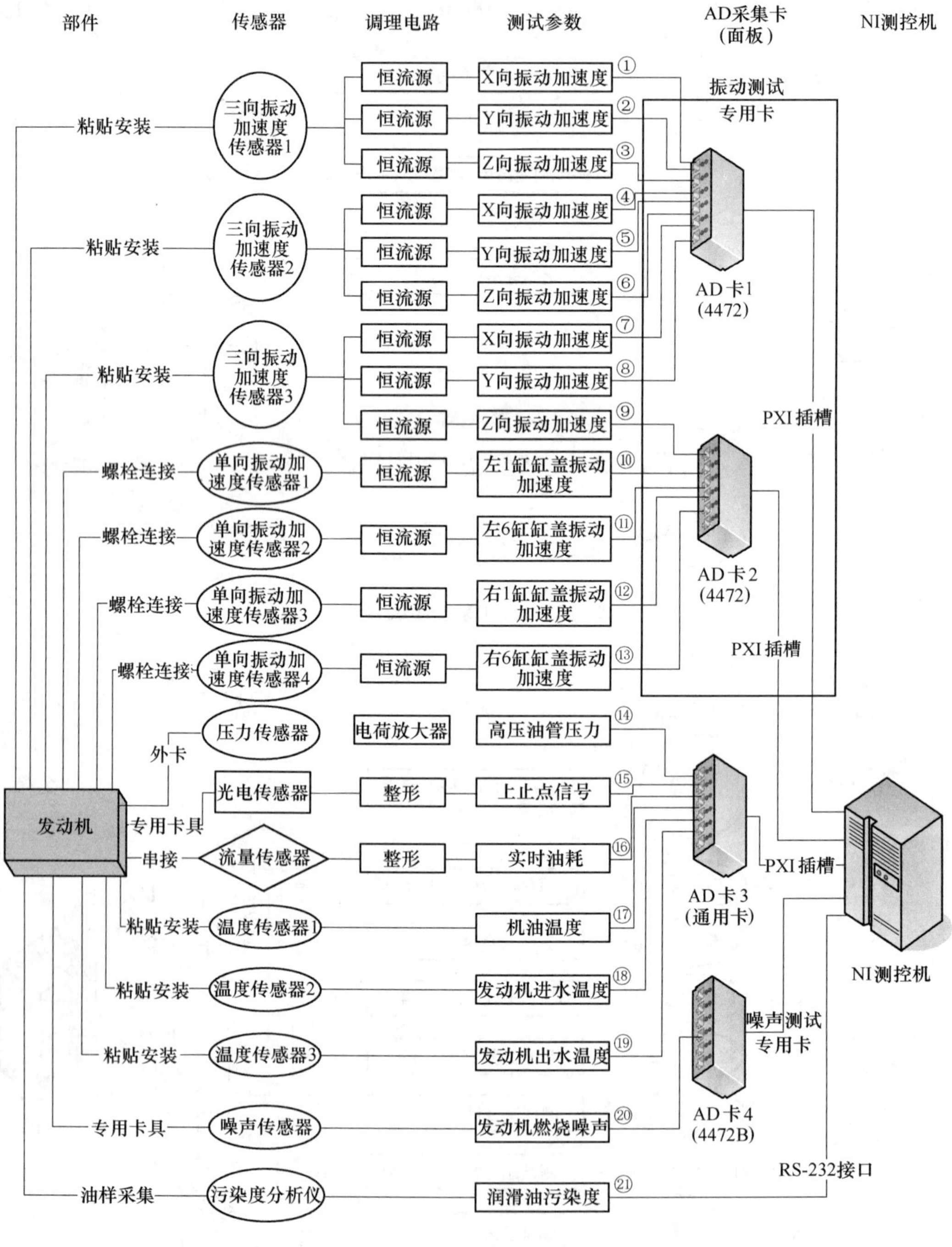

图 5-25 发动机测试方案

变速箱、液压系统等的运行状态检测和装备整机性能试验。由 NI PXI 总线测控系统通过 PXI-6259 多功能数据采集卡和 PXI-6528 数字信号 I/O 卡控制和检测各种阀的信号来完成，其控制方案如图 5-26 所示。

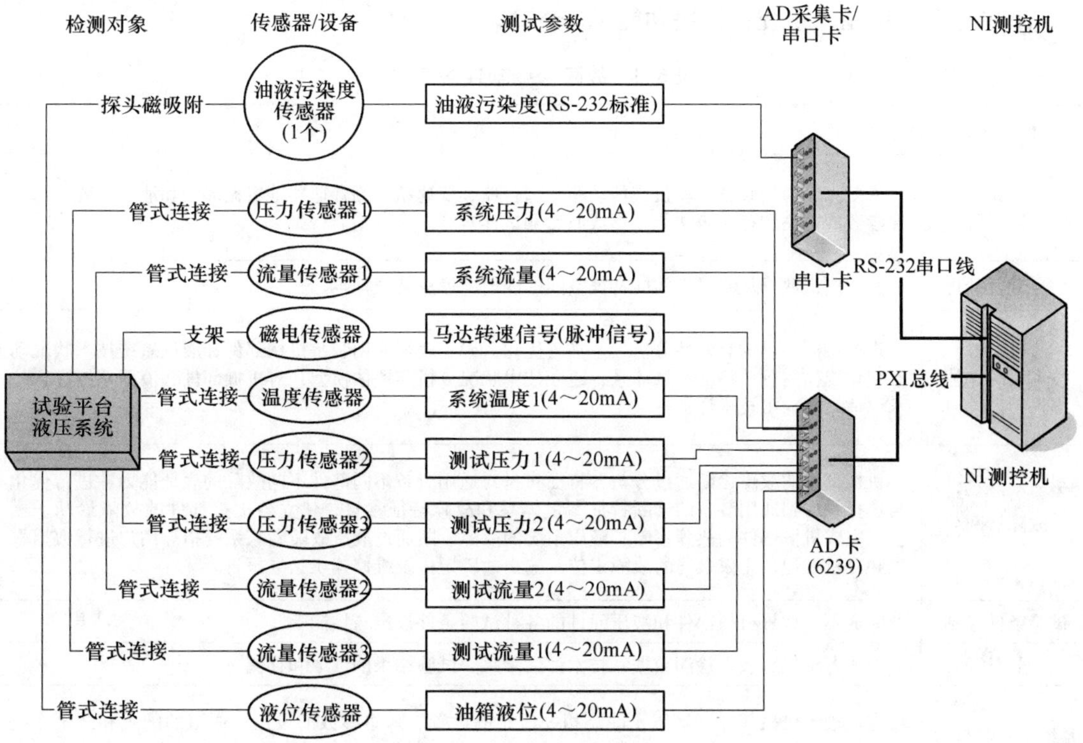

图 5-26　试验条件控制方案

5.4　综合平台软件系统开发

5.4.1　软件功能模块设计

综合平台故障检测软件系统由数据采集、信号分析处理、技术状况评估、故障诊断、试验条件控制、数据库访问、系统配置与自检、系统帮助等模块构成，结构框架如图 5-27 所示。

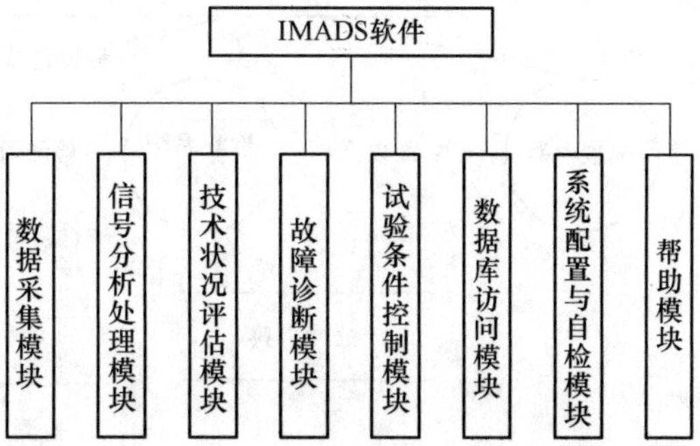

图 5-27　综合平台软件功能模块组成

综合平台软件通过调用各个子功能模块，完成检测子系统对部件检测数据的采集、分析、评估与诊断功能，系统各模块功能见表 5-3。

表 5-3　故障检测软件各模块

子模块名称	主　要　功　能
数据采集	主要完成通用装备发动机、传动箱、离合器、变速箱、侧减速器等机械部件和液压系统技术状况参数的采集和存储等功能，形成原始测试样本
信号分析处理	实现测试数据从测量空间向特征空间的映射，形成特征样本
技术状况评估	进行特征参量的有效性分析、选择与优化，确定表征通用装备机械部件和液压系统技术状况动态变化规律的有效特征参量体系，建立技术状况分析与评估模型，对机械部件和液压系统进行技术评估，并输出技术评估报告
故障诊断	机械部件的故障诊断通过分析各特征参量对通用装备不同部件不同故障的表征能力，进行优化与选择，得到通用装备的诊断特征参量体系和故障特征参量，建立各被检部件的故障诊断子模型，完成机械部件的故障诊断；液压系统的故障诊断通过液压故障专家系统指导用户进行数据采集和分析处理，完成最终的故障定位、输出故障定位及维修建议指导报告
试验条件控制	完成不同型号机械部件和液压元件的各种试验条件设定与控制
数据库访问	完成各种配置表、检测数据、技术评估结果、试验结果的读取和存储
系统配置与自检	完成被测机械部件（液压元件）相关信息的设置、采集参数的设定、通道的配置和测试系统的自检等功能
系统帮助	为最终用户提供软件的功能简介、使用操作指南和分析方法原理等帮助功能，便于现场技术人员使用及问题查阅

5.4.2　数据采集流程设计

数据采集流程包括装备原位检测数据采集流程与部（元）件试验数据采集流程两种流程，分别见图 5-28 和图 5-29。

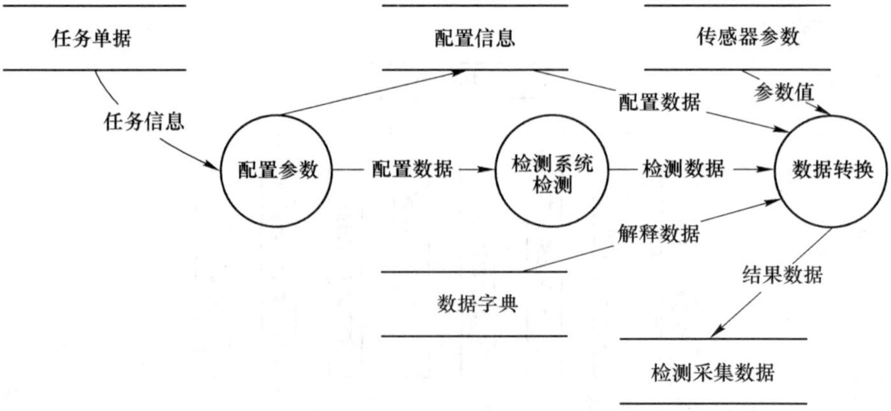

图 5-28　装备原位检测数据采集流程

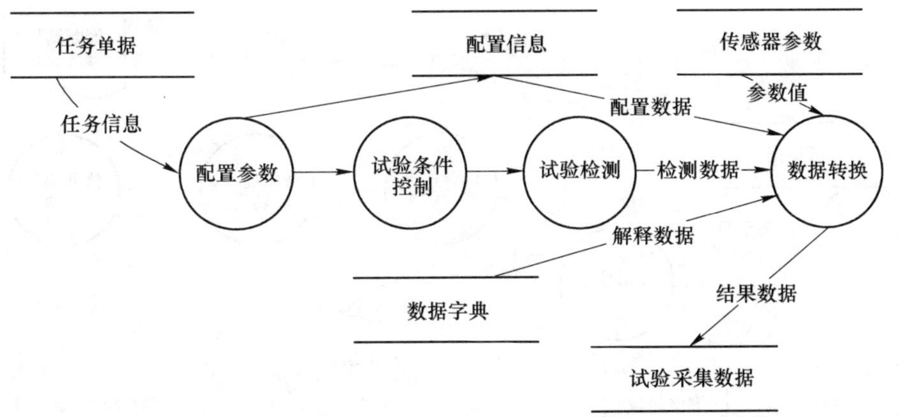

图 5-29　部（元）件试验数据采集流程

5.4.3　技术状况评估流程设计

依据检测试验的数据结果，结合各种参数条件，采用灰色理论、神经网络等模型实现技术状况评估。其流程如图 5-30 所示。

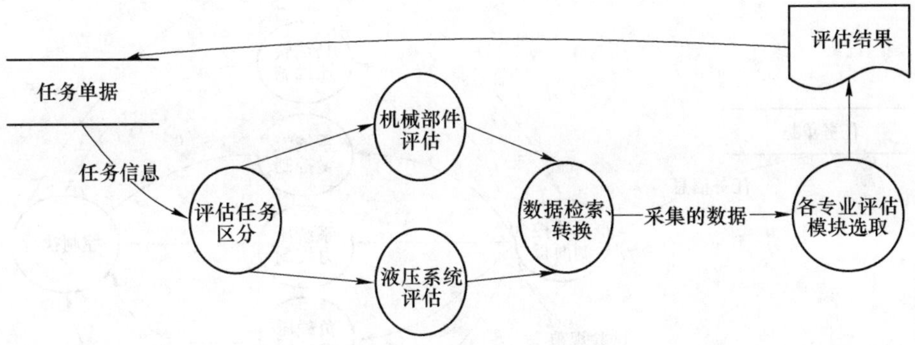

图 5-30　技术状况评估流程

5.4.4　故障诊断流程设计

依据技术状况评估结果，结合各种参数条件，应用神经网络、专家系统等方法实现机液部（元）件的故障诊断和定位，其流程如图 5-31 所示。

5.4.5　试验条件控制流程设计

根据试验规范，进行机液部（元）件各种试验条件的控制，其流程如图 5-32 所示。

5.4.6　主要界面设计

5.4.6.1　测试任务启动界面设计

软件系统启动时，首先进入任务单据汇总列表界面，如图 5-33 所示，用户可进行任

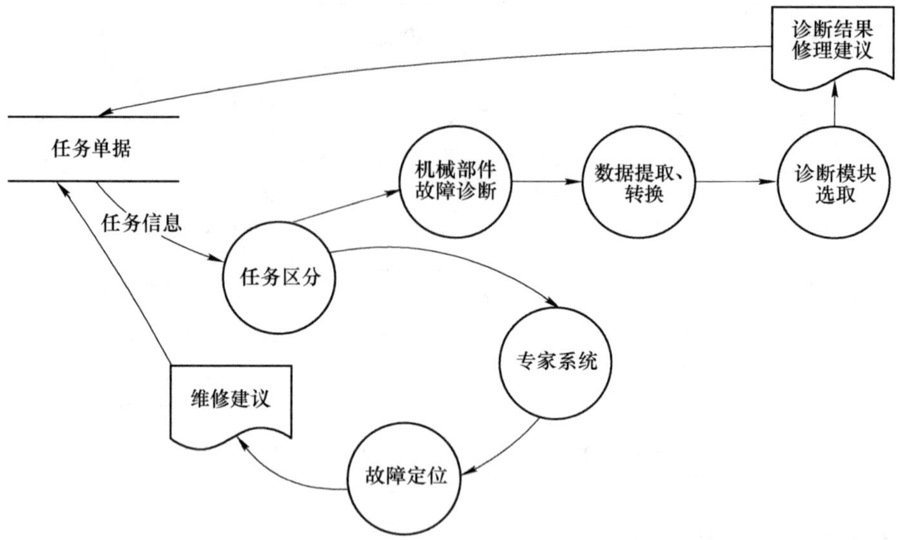

图 5-31　故障诊断流程

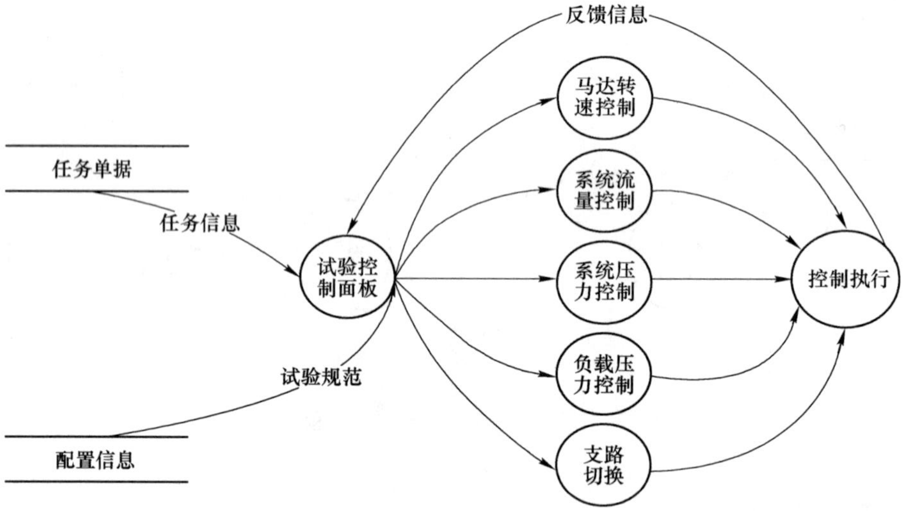

图 5-32　试验条件控制流程

务单据浏览并选定任务。

5.4.6.2　任务执行界面

选择具体的任务单据后，点击图 5-33 中的“开始”按钮，出现综合检测系统主界面，如图 5-34 所示。

图 5-34 的左侧列出了装备部件详细分类表，并根据当前选择的任务单据，定位到了具体的待检测（试验）部件。右侧的下半部分显示了待测部件的测点位置示意图，便于检测人员依此进行传感器接线。点击图 5-34 上部的“任务选择”中的装备检测、故障诊断或元件试验按钮，进入相应的任务流程，然后进行测点位置与通道 ID 之间的配置，如

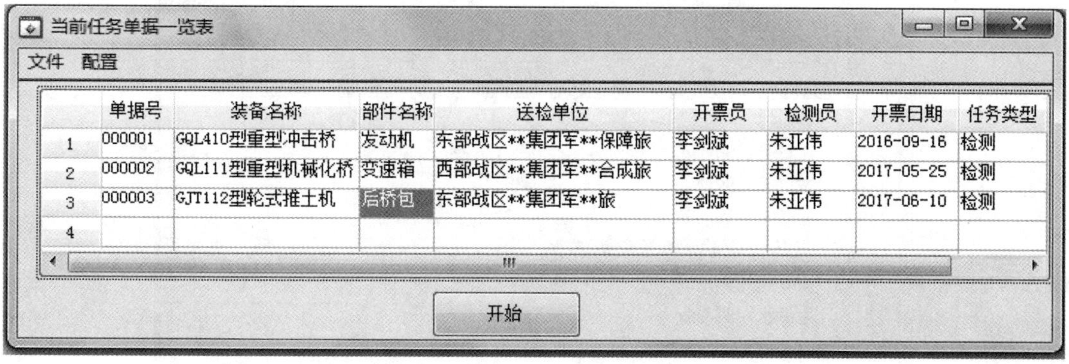

图 5-33 任务单据浏览界面

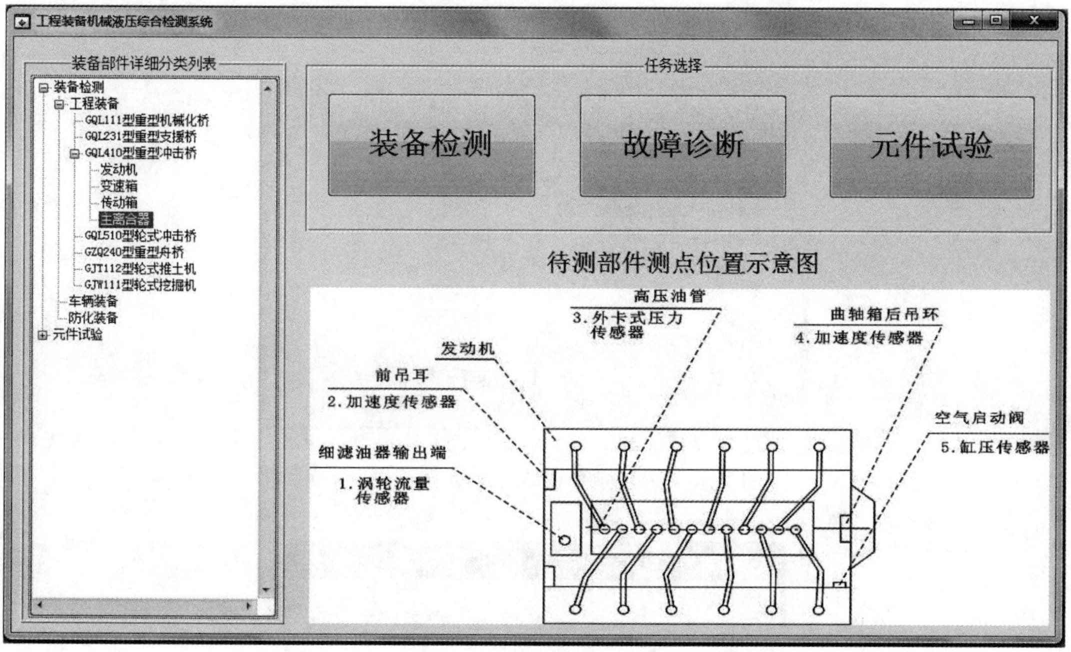

图 5-34 选定任务单据后的程序主界面

图 5-35 所示。

配置完毕后，点击“确定”，弹出本次任务实际的测点位置与通道 ID 配置一览表，供检测人员检查确认或修改。

确认后，点击“确定”，进行如图 5-36 所示的采样频率的设置。

选定后，点击“下一步”，即进入部件检测试验项目选择界面，如图 5-37 所示。

选择相关的检测试验项目后，进入数据采集界面，如图 5-38 所示。在该界面上完成检测数据的采样、波形分析、数据存储等任务。

在一个检测试验项目完成后，可以根据具体情况选择“继续检测”，直到部件整个检测试验任务完成。

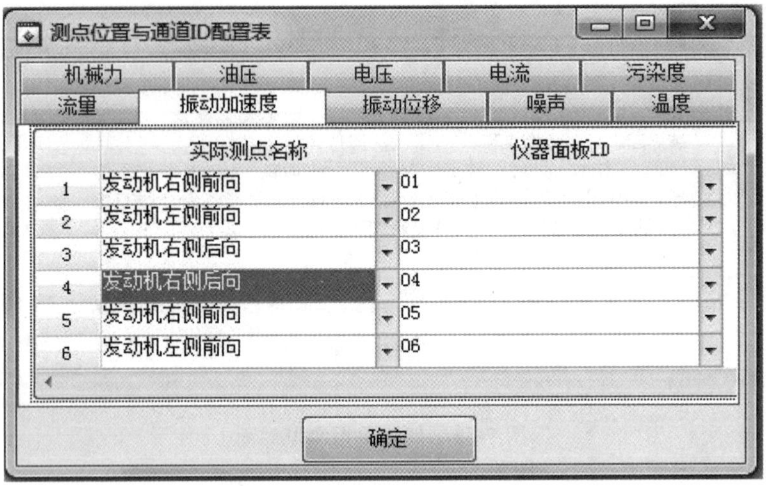

图 5-35 部件实际测点位置与适配器面板 ID 配置关系界面

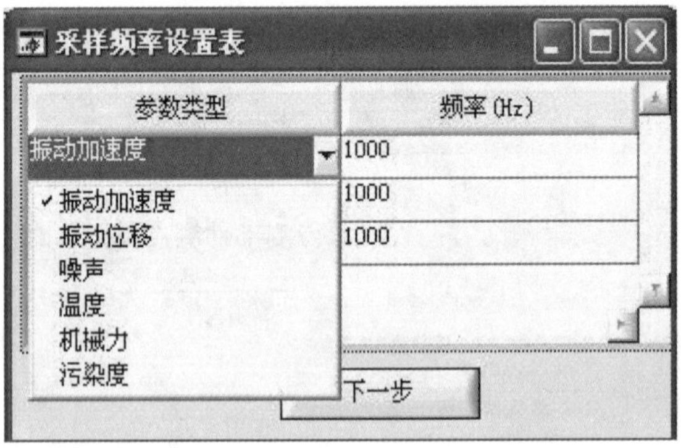

图 5-36 采样频率设置界面（按检测参数）

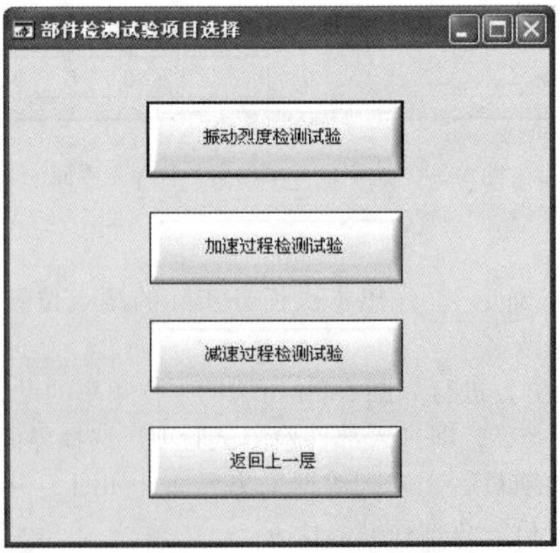

图 5-37 试验项目选择界面

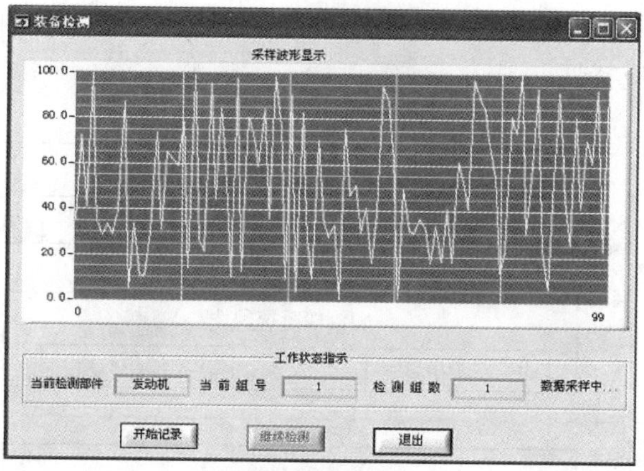

图 5-38　装备原位检测时的数据采集主界面

5.5　液压系统测试案例（伺服阀动态测试）

在电液伺服阀使用过程中和维修后，必须对电液伺服阀进行静、动态特性测试，这是由于在军事装备液压系统的电液伺服系统运行出现异常时，往往与作为系统中关键控制元件的电液伺服阀状态有关，因此电液伺服阀的定期测试和调整是一项确保军事装备及液压控制系统安全可靠运行的必不可少的措施和手段。

本节介绍的测试方法可实现三、四通电液伺服阀的静、动态特性测试。在测试过程中能够实时处理各种测试数据，显示特性曲线，计算伺服阀的静、动态性能指标并完成对测试结果和特性曲线的存储、打印和管理。

5.5.1　动态测试台工作原理

动态测试系统主要由液压油箱 52、油泵 50、单身阀 48、高压油滤清器 49、比例控制阀 57 和 63、单作用液压油缸 42 和双作用液压缸 58、液压油箱进油滤清器 64、油箱盖组件 53 等组成，如图 5-39 所示。

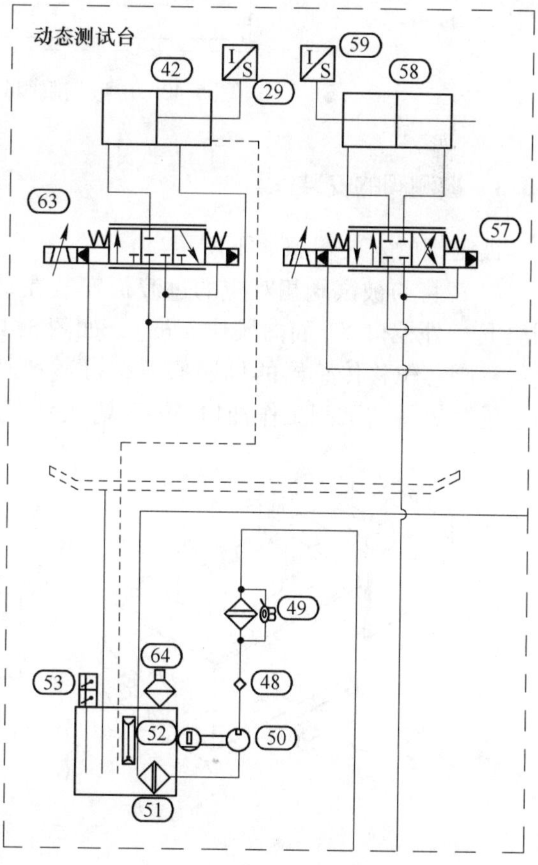

图 5-39　动态测试平台原理图

5.5.2　测试系统的组成

该电液伺服阀动态特性测试系统由图 5-39 所示的动态测试平台和 5.3.2 小节所示的图 5-24 液压元件修后试验检测方案组成，如图 5-40 所示。在进行电液伺服阀的幅频特性和相频特性测试过程中，测试软件采用了跟踪滤波实时处理技术，可得到满意的伺服阀的动态响应特性。

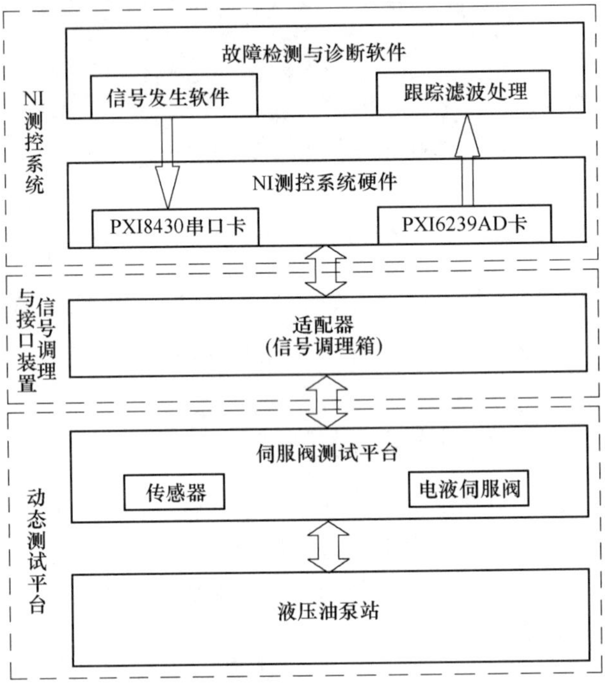

图 5-40　电液伺服阀测试系统结构示意图

5.5.3　被测阀的安装

被测阀的安装步骤如下所示。

（1）将与被试阀相对应的过渡板安装在动态测试台四通伺服阀动态测试工位动态缸阀块上（外控口 X1 面向操作人员），如图 5-41 所示。再将被试阀安装在过渡板上（被试阀为有阀芯位移传感器的伺服阀时，过渡板与不带阀芯位移传感器的伺服阀的过渡板不同，过渡板将被试阀工作油口 A、B 堵死），如图 5-42 所示。

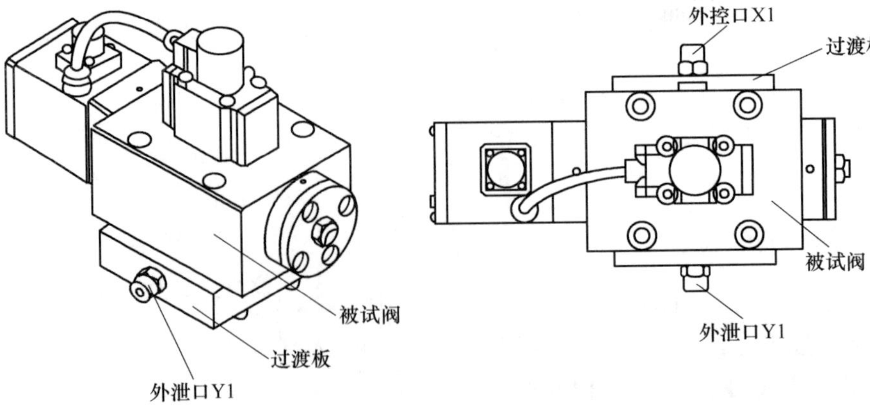

图 5-41　伺服阀的结构示意图

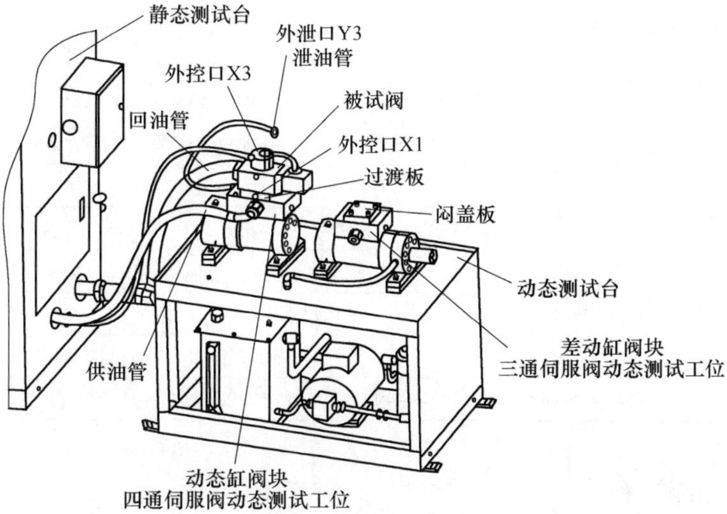

图5-42　伺服阀的动态测试安装

（2）将静态试验安装阀块（静态测试工位）、耐压试验安装阀块（耐压测试工位）、差动缸阀块（三通伺服阀动态测试工位）用闷盖板堵死，如图5-43所示。

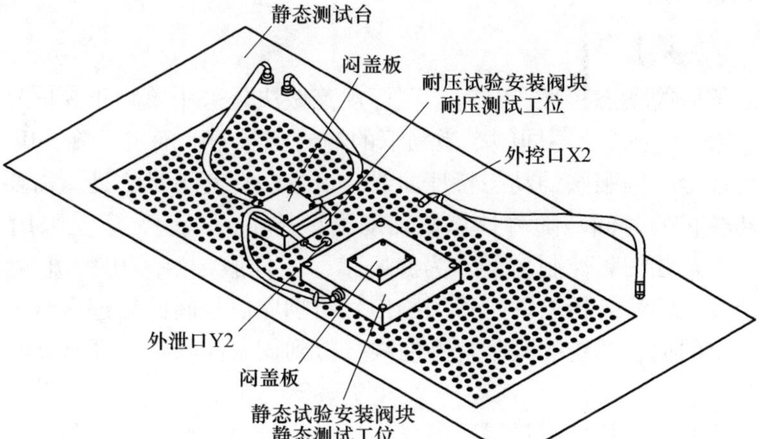

图5-43　液压测试平台安装阀板

（3）将外控口X2、外泄口Y2用螺塞堵死。

（4）将供油管、回油管和泄油管连接到动态缸阀块上（见图5-42），差动缸阀块上油口全部用螺塞堵死（防尘用）。

（5）其余油口按表5-4操作。

（6）将相应的电气插头插到被试阀的插座上。

表 5-4　测试台其他油口设置表

被试阀先导级的控制油连接形式	先导级的控制油连接位置	具 体 操 作
没有控制油	无	外控口 X3、外泄口 Y3 堵死
内控内排	无	外控口 X3、外泄口 Y3 堵死
外控内排	阀体侧面	外泄口 Y3 堵死，外控口 X3 通过接头与被试阀相连
	底板安装面	外泄口 Y3 堵死，外控口 X3 与外控口 X1 相连
内控外排	阀体侧面	外控口 X3 堵死，外泄口 Y3 通过接头与被试阀相连
	底板安装面	外控口 X3 堵死，外泄口 Y3 与外泄口 Y1 相连
外控外排	阀体侧面	外控口 X3、外泄口 Y3 通过接头与被试阀相连
	底板安装面	外控口 X3 与外控口 X1 相连，外泄口 Y3 与外泄口 Y1 相连

5.5.4　供油流量的选择

所有试验（除耐压试验）的供油由两组泵组提供，流量分别为 83L/min 和 185L/min。

试验需求流量计算：通过被试阀样本等资料，可以查出额定阀压降 P_N 和额定流量 Q_N。根据测试内容，可以确定阀压降 P_V、输入信号与额定输入信号的百分比 η，可求得试验需求流量 $Q = Q_N\eta\sqrt{\dfrac{P_V}{P_N}}$。

5.5.5　伺服阀动态测试

5.5.5.1　测试方法

在进行电液伺服阀动态特性测试时，国标规范做法是采用单频正弦信号作为控制激励电流信号 I，离散测试十余个不同频率激励下的输出流量 Q，确定下降 3dB 处为伺服阀的转折频率，然后描绘出伺服阀的动态特性曲线。该方法有其不足之处：需要手工操作，做一次试验要花费较长的时间。随着计算机辅助测试技术的兴起，广泛采用正弦扫频的方法，即将恒幅值的正弦扫频控制信号作为激励信号，伺服油缸输出的流量信号 Q 作为响应信号，然后由实时信号分析软件求得激励信号与响应信号间的传递函数。最后，根据动态信号分析计算出的伺服系统的幅频特性曲线，得到伺服阀频响（下降 3dB 时的频率值）特性。

国标规定，动态响应特性测量得到的输出流量信号中与激励信号包含同样频率的信号才是有效的，其他频率的信号是干扰信号，应该采用滤波器将其滤除。而采用正弦扫频过程中，其激励信号的频率是随着时间而变化的，因此响应输出流量信号 Q 宜采用跟踪滤波技术，滤掉伺服阀响应信号（即流量信号 Q）中与激励信号（电流信号 I）不一致的频率成分，从而保证了二者频率成分的一致。

5.5.5.2　跟踪滤波器的设计

伺服阀动态测试系统采用自适应实时带宽复数外差法跟踪滤波器，其结构如图 5-44 所示，实现过程如下：基于当前激励正弦扫频信号的驱动频率为滤波器的中心频率（作一定的延时），确定滤波器类型（固定带宽和比例带宽）和参数，通过算法软件计算当前跟踪滤波器中心频率和滤波器的参数，根据确定的跟踪滤波器的中心频率和带宽，确定当前滤波器。该跟踪滤波器采用数字滤波方法，由软件处理完成，滤波器作用于当前的响应信号的数据，求得响应信号（流量）信号的幅值和相位。然后通过软件实时自适应计算并更新带通滤波器的系数。图 5-45 所示为该测试平台所采用的跟踪滤波器的具体工作流程。

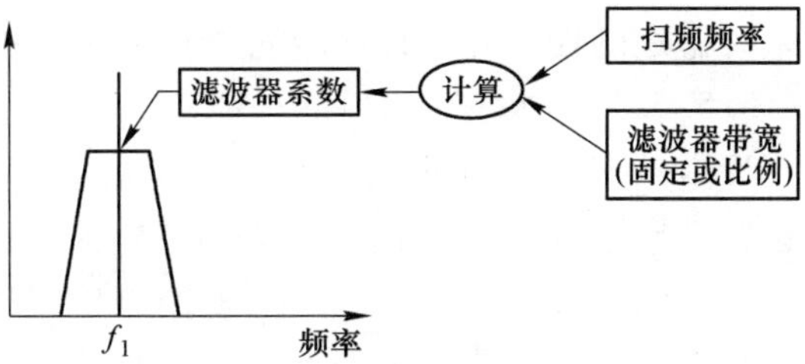

图 5-44　跟踪滤波器

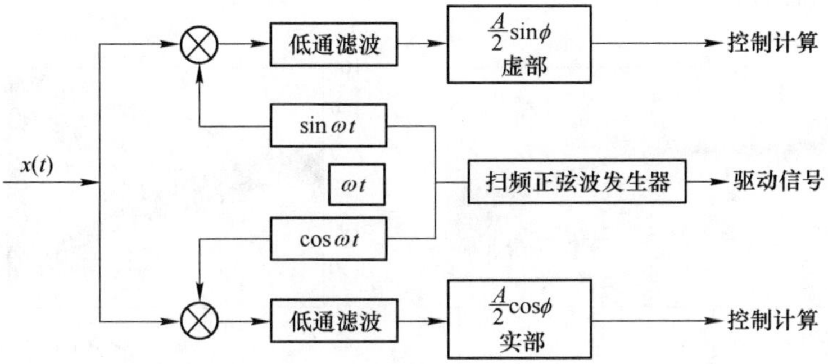

图 5-45　跟踪滤波器流程

设输入激励通道的输入信号为：

$$x(t)=A\cos(\omega t-\phi)$$

把输入信号与正弦信号 $\sin\omega t$ 进行乘法运算，利用三角函数变换公式处理后得

$$\begin{aligned} x(t)\sin\omega t &= A\cos(\omega t-\phi)\sin\omega t \\ &= \frac{A}{2}(1-\cos 2\omega t)\sin\phi+\frac{A}{2}\sin 2\omega t\cos\phi \\ &= \frac{A}{2}\sin\phi-\frac{A}{2}\cos 2\omega t\sin\phi+\frac{A}{2}\sin 2\omega t\cos\phi \end{aligned}$$

乘积信号中，包含有频率为二倍输入信号频率的成分和直流成分，经低通道滤波后，得到直流成分 $\frac{A}{2}\sin\phi$。

同理，将输入信号与 $\cos\omega t$ 相乘，并整理得

$$\begin{aligned} x(t)\cos\omega t &= A\cos(\omega t-\phi)\cos\omega t \\ &= \frac{A}{2}(1+\cos 2\omega t)\cos\phi+\frac{A}{2}\sin 2\omega t\sin\phi \\ &= \frac{A}{2}\cos\phi-\frac{A}{2}\cos 2\omega t\cos\phi+\frac{A}{2}\sin 2\omega t\sin\phi \end{aligned}$$

经过低通滤波后，得到其直流成分 $\frac{A}{2}\cos\phi$。最后由 $\frac{A}{2}\cos\phi$ 和 $\frac{A}{2}\sin\phi$ 求得信号的控制通道输入信号的相位和幅值。

该跟踪滤波器具有通带以外的良好的信号抑制能力，快速的滤波器时间响应以及高压缩率时稳定的控制环，其性能完全满足测试系统正弦扫频控制的要求。

5.5.5.3　动态特性测试过程

设定动态信号分析系统参数，根据伺服阀的频率响应范围，设置正弦扫频频率参数，如设置频率范围 1 ~ 200Hz，幅值为 1V 等；把控制信号（正弦扫频信号）连接在电液伺服阀的伺服放大器输入端，并把该控制信号输入到动态信号分析系统预设的通道（激励通道）中，同时伺服系统动态液压油缸输出的流量信号也输入到动态信号分析系统预设的通道（响应通道）中。采用跟踪滤波技术、动态信号分析系统计算出的伺服系统的幅频特性曲线、相频特性曲线，得到伺服阀的频响（下降 3dB 时的频率值）特性，图 5-46 为伺服阀进行动态特性测试的结果。

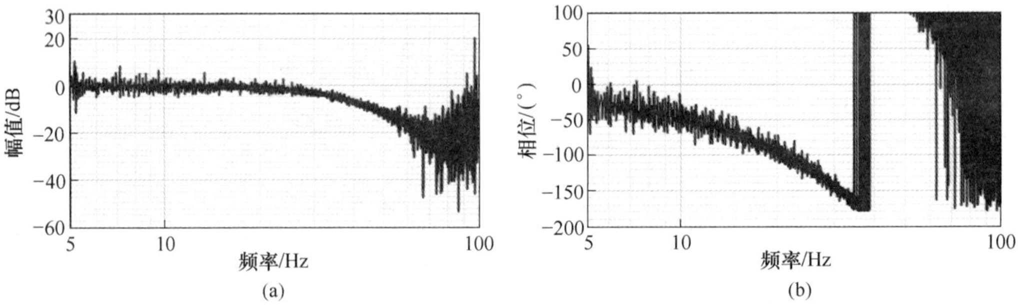

图 5-46　伺服阀动态测试结果

（a）幅频响应曲线；（b）相频响应曲线

思考与练习

5-1　试论述工程装备机械液压系统综合检测平台的结构特点与测试方法。

5-2　工程装备液压系统的主要检测参数包括哪些？都可能采用什么传感器进行检测？

5-3　试构建工程装备液压系统故障在线检测系统，说明各部分功能，重点说明传感器的选型、调理电路的选型与设计。

5-4　简述工程装备电控系统的构成、特点与常见故障形式。

5-5　试构建工程装备电控系统故障检测技术方案，说明各部分的作用。试说明电控系统输出信号的特点与调理电路的设计。

5-6　试论述综合平台信号适配器的主要功能、工作原理与设计特点。

第 6 章　火箭布雷车电子设备便携式检测系统

某型火箭布雷车主要用于远距离快速机动布设防坦克雷场、防步兵雷场和混合地雷场，迟滞、毁伤敌集群坦克和装甲车辆，杀伤敌步兵，为反坦克武器、压制武器创造战机。

该武器系统为多车一组，包括多台发射车、运弹车和指挥车等。由于具备了目标指示和 GPS 定位定向功能，配备了火控计算机，所以具有快速布雷，安全，及时，省力，不受地形、时间、气候和战场情况变化方面限制的优点。图 6-1 为其结构组成示意图。

图 6-1　某型火箭布雷车组成结构图

6.1　火控系统故障检测仪的组成与功能

该装备火控系统电子设备主要包括：主机箱、发火仪、GPS 定位定向仪、PLC 控制箱及配电箱等 5 个设备，技术含量高、系统复杂，采用传统的检测设备无法对火控系统进行快速检测和故障定位，而火控计算机只能检测自身工作情况，不能对其他电子设备进行检测。本书介绍的火箭布雷车火控系统故障检测系统为解决野外条件下该装备的故障维修检测难题提供了有效的技术手段。

6.1.1　主要用途

该型火箭布雷车电子设备便携式检测仪主要用于对主机箱、配电箱、PLC 控制箱、发火仪和 GPS 定位定向仪的技术性能参数进行快速测试分析和故障诊断，并将故障定位到板级可更换单元。

6.1.2　系统结构

根据“某型火箭布雷车电子设备便携式检测仪”总体方案以及对主机箱、发火仪、GPS 定位定向系统、PLC 控制箱及配电箱等设备测试需求分析，确定检测仪采用 PC104 模块（软、硬件）+ 调理模块 + 测试接口 + 测试电缆的总体技术方案，如图 6-2 所示。

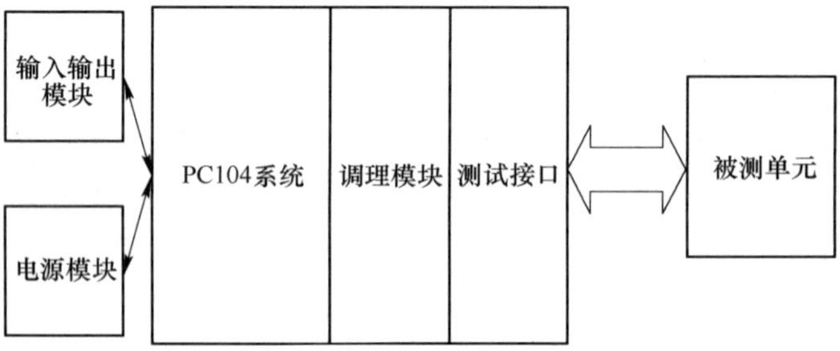

图 6-2　系统技术方案原理

6.2　硬件系统设计

火箭布雷车检测仪检测诊断系统硬件部分主要包括 PC104 硬件系统、调理模块单元、供电系统、接口单元、连接电缆以及配套的专用测试装置等。

根据测试系统总体设计方案要求，为满足系统可靠性和便携性的要求，检测仪采用了集成 PC104 计算机系统的硬件结构。该系统包含如表 6-1 所列资源。

表 6-1　硬件平台资源配置

序号	模块类型	模块数量	总资源数量	功耗/W	备注
1	CPU 模块	1	两串一并、鼠标、键盘及喇叭接口；1 个热插拔 USB；带扩展的工业标准 BIOS，支持的看门狗、1M 显存，支持彩色和单色 LCD、EL 平板显示器以及模拟 CRT 显示器；1 个 32 脚字节宽 DIP 插座，支持固态盘等	3.5 ~ 5.0	
2	A/D 模块	1	16 路单端/8 路差分输入、12 位分辨率、最大 100kHz 采样频率、量程 0 ~ +10V，+/-5V，+/-10V		软件可编程增益控制
3	D/A 模块	1	4 通道，12 位分辨率，量程 0 ~ +5V、0 ~ +10V、-5 ~ +5V、-10 ~ +10V		
4	DIO 模块	3	64 通道 TTL/COMS 兼容 I/O		所有 IO 均带有上拉或下拉电阻
5	键盘模块	1			薄膜键盘

续表6-1

序号	模块类型	模块数量	总资源数量	功耗/W	备注
6	DRDC 模块	6		18	模拟旋变输出
7	LCD 模块	1	5 英寸		EL 宽温屏
8	电源模块	1	±5V、±12V		
9	存储模块	1	128MB		宽温固态盘
10	扩展接口	1	4 路光电隔离异步串行口，带有 16 字节 FIFO		232/485/422 灵活配置

6.2.1　主控系统硬件

主控系统采用堆叠式货架结构，以 PCM3353 工控机主板为基础，项目堆叠有 PCM3753I 开关量输入输出模块、PCM3718HO 模拟量采集模块、PCM5121 模拟量输出模块等，各个堆叠模块之间通过 PC104 总线接口连接并固定，构成坚固的结构形式。旋变电压输出模块、键盘、电压转换模块、液晶屏等部件通过电缆与主板系统连接，128MB 的宽温固态盘通过 CF 接口嵌入在主板上。

主控制板 PCM3353 工控机主板，其上安装了主频为 500MHz 的 AMD Geode@ LX800CPU，负责整个测试系统的协调控制与信号的分析与处理。主板集成有可更换的 256MB 的 DDR 内存、100M 以太网接口、4 个 USB2.0 接口、4 个串行口（扩展有光隔器件）和 PC104 + 扩展总线接口。系统的整机结构外形如图 6-3 所示。

图6-3　检测系统结构外形图

6.2.2　模拟信号输入输出电路

模拟量信号主要是炮车伺服驱动电路的状态信号，它针对模拟量信号输出电路发出的模拟信号送入被测的伺服驱动电路，产生伺服驱动电路的高低方向输出信号，这些信号被接入模拟量信号输入电路，通过电阻分压，送入计算机 A/D 通道，以判断高低方向伺服驱动电路工作是否正常。此外，模拟量信号输入电路还接收主机箱发出的高低方向自动调炮信号，作为模拟调炮模型的数据参考。输入模拟信号的 A/D 转换由 PCM3718HO 数据采集卡完成，该卡具有 16 路单端、8 路差分输入通道，12 位 A/D 转换精度，30kHz 采样频率，1 ~ 8 倍程控增益，采集卡与 CPU 通过 PC104 总线进行信号的传输与交换。

模拟量信号输出电路是针对炮车伺服驱动电路检测的，它通过 PCM5141 数模转换卡，发出 4 路 ±5V 模拟信号作为被测的伺服驱动电路的模拟输入指令信号，用来模拟被测的伺服驱动电路工作情况。

6.2.3 开关量的 I/O 接口电路

开关量的输入输出转换模块采用 PCM3753I 来实现。由于被测箱体的开关量输入指令较多，采用复用技术。即取这些被测箱体中所需最多的开关量输入指令数目（这里是 PLC 箱体）作为检测仪模拟开关量指令输出电路的数量，共有 38 个开关量输出指令，其他箱体被测时，复用这些开关量输出指令。因为被测箱体开关量输入指令的高电平大部分为 28V 电压，而 PC104 计算机的 I/O 接口最大输出电压为 5V，所以这里采用继电器和集成电路 MC1413 作为电平转换电路，以保证与被测箱体开关量匹配，如图 6-4 所示。对于被测箱体的开关量输入指令的时序流程，通过计算机的软件编程得以保证。

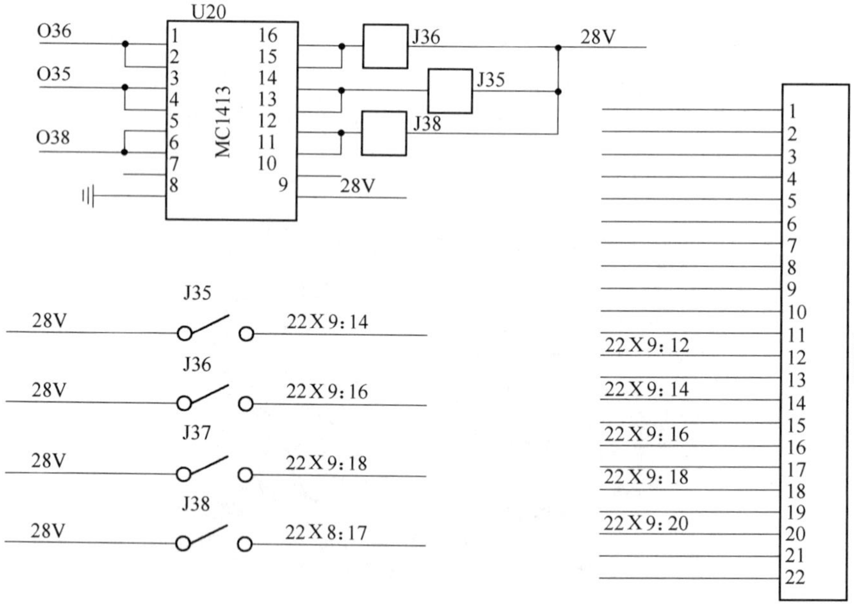

图 6-4 PLC 接口箱检测接口电路原理图

接口控制指令流程为（见图6-4）：由主控计算机 I/O 发出的控制信号经 O35、O36 和 O38 等端口输入到 U20（MC1413）的控制端，U20 的输出端与 J36 等继电器控制线圈连接，控制继电器的常开触点按要求通断，从而将 28V 直流电压接入 22X9：14 等端口，该端口经信号电缆与 PLC 控制箱连接，从而使 28V 激励电压加载到 PLC 控制箱的相应端子上。

被测箱体的开关量输出指令同样也采用复用技术。即取这些被测箱体中所需最多的开关量输出指令数目（这里是PLC箱体）作为检测仪模拟开关量指令输入电路的数量，共有24个开关量输入指令，其他箱体被测时，复用这些开关量输入指令。因为被测箱体开关量输出指令的高电平大部分也为28V电压，而PC104计算机的I/O接口最大输入电压为5V，所以这里采用电阻分压的形式作为电平转换电路，以保证与被测箱体开关量匹配。对于被测箱体的开关量输出指令的时序流程，同样通过计算机的软件编程得以保证。

6.2.4 旋变信号模拟信号输出与调理电路

由于炮车角度和高低方向信号检测元件为旋转变压器，它是一种模拟机电元件，不能满足数字化的要求，故需要接口电路实现其模拟信号与控制系统数字信号之间的相互转化。研制的核心转换模块为美国DDC公司的旋转变压器产品DSC-11524旋转变压器信号输出电路，其分辨率为16位，转换精度±2°。旋变信号模拟信号输出电路包括两部分，即模拟炮车高低方向运动角度电路和模拟炮车倾斜角度电路。

调理模块的关键是怎样模拟布雷车的调炮实际工作过程。这里采用建立调炮数学模型的方法，通过接收高低方向的自动调炮信号与上、下、左、右信号来计算出调炮过程中高低方向角度变化的数字量的大小和方向，并把该高低方向两组数字量每一组经两块DSC-11524的拼装转换成高低方向的角度传感器模拟信号，以此来模拟炮车在调炮过程中的角度变化情况。

（1）模拟炮车高低方向运动角度电路。模拟炮车高低方向运动角度电路是用主机箱检测模拟炮车调炮时，炮管的高低和方向的角度变化量。它采用4块DRDC模块把数据量转变为测量炮车高低方向角度的旋转变压器的模拟信号，用来模拟炮车的高低方向角度变化。DRDC模块的数据量依据的是调炮数学模型。调炮模型接收主机箱发出的高低方向自动调炮信号和上、下、左、右信号，经过模型计算，送出数据量。该数据经DRDC模块转换为旋转变压器的模拟信号送入主机箱的高低方向RDC模块，以此来模拟布雷车调炮实际过程中高低方向的角度变化情况。这样就可以检测主机箱在调炮过程中的工作情况。

（2）模拟炮车倾斜角度电路。模拟炮车倾斜角度电路同样也是采用DRDC模块，它是把数据量转变为测量炮车纵横倾角度的倾斜仪即旋转变压器的模拟信号，用来模拟倾斜仪的模拟信号，以保证主机箱在调炮时，能够在允许的倾斜角度范围内调炮。此外，它也可以检测主机箱的倾斜角度转换电路。

6.2.5 接口电路与信号连接电缆设计

为保护系统安全和防止误插错测试电缆，对检测仪接口面板采用不同信号的航插件设计，在检测仪上总体布置14个航插接口，分别用于主机箱测量、配电箱测量、PLC箱测量、GPS测量、发火仪测量和供电输入与打印机输出，如图6-5所示。为保证对有效信号隔离，降低噪音对测试系统的影响，检测仪测试电缆全部采用屏蔽电缆设计，对每个航插的全部接线端子都连接屏蔽线，同时为加强电缆强度防止磨损，每个航插电缆外套防护层，如图6-6所示。

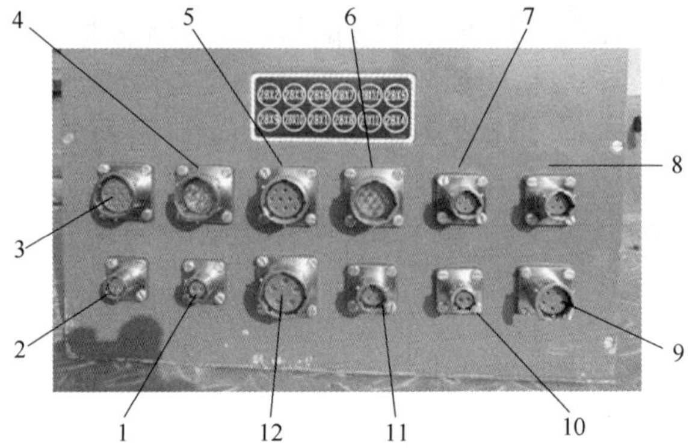

图 6-5　主机箱接口示意图

1—28X10 数话通讯电源；2—28X9 数话通讯；3—28X2 倾斜仪；4—28X3 高低旋转；
5—28X6 方向旋转；6—28X7 PLC 控制；7—28X12 供旋转变压器用 400Hz 电源；
8—28X5 通讯接口；9—28X4 通讯设备电源；10—28X11 通讯接口；
11—28X8GPS；12—28X1 电源

图 6-6　信号接口电缆

6.3　软件系统设计

检测仪检测诊断系统软件基于 Windows CE 嵌入式操作系统，采用 Microsoft Visual Studio 2005 平台进行开发。Visual C++. net 可以直接操控硬件寄存器，具有速度快、设计灵活的突出优点。

6.3.1　软件结构

检测诊断软件采用检测功能模块、板卡硬件驱动和诊断维护数据库等相结合的多层次、模块化结构体系，软件层次清晰、移植性好、开放性强，具有较好的软件升级性能。该软件具有人机交互、设备测试、故障分析以及记录保存和打印等功能，软件结构如图 6-7 所示。

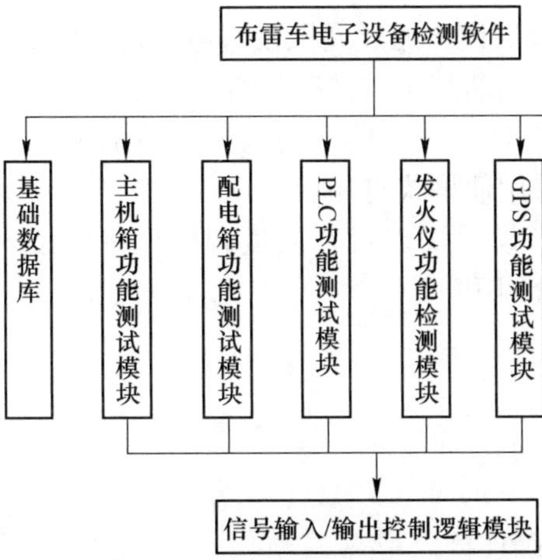

图 6-7　软件结构示意图

6.3.2　基础数据库

基础数据库主要用来保存与火控系统测试相关的基础标准数据，使用记事本设计，将逻辑测试（配电箱与 PLC）所需的开关量与模拟量的输入输出信号序列按照特定格式保存。每个模块在测试时候调用相应的数据文件，进而对检测结果进行判别。主要基础性数据文件见表 6-2。

表 6-2　系统测试基础文件

序　号	文件名称	备　　注
1	PDX. TXT	配电箱测试提示
2	PDXK. DAT	配电箱测试开关量规范
3	PDXM. DAT	配电箱测试模拟量规范
4	PLC. TXT	PLC 测试提示
5	PLCK. DAT	PLC 测试开关量规范
6	HELP. TXT	测试系统帮助

6.3.3　功能测试模块

功能测试模块包含以下几方面的内容。

（1）主机箱功能测试模块。该测试模块通过模拟量输入输出接口电路和通讯接口电路，按照主机箱的正常工作逻辑流程进行测试，进而判断其工作情况是否正常。

（2）配电箱功能测试模块。该测试模块通过模拟量输入输出接口电路，按照配电箱的正常工作逻辑流程进行测试，进而判断其工作情况是否正常。

（3）PLC 功能测试模块。该测试模块通过模拟量输入输出接口电路，按照 PLC 的正常工作逻辑流程进行测试，进而判断其工作情况是否正常。

（4）发火仪功能测试模块。该测试模块通过通讯电路接口对发火器的工作情况进行测试，通过对其测量数据进行分析，进而判断其工作情况是否正常。

（5）GPS 功能测试模块。该测试模块通过通讯接口电路对 GPS 的工作情况进行测试，通过对其测量数据进行分析，进而判断其工作情况是否正常。

（6）数据查询报表模块。系统对于每个批次的被测箱体的检测结果都进行保存，以便于查询和打印输出。打印输出采用便携式打印机实现。

（7）数据采集卡控制模块。该模块实现对开关量和模拟量的读入和输出，以及通信接口代码，便于各个测试模块进行调用。

6.3.4 检测项目测试流程

检测项目测试流程包括以下几个方面。

（1）主机箱测试流程。

1）选择相应的测试电缆并正确连接。

2）启动检测仪。

3）按照检测仪主界面提示，按下“主机箱”按键和“确认”按键，进入主机箱检测模块。

4）等待主机箱上电启动完毕，进入主机箱界面。

5）在检测仪中输入被检测主机箱的出厂编号，按下“确认”按键。

6）根据检测仪软件提示，在检测仪和主机箱中进行相应的按键操作。

（2）配电箱测试流程。

1）选择相应的测试电缆并正确连接。

2）启动检测仪。

3）按照检测仪主界面提示，按下“配电箱”按键和“确认”按键，进入配电箱检测模块。

4）在检测仪中输入被检测配电箱的出厂编号，按下“确认”按键。

5）检测仪自动进行测试，测试完毕可以按下“查询”按键查看检测情况。

（3）PLC 测试流程。

1）选择相应的测试电缆并正确连接。

2）启动检测仪。

3）按照检测仪主界面提示，按下“PLC”按键和“确认”按键，进入 PLC 检测模块。

4）在检测仪中输入被检测 PLC 的出厂编号，按下“确认”按键。

5）检测仪自动进行测试，测试完毕可以按下“查询”按键查看检测情况。

（4）发火仪测试流程。

1）选择相应的测试电缆并正确连接。

2）启动检测仪。

3）按照检测仪主界面提示，按下“发火仪”按键和“确认”按键，进入发火仪检测模块。

4）根据检测仪软件提示，在检测仪和发火仪中进行相应的按键操作。

（5）GPS 测试流程。

1）选择相应的测试电缆并正确连接。

2）启动检测仪。

3）按照检测仪主界面提示，按下“GPS”按键和“确认”按键，进入 GPS 检测模块。

4）检测仪自动进行测试，测试完毕可以通过界面显示数据查看 GPS 的工作情况。

6.3.5　软件界面设计

6.3.5.1　主界面

整个界面显示检测仪所能检测的五个部件的名称，设计了属性页的形式。在界面的最下方有“操作提示”，在检测时，实时提示操作者该如何进行检测操作。同时，薄膜键盘当中也有相应的按键，按下对应每个检测部件的按键，则转入相应的字检测模块，随后就可以按照“操作提示”显示的指示信息进行检测操作。

主机箱检测功能主要是实现对主机箱实际工作流程进行检测，主要包括：电源通路检测、调炮检测、收炮检测、装填测试、发火仪通讯端口测试、定位定向通讯端口和数据模拟传输测试和发火通路检测，如图 6-8 所示。

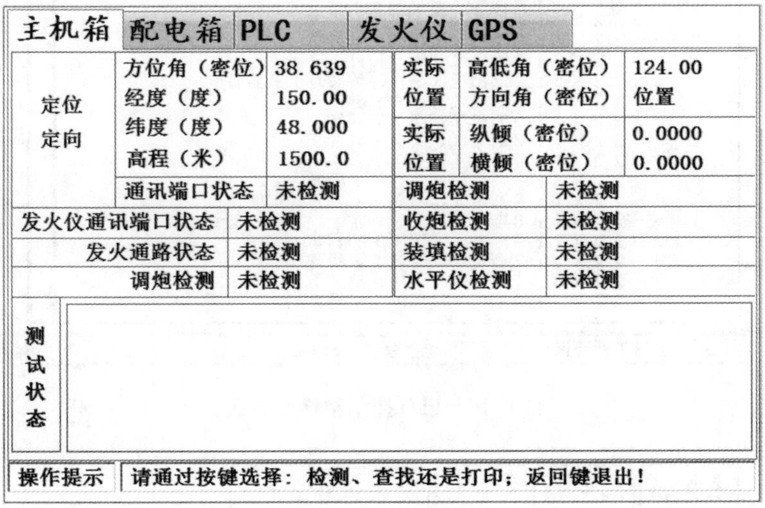

图 6-8　软件主界面（主机箱检测）

6.3.5.2　配电箱检测界面

配电箱检测界面主要实现对配电箱实际工作流程进行检测，主要包括：放大电机、执行电机、电磁离合器、接触器测试等，如图 6-9 所示。

6.3.5.3　PLC 控制箱检测界面

PLC 控制箱检测界面主要实现对 PLC 控制箱实际工作流程进行检测，主要包括：高低电磁离合器、高低手轮、装填机构电子设备测试等，如图 6-10 所示。

6.3.5.4　发火仪检测界面

发火仪检测界面实现对发火仪实际工作流程进行检测，主要包括：引信选择、弹种设置、工作方式设置、选号和发射操作测试等，如图 6-11 所示。

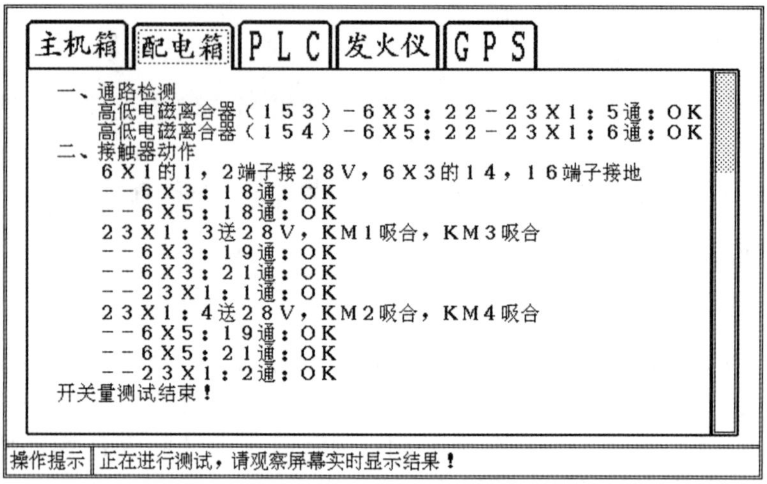

图 6-9　配电箱检测界面

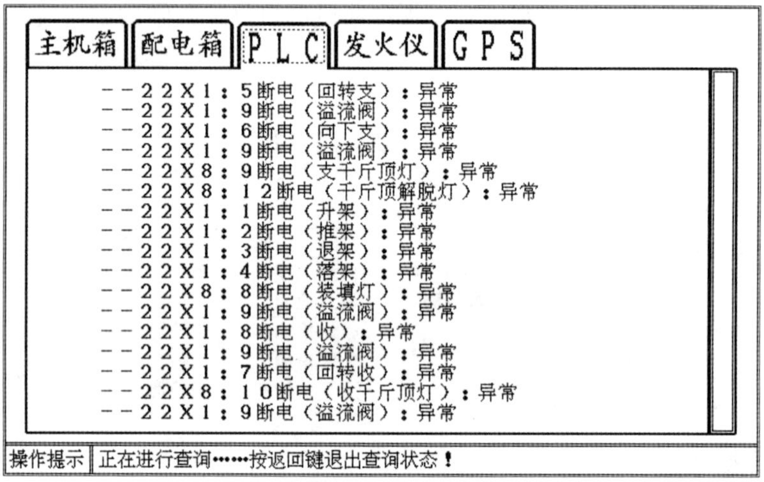

图 6-10　PLC 控制箱检测界面

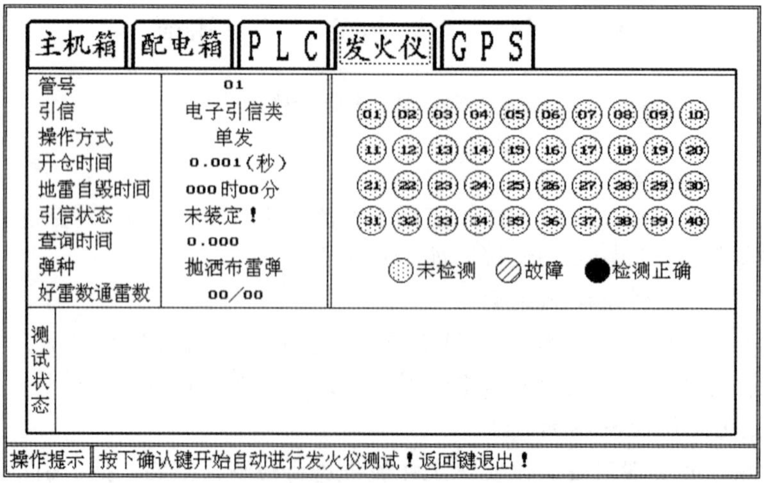

图 6-11　发火仪检测界面

6.3.5.5　GPS 检测界面

GPS 检测界面实现对 GPS 实际工作流程的模拟检测，主要包括方位角、经度、纬度、高程测试等，如图 6-12 所示。

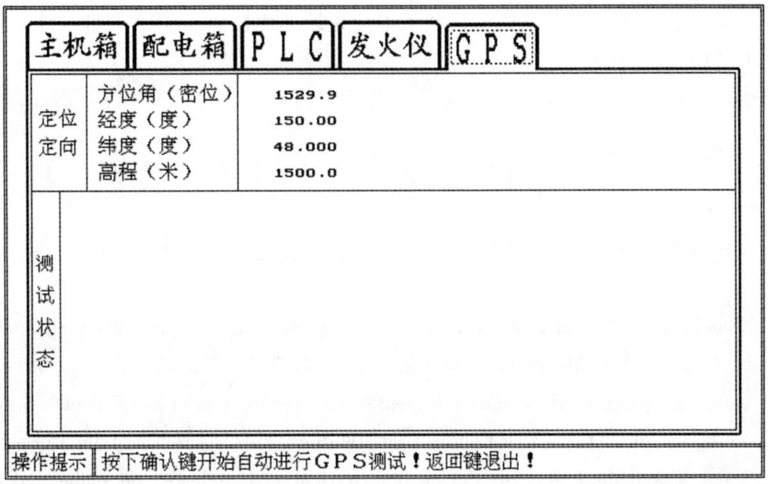

图 6-12　GPS 检测界面

思考与练习

6-1　简述火箭布雷车的主要组成结构、工作原理。简述该装备电控、液压系统的故障特点与检测方法。

6-2　简述火箭布雷车电控系统各组成单元的工作原理、故障特点与检测诊断方法。

6-3　试分析火箭布雷车主机箱工作原理，输入输出信号的特点，画出主机箱故障检测系统的原理框图，并说明其硬件配置方案。

6-4　试画出检测配电箱、PLC、发火仪、GPS 箱的故障检测原理框图，并简要说明其设计特点。

6-5　由于考虑电磁兼容实验要求，现有检测仪在机箱加工时采用了 5mm 钢板，导致重量过重，如何进行轻量化设计，以进一步增强系统的便携性？

参考文献

[1] 王伯雄，王雪，陈非凡．工程测试技术［M］．2版．北京：清华大学出版社，2012.

[2] 杨小强，李焕良，李华兵．机械参数虚拟测试实验教程［M］．北京：冶金工业出版社，2016.

[3] 杨小强，韩金华，李华兵，等．军用机电装备电液系统故障监测与诊断平台设计［J］．工兵装备研究，2017，36（1）：61－65.

[4] 韩金华，杨小强，张帅，等．基于虚拟仪器技术的布雷车电控系统故障检测仪［J］．工兵装备研究，2017，36（2）：55－59.

[5] 杨小强，张帅，李沛，等．新型履带式综合扫雷车电控系统故障检测仪［J］．工兵装备研究，2017，36（2）：60－64.

[6] 孙琰，李沛，杨小强．机电控制电路在线故障检测系统研制［J］．机械与电子，2015（10）：34－37.

[7] Yong Zhao，Xiaoqiang Yang. Fault diagnosis of new mine sweeping plough's electrical control system based on data fusion［C］. Applied Mechanics and Materials. Vols. 713－715（2015）pp 539－543.

[8] Ren Yanxi，Yang Xiaoqiang. Fault diagnosis system of engineering equipment's electrical system using dedicated interface adapter unit［C］. Key Engineering Materials. Vol. 567（2013）pp 155－160.

[9] Xiong Yun，Yang Xiaoqiang. Fault test device of electrical system based on embedded equipment［J］. Journal of Theoretical and Applied Information Technology. Vol. 45，No. 1（2015）pp 58－62.

[10] Guohou Cao，Xiaoqiang Yang. Intelligent monitoring system of special vehicle based on the internet of things［C］. Proceedings of International Conference on Computer Science and Information Technology. Advances in Intelligent and Computing 255，Springer 2013，pp 309－316.

[11] Han Jinhua，Yang Xiaoqiang. Error correction of measured unstructured road profiles based on accelerometer and gyroscope data［J］. Mathematical Problems in Engineering，2017.